W0057642

Gesine Taubert

Kurze deutsche
Verslehre

- ❏ Examensvorbereitung
- ❏ Referendariat
- ❏ Unterricht

HERBEN VERLAG

Von der gleichen Verfasserin:

Mittelhochdeutsche Kurzgrammatik mit Verslehre

- ❑ *Examensvorbereitung*
- ❑ *Referendariat*
- ❑ *Unterricht*

Unter Mitwirkung von Elisabeth Miltschitzky

Herben Verlag 1995; 4. Auflage, 112 Seiten
3–930502-00-3

© 1997 by Herben Verlag, Erding. Alle Rechte vorbehalten.
2. Auflage 2006

Umschlag: Hans Limo Lechner, Pastetten
Satz und Layout: DTP Wizard, Erding
Gesamtherstellung: Druckerei Nußrainer, 84424 Isen

Printed in Germany

ISBN   3-930502-01-1

Inhaltsübersicht

9 Anhang: Ausgewählte Gedichte 148

Quellenverzeichnis und Copyrightvermerke

Vorbemerkung: Kurzzitate (d.h. Auszüge aus Gedichten) werden nach gängigen Ausgaben zitiert, die im Einzelnen nicht genannt werden.

8 f. „Der Fischer" aus: E. Trunz, *Goethe-Gedichte* (München 1988) **20** „Die Schwestern" aus: R. v. Heydebrandt, *Eduard Mörikes Gedichtwerk* (Stuttgart 1972) **22 f.** „Schwäbische Kunde" aus: L. Uhland, *Werke* (Frankfurt 1983) **25** „Klag der wilden Holzleut ..." aus: K. O. Conrady, *Das große deutsche Gedichtbuch* (München 1991) **32** „Nachtblume" und „Mondnacht" aus: J. v. Eichendorff, *Sämtliche Gedichte* (München 1975) **34** „Es war ein König in Thule" aus: Trunz, aaO **36** „Inschrift auf einer Uhr mit drei Horen" aus: Heydebrandt, aaO **39** „Von Katzen" aus: T. Storm, *Sämtliche Werke* Bd. 1 (Leipzig 1919) **40** „Lob der Faulheit" aus: Conrady, aaO **41** „Ländliche Kurzweil" aus: Heydebrandt, aaO **43** „Die Eichbäume" aus: F. Hölderlin, *Werke und Briefe* Bd. 1 (Frankfurt 1969) **46** „Mich hab ich dem Liebsten ..." aus: *Gedichte des Barock* Reclam UB 9975 (Stuttgart 1980) **47** „Der Gebrauch des Lebens" aus: *Epochen der deutschen Lyrik* 1770–1800, hg. von G. Pickerodt (München 1970) **49** „Die Geliebte" aus: *Deutsche Dichtung im 18. Jahrhundert*, hg. von A. Elschenbroich (München 1960) „Sonnenuntergang" aus: Hölderlin, aaO **51** „An Philomele" aus: Heydebrandt, aaO **52** „Menschenbeifall" aus: Hölderlin, aaO **53** „Die frühen Gräber" aus: Pickerodt, aaO **55** „Abend" aus: *Epochen der deutschen Lyrik* 1600–1700, hg. von C. Wagenknecht (München 1976) **58** „Vergänglichkeit der Schönheit" aus: Wagenknecht, aaO **60** „An die Nacht" aus: *Gedichte des Barock* (vgl. 46) **61** „Über die aufmachende Anemone" aus: *Gedichte des Barock* (vgl. 46) **62** „Natur und Kunst" aus: Trunz, aaO **64** „Urworte. Orphisch" aus: Trunz, aaO **65** „Über Vergänglichkeit" aus: H. v. Hofmannsthal, *Sämtliche Werke* I. Gedichte (Frankfurt 1948) **66** „Ganymed" aus: Trunz, aaO **69** „DIE OBEREN" aus: B. Brecht, *Gesammelte Werke*. © Suhrkamp Verlag (Frankfurt am Main 1967) **70** „Auferstehung" aus: M. L. Kaschnitz, *Gesammelte Werke* Bd. 5 (Frankfurt am Main 1985); Abdruck mit freundlicher Genehmigung von Iris Schnebel-Kaschnitz **71** „Untreu" aus: *Menschheitsdämmerung, ein Dokument des Expressionismus*, hg. K. Pinthus (Hamburg 1993) **72** „Während ich hier warte" aus: *Fahrt ins Staublose. Die Gedichte der Nelly Sachs*. © Suhrkamp Verlag (Frankfurt a.N. 1961) **80** „Der alte Garten" aus: *Sämtliche Gedichte* (vgl. 32) **84** „Threnen des Vaterlandes" aus: *Gedichte des Barock* (vgl. 46) **88** „Kriegslied" aus: Conrady, aaO **92** „Der Rückzug" aus: P. Huchel, *Die Sternenreuse* © Piper Verlag GmbH (München 1967) **94** „Im Herbst" aus: Trunz, aaO **98** „Herbst" aus: R. M. Rilke, *Gesammelte Werke* 2. Band (Frankfurt 1955) **102** „Nur wer die Sehnsucht kennt" aus: Conrady, aaO **104** „Sehnsucht" aus: *Sämtliche Gedichte* (vgl. 32) **110** „Er ist's" aus: Heydebrandt, aaO **114** „Neues Wesen" aus: K. Krolow, *Gesammelte Gedichte* (Frankfurt 1975); Abdruck mit freundlicher Genehmigung des Verfassers **118** „Mein Herz, mein Herz" aus: H. Heine, *Buch der Lieder* (München 1983) **121** „Das zerbrochene Ringlein" aus: *Sämtliche Gedichte* (vgl. 32) **122** „Die Jahre kommen und gehen" aus: *Buch der Lieder* (vgl. 118) **124** „Abseits" aus: *Sämtliche Werke* Bd. 1 (vgl. 39) **128** „Im Sommer" aus: S. Kirsch, *Rückenwind* © 1977 Langewiesche-Brandt, Ebenhausen bei München **132** „Ein andres" aus: *Deutsche Großstadtlyrik vom Naturalismus bis zur Gegenwart* ReclamUB 9448 (Stuttgart 1973); Abdruck mit freundlicher Genehmigung der Erbengemeinschaft **136** „Krankes Wohnen" aus: A. Wolfenstein, *Gedichte* (Mainz 1982) – dort „Leidendes Wesen" genannt; Abdruck mit freundlicher Genehmigung durch Alice Wolfenstein **140** „Die Häherfeder" aus: G.

Eich, *Gesammelte Werke, Die Gedichte* Bd. I © Suhrkamp Verlag (Frankfurt am Main 1973) **144** „In anderen Sprachen" aus: G. Eich, *Gesammelte Werke* (vgl. 140) **148** „Es gingen zwei Gespielen gut" aus: *Antwerpener Liederbuch*, 1544 „Der Spinnerin Nachtlied" aus: Clemens Brentano, *Gedichte* (München 1977) **149** „Das verlassene Mägdlein" aus: Heydebrandt, aaO „Ein Jüngling liebt ein Mädchen" aus: Conrady, aaO „Zwei Segel" aus: ebenda „Die Liebe war nicht geringe" aus: ebenda **150** „Morituri" aus: E. Lasker-Schüler, *Gedichte 1902 – 1943*. © Suhrkamp Verlag (Frankfurt am Main 1996) „Verlassen" aus: *Menschheitsdämmerung* (vgl. 71); Abdruck mit freundlicher Genehmigung von The Jewish National & University Library „Paris, 1. Mai 1977" aus: Alfred Andersch, *empört euch der himmel ist blau* Copyright © 1977 by Diogenes Verlag AG Zürich **151** „Vorzug deß Frühlings" aus: *Gedichte des Barock* (vgl. 46) „Mailied" aus: Trunz, aaO **152** „Frühlingsglaube" aus: Conrady, aaO „Vorfrühling" aus: H. v. Hofmannsthal, *Sämtliche Werke* I. Gedichte (Frankfurt 1948) **153** „Ein Frühlingswind" aus: R. M. Rilke, *Ged.ichte* 1906-1926 (Frankfurt 1953) „Vorfrühling" (Stadler) aus: *Menschheitsdämmerung* (vgl. 71) „Vorfrühling" (Rilke) aus: R. M. Rilke, *Gesammelte Werke* 3. Band (Frankfurt 1955) **154** „Mai III" aus: R. Ausländer, *Wieder ein Tag aus Glut und Wind. Gedichte 1980 – 1982* © S.Fischer Verlag GmbH (Frankfurt am Main 1986) „Hälfte des Lebens" aus: *Werke und Briefe* (vgl. 43) **155** „Sommerbild" aus: Conrady, aaO „Mittag" aus: ebenda „Die Mittagssonne" aus: ebenda **156** „Die Sonne" aus: G. Trakl, *Das dichterische Werk* (München 1992) „Septembermorgen" aus: Heydebrandt, aaO „Vereinsamt" aus: Conrady, aaO **157** „Herbsttag" aus: ebenda „Trostloser Herbst. Verlorne weite Öde … aus: G. Heym, *Dichtungen und Schriften* 1. Lyrik (Hamburg 1960) „Herbstliche Heimkehr" aus: *Das dichterische Werk* (vgl. 156) **158** „Ebereschen" aus: Gottfried Benn, *Sämtliche Werke. Stuttgarter Ausgabe. In Verb. mit Ilse Benn hrsg. von Gerhard Schuster. Band I: Gedichte 1* (Klett-Cotta: Stuttgart 1986) „Mein garten" aus: Stefan George, *Sämtliche Werke in 18 Bänden. Hrsg. v. der Stefan George-Stiftung, Stuttgart. Band 2: Hymnen. Pilgerfahrten. Algabal. Bearb. v. Ute Oelmann (Klett-Cotta: Stuttgart 1987)* **159** „In einem alten Garten" aus: *Das dichterische Werk* (vgl. 156) „Es ist ein Garten" aus: *Gedichte* (vgl. 158) „Der Blumengarten" aus: B. Brecht, *Gesammelte Werke*. © Suhrkamp Verlag (Frankfurt am Main 1967) **160** „Die Gärten" aus: *Gesammelte Werke* Bd. 5 (vgl. 70) „Versprechen" und „Wiesen aus Blech" aus: Hans-Jürgen Heise, *Die Wirklichkeit erfindet mich. Das lyrische Werk* 1948–1993 (Kiel und München: Neuer Malik Verlag 1994) © by Hans-Jürgen Heise „Berliner Abend" aus: *Deutsche Großstadtlyrik vom Naturalismus bis zur Gegenwart* ReclamUB 9448 (Stuttgart 1973) **161** „An die Verstummten" aus: *Das dichterische Werk* (vgl. 156) „Gesänge an Berlin (3.)" aus: *Deutsche Großstadtlyrik* (vgl. 160) „Über die Städte" aus: B. Brecht, *Gesammelte Werke*. © Suhrkamp Verlag (Frankfurt am Main 1967) „Harlem" aus: I. Bachmann, *Sämtliche Gedichte* (München 1978) mit freundlicher Genehmigung von „Ingeborg Bachmanns Erben" **162** „Die Welt ist allezeit schön" aus: Conrady, aaO „An den Mond" aus: ebenda **163** „Sprich aus der Ferne" aus: *Gedichte* (vgl. 148) **164** „Winterpsalm" aus: P. Huchel, *Chausseen Chausseen*. © S.Fischer Verlag GmbH (Frankfurt am Main 1963) „Krähenschrift" aus: G. Britting, *Gedichte 1940 bis 1964. Sämtliche Werke in sechs Bänden, hg. von Walter Schmitz © 1993 Paul List Verlag in der Südwest Verlag GmbH & Co. KG, München* **165** „Eines schlesischen Bauers vermessene Reden" aus: *Gedichte des Barock* (vgl. 46) „Grodek" aus: *Das dichterische Werk* (vgl. 156) „Patrouille" aus: *Menschheitsdämmerung* (vgl. 71) **166** „Der Krieg" aus: ebenda **167** „Dezember 1942" aus: P. Huchel, *Chausseen Chausseen*. © S.Fischer Verlag GmbH (Frankfurt am Main 1963) „Oradour" aus: Conrady, aaO: mit freundlicher Genehmigung der Ullstein Buchverlage GmbH, Berlin **168** „An sich" aus: Wagenknecht, aaO (vgl. 55) „Es ist alles eitel" aus: *Gedichte des Barock* (vgl. 46) **169** „Hyperions Schicksalslied" aus: *Werke und Briefe* (vgl. 43) **170** „Aus: Aus dem Leben" aus: Conrady, aaO „Mit leichtem Gepäck" aus: H. Domin, *Gesammelte Gedichte* © S.Fischer Verlag GmbH (Frankfurt 1987) **171** „Nur zwei Dinge" aus: *Gedichte* (vgl. 158) „EIN BLATT" aus: P. Celan, *Gedichte*, Bd. II © Suhrkamp Verlag (Frankfurt am Main 1975) „Noch bist du da" aus: R. Ausländer, *Ich höre das Herz des Oleanders. Gedichte 1977 – 1979* © S.Fischer Verlag GmbH (Frankfurt am Main 1984) **172** „Beim Nachdenken über Vorbilder" aus: Conrady, aaO „Werte" aus: ebenda; Abdruck mit freundlicher Genehmigung der Verfasserin „Silberdistel" aus: R. Kunze, *auf eigene hoffnung. Gedichte*. © S.Fischer Verlag GmbH (Frankfurt am Main 1981) **173** „So soll es sein" aus: ebenda; Abdruck mit freundlicher Genehmigung des Verfassers „Lernjahre sind keine Herrenjahre" aus: Helga M. Novak, *Grünheide Grünheide. Gedichte 1955 – 1980* © 1997 by Schöffling & Co. Verlagsbuchhandlung GmbH, Frankfurt am Main **174** „Der Mensch" aus: ebenda „Das Wort Mensch" aus: J. Bobrowski, *Gesammelte Werke*, Band I (Buchverlag Union München/Berlin 1987)

1   Grundlagen

1.1   Die Versform

Gedichte, also Dichtungen in Versen, sind für viele Menschen etwas Schönes.
Die Regeln, die den Versen zugrundeliegen – die Verslehre oder Metrik – sind
dagegen für die meisten Menschen etwas Schwieriges, z.T. Undurchschauba-
res, vielleicht sogar etwas die Freude an den Versen Verderbendes. Doch erst
durch ihre besondere, gebundene Form heben sich Gedichte ab von erzählen-
der Dichtung, wie Novellen oder Kurzgeschichten. Gedichte unterscheiden
sich von den übrigen Dichtungsarten nicht durch verschiedene Themen – die
Liebe z.B. gibt es auch als Thema von Romanen – sondern durch die Versform.
Ein wirklicher Dichter nun verknüpft immer Form und Inhalt unlösbar miteinander. Daher kann man auch über die Kenntnis der Form eine nähere Beziehung zum Gedicht bekommen. Diese Schrift soll helfen, die Form und ihr Verhältnis zum Inhalt zu erkennen.

Metrik

Gebundene Form setzt immer besondere Regeln voraus, die oft auch eine
andere Satzstellung erfordern. So würde beispielsweise ein Gedanke Goethes
in normaler Alltagssprache folgendermaßen lauten: Wenn einer, der schwer
bedrückt ist, sich beklagt, dass ihm Hilfe und Hoffnung versagt seien, dann
bleibt ein freundliches Wort immer noch heilsam. In dem kurzen gereimten
Gedicht, in das er seine Gedanken fasste, klingt das wie folgt:

> Wenn der schwer Gedrückte klagt:
> Hilfe, Hoffnung sei versagt,
> Bleibet heilsam fort und fort
> Immer noch ein freundlich Wort.
>   Johann Wolfgang Goethe, 1749–1832

Sätze in Versen werden also oft verkürzt, hier z.B. fehlen Konjunktionen (Z. 2
„dass“, „und“), Worte sind verkürzt, wie *freundlich,* Z. 4, statt „freundliches“,
aber auch erweitert, wie *bleibet,* Z. 3, für „bleibt“. Stark erweitert wurde die
Zeitbestimmung: neben *immer noch* steht obendrein *fort und fort.* Das können
wir leicht erklären: Es wird ein Reim auf „Wort“ gebraucht. Aber warum einmal *bleibet* – dann wieder *freundlich*? Dies ist eindeutig auf metrische Regeln
zurückzuführen – in diesem Gedicht herrscht die Regel: Neben einer betonten
Silbe immer nur eine unbetonte. Um diesen regelmäßigen Wechsel von betonten und unbetonten Silben zu erreichen (= die Alternation), werden Wörter verändert. Und um die Gültigkeit des Vorschlags, freundlich mit einem Traurigen
zu reden, zu betonen, wird das Reimwort *fort* zusätzlich wiederholt.

Verkürzungen

*Erweiterungen
von Worten*

metrische Regeln

Alternation

Wiederholung

Neben der einfachen Regel der reinen Alternation gibt es viel kompliziertere
Vorschriften, die in ihrer besonderen Eigenart an Hand von Beispielen vorgestellt werden sollen, und zwar so, dass jeder das Gesagte nachvollziehen und
die in den verschiedenen Gedichten geltenden metrischen Regeln später selbst
herausfinden kann. Nacheinander sollen allbekannte deutsche Verse sowie

Verse, die sich an die Antike oder auch an französische oder italienische Vorbilder anlehnen, vorgestellt werden.

1.2 Metrik und Rhythmik

Die beiden hier genannten Begriffe werden immer wieder fälschlich synonym gebraucht oder verwechselt. Bei beiden geht es aber um vollkommen verschiedene Ansätze.

Metrum

Kadenz
(= Versschluss)
Silbe und
Verszeile

Das Metrum (Versmaß) gibt die beabsichtigte Betonung in der Gedichtzeile vor, d.h. die Zahl der Hebungen und die Art der Füllung, die entweder immer einsilbig ist (alternierend) oder aber ein- und zweisilbige Senkungen ohne Regelung hat (= freie Füllung). Dazu kommt die Form der Kadenz (männlich = einsilbig oder weiblich = zweisilbig). Für die Metrik, d.h. für die Regelung der Verse, ist die kleinste Einheit die Silbe (betont oder unbetont), die nächstgrößere Einheit die Verszeile.

Strophe

fester metrischer
Rahmen

Verszeilen können zu Strophen zusammengefasst sein. Strophen müssen alle den gleichen metrischen Rahmen haben, das bedeutet Regelmäßigkeit in Umfang und Bau. Ein fester metrischer Rahmen ändert sich nicht, das heißt, er hat immer gleiche Hebungszahlen und gleiche Kadenzen, er bleibt in den entsprechenden Versen in allen Strophen gleich und kann meist bereits aus der ersten Strophe erschlossen werden.

Rhythmik

Kolon
Satz

Die Rhythmik betrifft dagegen die praktische Verwirklichung des Metrums durch Worte, sie ändert sich von Zeile zu Zeile. Die kleinste Einheit ist das Kolon, eine zusammenhängende syntaktische Einheit, in einem Atemzug zu lesen. Die nächstgrößere Einheit ist ein ganzer Satz.

An einem Gedichtbeispiel, einer Ballade, sei aufgezeigt, worin Metrik und Rhythmik sich unterscheiden:

Der Fischer

Das Wasser rauscht', das Wasser schwoll,
Ein Fischer saß daran, ´
Sah nach dem Angel ruhevoll,
Kühl bis ans Herz hinan.
5 Und wie er sitzt und wie er lauscht,
Teilt sich die Flut empor;
Aus dem bewegten Wasser rauscht
Ein feuchtes Weib hervor.

Sie sang zu ihm, sie sprach zu ihm:
10 „Was lockst du meine Brut
Mit Menschenwitz und Menschenlist
Hinauf in Todesglut?
Ach wüßtest du, wie's Fischlein ist
So wohlig auf dem Grund,

15 Du stiegst herunter, wie du bist,
   Und würdest erst gesund.

   Labt sich die liebe Sonne nicht,
   Der Mond sich nicht im Meer?
   Kehrt wellenatmend ihr Gesicht
20 Nicht doppelt schöner her?
   Lockt dich der tiefe Himmel nicht,
   Das feuchtverklärte Blau?
   Lockt dich dein eigen Angesicht
   Nicht her in ew'gen Tau?"

25 Das Wasser rauscht', das Wasser schwoll,
   Netzt' ihm den nackten Fuß;
   Sein Herz wuchs ihm so sehnsuchtsvoll,
   Wie bei der Liebsten Gruß.
   Sie sprach zu ihm, sie sang zu ihm;
30 Da war's um ihn geschehn:
   Halb zog sie ihn, halb sank er hin,
   Und ward nicht mehr gesehn.

              Johann Wolfgang Goethe, 1749–1832 (1778)

Der metrische Rahmen ist regelmäßig, jede Zeile hat Auftakt, d.h. eine unbetonte Silbe vor der ersten Hebung. Die Alternation (nach jeder Hebung nur eine
Senkung) ist durchgehend, also nirgends zwei Silben zwischen den Hebungen.
Alle Zeilen enden einsilbig und betont, also männlich, je acht Zeilen ergeben
eine Strophe. Z. 1, 3, 5 und 7 weisen jeweils vier, Z. 2, 4, 6 und 8 je drei Hebungen auf, also entweder vier- oder dreifüßige Jamben. Den ungeraden und geraden Zeilen entspricht das Reimschema abab cdcd = Kreuzreim. Wie bei der
Besprechung der deutschen Volksverse gezeigt wird (↗15 ff.), könnte man hier
die Verse anstatt als „vierfüßige und dreifüßige Jamben" auch als „männlichvolle und stumpfe Vierheber" bezeichnen. An der metrischen Form ändert sich
dadurch nichts. Unabhängig davon gibt es rhythmische Unterschiede. Am meisten fällt auf, dass Z. 1, 5, 9, 11, 25, 29 und 31 jeweils in der Mitte geteilt sind:

Das Wásser ráuscht', | das Wásser schwóll

fester metrischer Rahmen
Alternation

Kreuzreim

rhythmische Unterschiede

Dabei ergeben sich zwei genau gleiche Vershälften, in üblicher metrischer
Umschrift, $\acute{x}$ = betonte Silbe, x = unbetonte Silbe: x $\acute{x}$x $\acute{x}$ | x $\acute{x}$x $\acute{x}$.

Eine derart zusammenhängende rhythmische Einheit, in der man keine Atem-
pausen mehr machen kann, wird Kolon genannt (hier je eine Vershälfte), auch
Phrasierungseinheit oder Sprechphase. Dies ist die kleinste Einheit in der
Rhythmik. Nach einem Kolon kann man eine kurze Atempause machen, man
muss jedoch nicht. Die entsprechenden Kola (= Pluralform) werden jeweils
noch verschiedenstark betont, $\acute{x}$ = stark betont, $\grave{x}$ = schwächer betont:

Kolon

Mit Ménschenwìtz und Ménschenlìst	x $\acute{x}$x $\grave{x}$ | x $\acute{x}$x $\grave{x}$
Sie sprách zu ihm, sie sáng zu ihm	x $\acute{x}$x $\grave{x}$ | x $\acute{x}$x $\acute{x}$
Halb zóg sie ìhn, halb sánk er hìn	x $\acute{x}$x $\grave{x}$ | x $\acute{x}$x $\grave{x}$

Vom metrischen Rahmen her steht im letzten Beispiel *Halb* im Auftakt, vom Sinn her muss das Wort jedoch betont werden. Diese Betonung geschieht durch Hebung der Stimme, nicht durch Verstärkung. Das Gleiche gilt für Z. 17, 19, 21 und 23. Daran zeigt sich, dass im Auftakt eine zusätzliche Betonung stehen kann, die jedoch keinen zusätzlichen Akzent, d.h. keine fünfte Hebung bedeutet! Vielmehr wird ein betonter Auftakt durch Hebung der Stimme verwirklicht, was auch schwebende Betonung genannt wird. Im vorliegenden Gedicht findet sich dies besonders häufig: Z. 4, 6, 13, 15, 17, 19, 21, 23, 26 und 31. Gerade bei einem streng alternierenden Gedicht bringt die schwebende Betonung eine starke Auflockerung der festen metrischen Form.

betonter Auftakt = schwebende Betonung

Das metrische Grundmaß wird dadurch aber n i c h t berührt. Dies wäre erst dann der Fall, wenn eine der sonst dreihebigen Zeilen plötzlich vier tontragende Hebungen aufwiese, wenn es statt *Ein féuchtes Wéib hervór* (x x́x x́x x́) hieße: *Ein feuchtes schónes Weib hervór* (x x́x x́x x́x x́), denn dann hätten wir an dieser Stelle vier statt sonst drei voll verwirklichte Hebungen.

Ob die Mittelteilung durch Kommata bezeichnet wird (wie in Z. 1 und 9) oder nicht (wie in Z. 11: *Mit Menschenwitz und Menschenlist*), macht keinen Unterschied – es handelt sich ja um Phrasierungseinheiten, nicht um syntaktische Einheiten. Die Mittelteilung der Verse, die oft auch semantisch parallel gebaut sind, z.B. Z. 29: *Sie sprách zu íhm, | sie sáng zu íhm*, kommt hier zwar häufig vor und immer in ungeraden Versen, sie ist jedoch n i c h t zu einer metrischen Vorschrift geworden – d.h. es gibt keine feste Zäsur, wie z.B. im Alexandriner (↗55 ff.). Durch die wechselnden Wortenden der Kola im Vers entsteht eine rhythmische Lebendigkeit; man vergleiche Z. 1:

Das Wásser ráuscht, | das Wásser schwóll   (x x́x x́ | x x́x x́)

mit Z. 3:

Sah nàch dem Ángel | rúhevòll   (x x̀x x́x | x́x x̀).

In Z. 3 nämlich ist eine Atempause direkt nach der zweiten Hebung unmöglich.

Ein Kolon ist silbenmäßig nicht beschränkt – es gibt einsilbige wie die Adverbiale *kühl* in Z. 4, zweisilbige wie *hinauf* in Z. 12 oder mehrsilbige. Metrisch gleichmäßig gebaute Verse wie diese fügen sich übrigens syntaktisch meist zu Zweizeilern zusammen: die Zeilen 5/6, 7/8, 13/14, 15/16, 17/18, 19/20, 21/22, 23/24 und 27/28 sind syntaktisch nicht zu trennen.

Zeilenstil Enjambement

Neben reinem Zeilenstil (= das Ende jeder Zeile bezeichnet auch das Ende eines Satzes, wie in Z. 1, 2, 3, 4 usw.) kommt hier auch Enjambement vor, wie in Z. 7/8, 19/20 , 23/24 :

Aus dem bewegten Waser rauscht
Ein feuchtes Weib hervor.

In diesen beiden Versen steht das Subjekt des Satzes erst in der Folgezeile, d.h. der syntaktische Zusammenhang der Zeilen ist stärker als der metrische Zeilenschluss.

Von Enjambement spricht man immer dann, wenn der Satz unbedingt über den Zeilenschluss hinübergeführt werden muss. In den folgenden Versen ist dies nicht der Fall (Z.13/14):

Enjambement

> 13 *Ach wüßtest du, wie's Fischlein ist*
> *So wohlig auf dem Grund …*

In Z. 13 stehen jeweils Subjekt und Prädikat zusammen in einer Zeile, der Satz geht zwar ohne Komma weiter, aber es gibt doch einen erstmaligen Satzabschnitt nach dem Wort *ist,* deshalb handelt es sich nicht um ein echtes Enjambement.

1.3 Betonungsregeln im Deutschen

Die Betonung der einzelnen Worte ist also in der Dichtung wichtig. Dabei ist zu beachten, dass es in allen germanischen Sprachen feste Regeln für die natürliche Betonung gibt, und zwar wird jeweils die Stammsilbe betont, d.h. Bérg, bérgen, Gebírge, aber auf keinen Fall so: Gébirgè. Diese Regel war in der rein silbenzählenden Dichtung, z.B. der Meistersinger (14.–16. Jahrhundert), und bis ins 17. Jahrhundert hinein oft nicht befolgt worden. Die Bedeutung der Betonungsregeln für die deutsche Dichtung wurde erst von dem Barockdichter Martin Opitz (1597–1634) herausgestellt.

1.3.1 Die Reform des Martin Opitz

Nach der Periode der Renaissance, in der die gelehrte und dramatische Kunstdichtung vor allem in lateinischer Sprache erschien, war die deutsche Dichtungssprache im Hintertreffen vor allem gegenüber der französischen Dichtung, denn dort herrschte schon im 17. Jahrhundert die französische Renaissancepoetik, durch die alle Verse streng geregelt waren.

Dagegen gab es bis ins zweite Jahrzehnt des 17. Jahrhunderts für deutsche Gedichte noch keine festen Regeln, wie man am Festhalten an volksmäßigen Vierhebern mit meist freien Füllungen (nebeneinander ein- und zweisilbige Senkungen) sieht, die aus dem Mittelalter übernommen worden waren. Daneben gab es die Tradition der Meistersinger, die ihre Verse streng alternierend und silbenzählend verfassten, gänzlich ohne Rücksicht auf die natürliche Betonung der Wörter. Es gab dort grobe Verstöße gegen die natürliche Betonung, wie z.B. unsér, Süßé, vérmocht, brüdérlich.

1624 verfasste nun Martin Opitz Regeln für die deutsche Dichtung in dem *Buch von der deutschen Poeterey*. Er lehnte sich dabei an französische und niederländische Vorbilder an und befolgte die festen Regeln der französischen Klassiker, die sich ihrerseits auf antike Verse berufen. Dieses kleine Buch ist besonders wegen der Betonungsregeln ein Markstein für die deutsche Dichtung, obwohl es sich bei der gesamten Barockdichtung immer um Dichtung von Gelehrten für Gelehrte handelt. Erst im Verlauf des 18. Jahrhunderts wurde für ein breiteres Publikum gedichtet, was ab dem Sturm und Drang zur Neuaufnahme der deutschen Volksverse (⬈15 ff.) führte.

Das Buch von der deutschen Poeterey

Inhaltsübersicht von Opitz' Werk

Nach drei einleitenden, rein theoretischen Kapiteln handelt das Kapitel IV von der deutschen Dichtung selbst und mahnt zunächst zum Lernen aus lateinischen und griechischen Büchern. Das Kapitel V beschäftigt sich mit den Gattungen der Dichtung und dem Aufbau von z.B. heroischen Gedichten, wieder nach den Regeln der antiken Rhetorik (Propositio, Anrufung der Götter, Dedicatio usw.). Erst Kapitel VI beschäftigt sich mit praktischen Regeln für lyrische Dichtung. In diesem Zusammenhang wird über die Unterschiede in der Wortwahl bei den einzelnen Gattungen gesprochen:

... in wichtigen Sachen / da von Göttern / Helden / Königen / Fürsten / Städten und dergleichen gehandelt wird / muss man ansehnliche / volle und hefftige reden vorbringen / und ein ding nicht nur bloß nennen / sondern mit prächtigen hohen Worten vmbschreiben.

Daneben gibt es die

mittele oder gleiche art zu reden... / welche mit jhrer ziehr uber die niedrige steiget und dennoch zue der hohen an pracht und grossen worten noch nicht gelanget.

In diesem Kapitel stützt er sich noch auf die lateinische Poetik von Joseph C. Scaliger (1561) und auf die französische des Pierre Ronsard (1565).

Erst das VII. Kapitel der Schrift, *Von den reimen, jhren wörtern und arten der getichte,* gibt die für die deutsche Dichtung des ganzen 17. und frühen 18. Jahrhunderts gültigen Vorschriften, die großenteils noch heute gelten. Vor allem werden reine Reime verlangt – Opitz wendet sich gegen Reime wie: *harren – verwahren* (kurz a – lang a), *weidet – leitet* (d – t). Allerdings zeigt sich in seiner Erklärung für die Unreinheit eines Reimes wie *gefunden – Sünden*, wo er behauptet, dass das ü in Sünden *fast wie ein i außgesprochen wird,* dass sich Opitz nicht dessen bewusst ist, mit dem Schlesischen, seiner Heimatsprache, auch stark dialektal gebunden zu sein. So gebraucht er selbst in den erst 1644 gedruckten Gedichten die früher als falsch gebrandmarkten Reime wie *verkehren – hören* oder entsprechende wie *ziehr – für.* Reime zwischen ö und e, ü und i kommen noch bei Eichendorff vor, weil ein echter Schlesier bis heute die Umlaute ö wie e bzw. ü wie i ausspricht.

reine Reime

Man sollte also unreinen Reimen viel weniger Bedeutung beimessen, als es üblich ist.

Synkopen

Opitz kritisiert aber auch allgemein einzelne Wortformen, so wendet er sich gegen Verkürzungen (Synkopen) wie in *meinm,* die wir auch heute als unschön empfinden, lässt sie jedoch in Verben vor -t zu: also *trinkt* neben *trinket,* beide Formen in der Lyrik bis ins 20. Jahrhundert nebeneinander gebräuchlich. Reime, in denen auch die ersten Konsonanten der Reimwörter gleich sind (rührende Reime), wie bei *erzeigen / zeigen,* lehnt er ab.

Außerdem erlaubt Opitz als einzige Versart Jamben und Trochäen sowie die aus diesen gebildeten Alexandriner (↗55 ff.) und die „vers communs" (↗60), die er aus der französischen Dichtung übernahm.

1.3.2 Vermeidung von Tonbeugungen

Mit folgenden Worten stellt Opitz allgemeine Gesetze fest:

Nachmals ist auch ein jeder verß entweder ein iambicus oder trochaicus; nicht zwar das wir auff art der griechen und lateiner eine gewisse grösse der sylben können inn acht nemen: sondern das wir aus den accenten vnnd dem thone erkennen, welche sylbe hoch vnnd welche niedrig gesetzt soll werden.

Ein Jambus ist dieser: Erhalt vns Herr bey deinem wort.
Der folgende ein Trocheus: Mitten wir im leben sind.

Unter *hohen* und *niedrigen Silben* versteht er betonte und unbetonte, die den Längen und Kürzen in antiken Versen entsprechen. Hier hat er erstmals die Besonderheit der deutschen Dichtung gegenüber der antiken und auch der französischen deutlich gemacht, dass nämlich Wortakzent und Versakzent im Deutschen zusammenfallen müssen.

Für die deutsche Dichtung bis heute noch gültig sind die Vorschriften, die Opitz für die richtige Betonung in Versen machte:

Denn es gar einen übelen klang hat:
Venús die hát Junó nicht vérmocht zú obsíegen;
weil Venus und Juno Jambische/
vermocht ein Trocheisch wort sein soll ...

(Akzente v. Verf.)

Er hört also genau, dass im Alexandriner, einem alternierenden Vers, bei reiner Silbenzählung oft Tonbeugungen *(= falsche Betonungen)* der Art entstehen, dass *Venús* und *Junó* auf der zweiten statt auf der ersten, *vérmocht* aber auf der ersten betont werden müssen.

Tonbeugungen

Tonbeugungen finden sich im 16. Jahrhundert, vor allem bei Kirchenliedern, sehr häufig. In der Versfassung des 90. Psalms von David Wolder, 1598, heißt es in den ersten vier Versen der ersten Strophe:

Herr Gótt, du bíst unsér Zuflúcht / nun únd zu állen zeíten /
Wehr áb das würgen dér sterbsúcht / sie dréwt von állen seíten ...

(Akzente v. Verf.)

Die Worte in Vers 1 und 3 sind deutlich folgendermaßen betont: *unsér zuflúcht* bzw. *dér sterbsúcht,* so dass die Hauptsilben in der Senkung liegen, während die Nebensilben oder der Artikel Hebungen tragen.

Opitzens Vorschriften zur Vermeidung von solchen Tonbeugungen wurden schnell allgemein anerkannt und befolgt. Das lässt sich z.B. auch für den im 17. Jahrhundert berühmten Dichter Georg Rudolf Weckherlin (1584 – 1653) nachweisen, der anfänglich um falsche Betonungen gänzlich unbekümmert war. Entgegen den Annahmen mancher Gelehrter war seine Betonung beim Lesen wohl nicht unabhängig vom jeweiligen Versmaß. Sonst hätte er seine frühen Gedichte nicht später umgeändert – er muss also seine groben Tonbeugungen doch gehört haben. In seinen Änderungen wendet er die Opitz'schen Regeln an und beseitigt die Verstöße gegen die natürliche Betonung. So lautete die folgende Zeile 1616 mit zwei schlimmen Tonbeugungen folgendermaßen:

Odér wie éiner frúcht süssé gestált und sáft (zwei Tonbeugungen)

Sie wird 1648 umgeändert in:

Und gléich wie éine frúcht zart án gestált und sáft.
(Akzente v. Verf.)

Dies zeigt, dass seit der Opitz'schen Reform Tonbeugungen möglichst vermieden werden.

2 Verse und Formen aus deutscher Tradition

Geht Opitz in seiner *Poetik* auch vor allem auf antike Formen und Regeln zurück, so muss doch betont werden, dass es seit dem frühen Mittelalter eine ungebrochene Tradition deutscher Dichtung gibt. Gemeint sind hier die deutschen vierhebigen Volksverse.

2.1 Deutsche Volksverse und ihre Kadenzen

Jeder Vers hat in sich selbst ein inneres Maß, viele Verse können nur auf bestimmte Weise gelesen werden. Die folgenden Kinderreime sind nur auf eine ganz bestimmte Weise zu sprechen. In Deutschland sind sie allgemein bekannt, viele sind aufgewachsen mit Versen wie z.B. diesen:

1 Hoppe, hoppe, Reiter,
2 Wenn er fällt, dann schreit er.
3 Fällt er in den Graben,
4 Fressen ihn die Raben.
5 Fällt er in den Sumpf,
6 Macht der Reiter: Plumps!

Hierbei sitzt das Kind auf den Knien des Erwachsenen und „reitet", d.h. die Knie werden abwechselnd auf- und niederbewegt, und zwar im Takt der oben angegebenen Verse. Im Takt kann man auch klatschen oder marschieren, vorausgesetzt wird immer Gleichmäßigkeit. Da jeder Schritt gleich lang ist, bleibt auch der zeitliche Abstand zwischen den Schritten gleich. Gerade so ist es beim Klatschen, der zeitliche Abstand von Schlag zu Schlag muss gleich bleiben, sonst klatscht man nicht „im Takt".

Beim Reiterlied werden am Schluss der letzten beiden Verse die Knie auseinandergespreizt, so dass das Kind fast dazwischenfällt (ein wunderbarer Spaß jedesmal!). Man braucht etwas Zeit, um das Kind wieder heraufzuholen, dadurch ergibt sich praktisch eine Pause am Versende nach *Sumpf* bzw. *Plumps*. Der Plumps ist ja der eigentliche Höhepunkt des Kinderreims. Es gibt viele deutsche Verse, die nach diesem Muster gebaut sind. Bei einer Beschreibung besteht die Schwierigkeit in der Verdeutlichung der Pausen.

Eine Möglichkeit der adäquaten Beschreibung fand Andreas Heusler mit dem Terminus der „stumpfen Verse". Er geht dabei aus von Versen, die immer vier Takte haben. Ein Takt hat immer e i n e betonte Silbe, dazu eine oder auch zwei unbetonte. Um diesen Gedanken nachvollziehen zu können, muss freilich der gesamte Kinderreim noch einmal betrachtet werden. Klatschen wir einmal auf jede Silbe, so ergibt sich beim Sprechen und Klatschen ein regelmäßiger Wechsel von betonten und unbetonten Silben, also Alternation, gerade so wie beim Goethegedicht *Der Fischer* (↗8 f.).

stumpfe Verse
= Viertakter bzw.
Vierheber

Bei   *Hóppe,* | *hóppẹ,* | *Rẹ́i*   . | *tẹ̀ṛ*

klatschen wir also auf die ersten vier Silben viermal, abwechselnd stark bei betonten und leicht bei unbetonten Silben (der untergeschriebene Punkt zeigt das Klatschen an, der Akzent die Betonung). Gerade so ist es bei:

Fǻllt ẹr | *ín dẹn* | *Súmpf* . | . .

stumpfe Kadenzen = Pause am Versende

Klatschen wir nun regelmäßig weiter, so folgen bei den letzten Silben weitere Schläge – einer auf „Sumpf" und drei „ins Leere" – das ist dann die Pause (ʌ) bzw. der fehlende vierte Takt. Werden die gesprochenen Silben durch x bezeichnet, das Klatschen durch einen untergeschriebenen Punkt, die Pausen durch ʌ, dann sieht das so aus:

Fǻllt ẹr | *ín dẹn* | *Súmpf* . | . .   x́ x | x́ x | x́ ʌ | ʌ ʌ

Hebung Senkung

Jeder Takt besteht hier aus einer betonten (*Fǻllt* = x́) und einer unbetonten Silbe (*er* = x) oder einer Hebung und einer Senkung. Das entspricht in der Musik einem Zweivierteltakt, in der Umschrift ist jeder Takt durch Taktstriche (|) abgeschlossen.

Versschluss = Kadenz

Die ersten vier Verse unseres Kinderreims klingen anders als diese Zeile, sie haben alle die gleiche Art von Versschluss, d.h. das gleiche Ende des Verses oder die gleiche **Kadenz**.

> *Hóppe, hóppe, Réitèr*
> *Wenn er fǻllt, dann schréit èr,*
> *Fǻllt er ín den Grábèn,*
> *Fréssen íhn die Rábèn,*

Haupthebung Nebenhebung

Auf das jeweils letzte, meist zweisilbige Wort einer Verszeile fallen hier jeweils zwei Akzente, der erste auf eine Silbe, die auch in der Normalsprache betont wird. Man nennt sie H a u p t h e b u n g . Der zweite Akzent liegt auf einer sonst unbetonten Silbe, die deshalb N e b e n h e b u n g heißt. Während wir am Anfang der Zeilen auf jeder einzelnen Silbe klatschen, wird auf den jeweils letzten Wörtern viermal geklatscht:

Rẹ́i . | *tẹ̀ ṛ* ...

d.h. auf jede Silbe zweimal (das ist ausprobiert!). Wenn man das nämlich nicht macht, kommt man aus dem regelmäßigen Takt des „Reitens" heraus. In Heuslers metrischer Umschrift wird die länger gehaltene erste Silbe *Réi – tèr* (Haupthebung) mit einem Querstrich (–́), die Nebenhebung durch x̀ bezeichnet, (was mit einem Akzent von links oben nach rechts unten versehen wird):

Réi – tèr   –́ x̀

Damit wird angedeutet, dass die erste Silbe bei <u>Réi</u> – tèr genauso lang ausgehalten wird wie eine Hebung mit folgender Senkung (bei *Hóppe* x́x), es wird zweimal geklatscht. In der Musik würde man das als halbe Note bezeichnen, die zwei Viertelnoten aushält. Mit *Réi – tèr* (–́ x̀) haben wir also eine halbe und eine Viertelnote, danach noch eine Viertelpause.

Bei Heusler werden solche Versschlüsse mit Haupt- und Nebenhebung klingende Kadenzen genannt.

Eine ähnliche Konstellation haben wir in einem anderen Kindervers:

1 Backe, backe Kuchen,
2 der Bäcker hat gerufen:
3 wer will guten Kuchen backen,
4 der muss haben sieben Sachen:
5 Butter und Schmalz,
6 Zucker und Salz,
7 Milch und Mehl,
8 Safran macht den Kuchen gel.

Hier folgen auf die ersten beiden Verse (die den gleichen Charakter haben wie die ersten vier von *Hoppe, hoppe Reiter*) zwei Verse, in denen alle vier Hebungen voll verwirklicht sind. Die Akzente liegen jeweils nur auf Haupthebungen (also auf Silben, die auch in der normal gesprochenen Sprache betont werden). Wenn wir hier den Takt klatschen, zeigt sich wieder, dass in Z. 1 bei *Kú – chèn* je zweimal auf eine Silbe geklatscht wird. In Z. 3 und Z. 4 wird aber auf jede Silbe der letzten beiden Worte nur einmal geklatscht, weil ja alle vier Hebungen mit den dazugehörigen Senkungen vorhanden sind. Auch der dritte und vierte Takt in diesem Vers haben je zwei Silben, eine Hebung und eine Senkung, es wird also weder pausiert noch länger gehalten. Auch nach der vierten Silbe folgt noch eine wirklich unbetonte Silbe, also eine Senkung, womit eine neue Art der Kadenz vorliegt:

Wér will gúten Kúchen bácken xx xx xx xx̲

Solche Verse (Z. 3 und 4) werden weiblichvoll genannt, weil alle vier Hebungen voll verwirklicht sind, und weil es einen weiblichen, d.h. zweisilbigen Versschluss gibt.

 Weiblich werden solche Versschlüsse genannt, weil die weibliche Form französischer Adjektive wie etwa „gran-de", in Versen zweisilbig gesprochen wird – im Gegensatz zum männlichen „grand", das einsilbig ist. Als weibliche Versschlüsse werden nur Kadenzen bezeichnet, bei denen auf die letzte Hebung noch eine Senkung folgt. Ein zweisilbiges Wort am Versende, das mit einer Hebung endet, z.B. Gefáhr, bedeutet eine männliche Kadenz.

Auf die ersten vier vierhebigen Verse in unserem Beispiel folgen jetzt drei zweihebige, Z. 5 bis 7. Nach der ersten Hebung haben Z. 5 und 6 je zwei Senkungen,

Bútter und Schmálz, x́⌣x́

Heusler bezeichnet zweisilbige Senkungen mit ⌣, Z. 7 hat jedoch an dieser Stelle nur eine Senkung:

Mílch und Méhl, x́xx́

D.h. statt einer unbetonten Silbe können fallweise auch zwei unbetonte stehen, in der Musik entsprächen dem zwei Achtelnoten für eine Viertelnote.

Dann zeigt der letzte Vers ironisch, was dieser gute Kuchen eigentlich ist: eine Täuschung, denn er wird nicht durch Eier, sondern durch Safran gelb, also durch Farbe (gel = gelb). Dieser besondere Schlussvers hat noch einmal eine andere Kadenz:

Sáfran mácht den Kúchen gél   x́x x́x x́x x̱́

männlichvolle Kadenzen

Wie bei Vers 3 und 4 sind hier alle vier Hebungen voll verwirklicht, aber dieser Vers endet e i n s i l b i g , d.h. männlich, dies ist also ein männlichvoller Vers – immer ein besonders fester und endgültiger Abschluss. Man schreibt 4 mv, da vier Takte voll verwirklicht sind, im Unterschied zu Z. 5–7, wo nur zwei Takte vorkommen = 2 mv.

Vierheber

Gerade diese beiden Versarten, die vierhebig weiblichvollen und die vierhebig männlichvollen, die sich ohne weiteres in das fortlaufende Klatschen einfügen, aber in Verbindung mit klingenden Versen stehen, zeigen an, dass es sich auch bei den klingenden Versen *Kú – chèn, Réi – tèr* um eine besondere Art von Vierhebern handelt. Das gleiche gilt für die stumpfen Verse: Auch hier haben wir Vierheber vor uns, aber um den letzten Takt verkürzt. Die Pausen werden mitgezählt.

Vierhebige Verse haben die deutsche Dichtung lange Zeit hindurch maßgeblich bestimmt, vor allem in liedhaften Formen. Mit der Terminologie Heuslers kann man sie einwandfrei bestimmen. Würde man allerdings nur die Haupthebungen zählen und nähme man nicht die in Melodien deutlich vorhandenen vier Takte an, so könnte man weder die länger ausgehaltenen Silben der klingenden noch die Pausen in den stumpfen Versen deutlich machen. Damit wäre eine angemessene Beschreibung, die auch die klangliche Erscheinung berücksichtigt, unmöglich.

deutsche Volksverse

Diese Methode greift bei sämtlichen Arten von liedhaften Versen, die sich am Volkslied orientieren. Das trifft für die meisten Kirchenlieder zu und häufig für Dichtungen der Romantik und Spätromantik. Solche Verse werden als deutsche Volksverse bezeichnet, die als Vierheber mit den aufgezeichneten vier verschiedenen Kadenzen vor allem in gesungenen deutschen Liedern vorkommen.

Volkslieder

Im Unterschied zur Kunstlyrik werden als e c h t e Volkslieder nur im Volk gesungene Lieder bezeichnet, die mehrere Variationen aufweisen. Denn solche Variationen sind in mündlicher Überlieferung durch „Zersingen" entstanden, d.h. man ließ Strophen aus oder formte sie um.

volksliedähnliche Gedichte

V o l k s l i e d ä h n l i c h sind Gedichte bekannter Verfasser, die sich mit vierhebigen Volksversen und den im Volkslied vorkommenden Strophenformen (➚26 ff.) an solchen echten Volksliedern orientieren.

Die vier Möglichkeiten der Kadenzen bei Vierhebern (Kadenzen sind unterstrichen):

Kadenzen bei Vierhebern

1. männlichvoll, mv   *Sáfran mácht den Kúchen <u>gél,</u>*   x́x x́x x́x x́
   die vierte Hebung liegt auf der letzten Silbe;

2. weiblichvoll, wv   *Wér will gúten Kúchen <u>bácken,</u>*   x́x x́x x́x x́x
   die vierte Hebung liegt auf der vorletzten Silbe,
   eine Senkung folgt;

3. klingend, kl   *Bácke, bácke <u>Kú – chèn,</u>*   x́x x́x — x̀
   die dritte Hebung wird länger ausgehalten, es folgt
   als vierte Hebung eine Nebenhebung auf einer sonst
   unbetonten Silbe;

4. stumpf, st   *Mácht der Réiter: <u>Plúmps!,</u>*   x́x x́x x́ ʌʌʌ
   die vierte Hebung ist nicht hörbar vorhanden,
   im Vers jedoch immer deutlich als Pause markiert.

Der <u>Anfang</u> der Verse kann ebenfalls verschieden aussehen:

1. Der Vers beginnt mit einer betonten Silbe:
        <u>Bá</u>cke, bácke Kú – chèn   x́x x́x — x̀

2. Der Vers beginnt mit einer unbetonten Silbe
        <u>der</u> Bä́cker hat gerúfèn   <u>x</u> x́x x́x — x̀

Die unbetonte Silbe vor dem Beginn des ersten Taktes nennt man Auftakt (auch Senkungseinsatz), in der metrischen Kurzbeschreibung bezeichnet mit A (der letzte Vers also A 4 kl = ein klingender Vierheber mit Auftakt). Am Charakter des Vierhebers ändert sich dadurch nichts, wir haben weiterhin vier Takte.

Auftakt

Es ist darauf hinzuweisen, dass die männlich- und weiblichvollen Kadenzen nur bei Vierhebern als solche bezeichnet werden. Für alle übrigen Versarten, z.B. Jamben, Trochäen usw., gelten die einfachen Bezeichnungen „männlicher" oder „weiblicher" Versschluss".

Die auf der folgenden Seite abgedruckten Verse Eduard Mörikes („Die Schwestern") kann man mit diesen Schemata beschreiben. Es kommen drei der oben genannten Versschlüsse vor. Zu achten ist dabei auf die Änderungen in Str. II und III und die Unterschiede in der Zahl der Senkungssilben in Str. II, IV und V.

Die Schwestern

I   Wir Schwestern zwei, wir schönen,
So gleich von Angesicht,
So gleicht kein Ei dem andern ,
Kein Stern dem anderen nicht.

II   Wir Schwestern zwei, wir schönen,
Wir haben lichtbraune Haar,
Und flichtst du sie in einen Zopf,
Man kennt sie nicht fürwahr.

III   Wir Schwestern zwei, wir schönen,
Wir tragen gleich Gewand,
Spazieren auf dem Wiesenplan
Und singen Hand in Hand.

IV   Wir Schwestern zwei, wir schönen,
Wir spinnen in die Wett',
Wir sitzen an einer Kunkel
Und schlafen in einem Bett. –

V   O Schwestern zwei, ihr schönen,
Wie hat sich das Blättchen gewend't!
Ihr liebet einerlei Liebchen –
Und jetzt hat das Liedel ein End'.

Eduard Mörike, 1804–75 (1837)

Sprechsituation

Die Sprechsituation (wer spricht hier) ist klar: Die Strophen I – IV werden von den beiden Schwestern selbst „gesungen" (*Wir Schwestern ...*). Die große Ähnlichkeit der beiden schönen Schwestern wird auch formal durch Wiederholung des Eingangsverses betont. Während in den ersten vier Strophen die Schwestern

Rollengedicht

selbst sprechen, tritt in der letzten Strophe ein Außenstehender auf, der eine Veränderung ankündigt. Mit der Einigkeit der beiden wird es wohl aus sein, wenn sie auch noch den gleichen Mann lieben – da hat dann auch das *„Liedel ein End"*. Hier steht die Verkleinerungsform, weil das Ganze in den Augen des Außenstehenden wohl nicht so wichtig ist. Ein Lied wird gesungen, vom Singen ist auch in der Str. III die Rede – das ist das zweite, implizite Thema des Gedichts.

klingend- stumpf

Nach unserem Muster finden wir also in Z. 1 aller Strophen immer klingende Kadenzen (*Wir Schwéstern zwéi, wir schönen*), ebenso in Z. 3 bei Str. I, IV und V. Sie wechseln mit stumpfen Kadenzen.

In Beschreibungen werden gereimte Verse immer mit kleinen Buchstaben bezeichnet, z.B. ab ab. Verse ohne Reim in gereimten Gedichten müssen immer mit x bzw. y bezeichnet werden, sie dürfen nicht in der Normalfolge des Alphabets erscheinen (also hier nicht ab cb sondern xa ya). Nehmen wir die Kadenzen dazu, sieht das in der Kurzbeschreibung so aus: x kl a st   y kl a st x und y sind also in diesem Gedicht klingende Verse ohne Reim, a sind gereimte stumpfe Verse. Aber in der Strophe II und III haben wir in Z. 3 statt sonst drei (klingende Kadenz) jeweils vier Haupthebungen, männlich endend:

> II, 3   *Und flíchtst du síe in éinen Zópf*
> III, 3   *Spaziéren áuf dem Wiésenplán.*

In Strophe II und III ist also in der Z. 3 die eigentlich erwartete klingende Kadenz aufgelöst in eine männlichvolle. Der Vierheber wird dadurch in seinen vier Hebungen nicht angetastet. Dies nennt man Kadenzentausch, er kommt in Volksliedern häufig vor. Bei einer möglichen Melodie würde sich dadurch überhaupt nichts ändern, denn für die Haupthebung der klingenden Verse sind eine lange oder zwei kurze Noten vorhanden, denen immer noch eine Note folgt.

Kadenzentausch

Mörike hat übrigens dieses von ihm verfasste Gedicht seinen Freunden brieflich zuerst als „Volkslied" vorgestellt – er behauptete, es unterwegs von zwei Mädchen gehört zu haben. So wird er den Kadenzentausch absichtlich in sein Gedicht eingebaut haben, um es einem Volkslied noch ähnlicher zu machen. Dem gleichen Ziel dienen gewiss auch die doppelten Senkungen in der zweiten Strophe:

Zweisilbige, doppelte Senkungen

II, 2	*Wir háben líchtbraune Háar,*	x x́x x́⌣x́
IV, 3	*Wir sítzen an einer Kúnkèl /*	x x́⌣x́x ⁀ x̀
und 4	*und schláfen in einem Bétt;*	x x́⌣x́x x́

Str. V je zweimal Z. 2:

> *Wie hát sich das Bláttchen gewénd't;*   x x́⌣ x́⌣x́

und genau so Z. 4:

> *Und jétzt hat das Líedel ein Énd.*   x x́⌣ x́⌣x́

Hier entspricht die Versfüllung der vierten genau der der zweiten Zeile. Damit wird auch mit der Art der Verse die Wendung zum bösen Ende unterstrichen.

Senkungssilben können abwechselnd einsilbig und zweisilbig sein, das nennt man: Die Füllung der Takte ist frei. Verse mit solchen freien Füllungen kommen in Volksliedern immer wieder vor, sie sind geradezu ein Kennzeichen für volksmäßige Vierheber.

freie Füllung

In diesem Mörike-Gedicht begegnen uns also verschiedene Möglichkeiten der Versfüllung:

I, 3	x x́x x́x ⁀ x̀	*so gléicht kein Éi dem ándern*
IV, 3	x x́⌣ x́x ⁀ x̀	*Wir sítzen an einer Kúnkèl*
V, 3	x x́x x́⌣ ⁀ x̀	*Ihr líebet éinerlei Líebchen*
dazu V, 2	x x́⌣ x́⌣ x́ʌ ʌʌ	*Wie hát sich das Bláttchen gewénd't*

Daneben gibt es auch bei volksmäßigen Vierhebern rein alternierende Verse, in denen sich immer Hebung und einsilbige Senkung abwechseln, wie wir sie auch bei den beiden Kinderreimen und in Mörikes Gedicht in Str. I und III finden.

rein alternierend

Kadenzentausch bei fester Hebungszahl

Zweisilbige Senkungen bedeuten in der Musik die Auflösung einer Viertelnote in zwei Achtelnoten, was nach Heusler (↗17 f.) mit ‿ graphisch dargestellt wird. Bei Mörikes Gedicht handelt es sich also um Verse, deren Hebungszahl (Vierheber) immer fest ist, deren verschiedene Kadenzen aber u.U. austauschbar sind (allerdings nur die klingenden und die männlichvollen). Denn klingende und männlichvolle Verse enden beide erst nach der vierten Hebung bzw. Nebenhebung und können im Volkslied auf die gleiche Melodie gesungen werden. In einem Volkslied entspricht z.B. die Melodie in Z. 1: *Wenn álle Brúnnlein flíe-ßèn* (A 4 kl, also Haupthebung und Nebenhebung, das sind z w e i Silben am Schluss) genau der in Z. 3: *Wenn ích mein' Schátz nicht rúfen dárf* (A 4 mv, Haupthebung, Senkung und 2. Haupthebung, also d r e i Silben am Schluss), da in Z. 1 drei Noten für zwei Silben vorhanden sind.

Melisma

Oft haben klingende Verse auf der Hauptsilbe zwei Noten (Melisma), wie in unserem Beispiel *flié-ie-ßèn*, die dann bei einer männlichvollen Kadenz ohne weiteres auch auf zwei Silben verteilt werden können: *rú-fen dárf*. Andererseits kann ein stumpfer Vers nicht mit einem männlichvollen wechseln, weil ihm gerade die vierte Hebung (also eine Note) fehlt, dort liegt ja eine Pause.

2.2 Der Knittelvers

2.2.1 Der freie Knittelvers

der unstrophige freie Knittelvers

Eine andere Ausprägung des Vierhebers mit freien Füllungen finden wir im unstrophigen freien Knittelvers, wie ihn z.B. Goethe im ersten Teil des *Faust* benutzte. Er begegnet uns in der Kunstlyrik seltener, kommt aber auch heute noch häufig in Geburtstagsversen usw. vor.

freie Füllung freier Auftakt

nur männlich- und weiblichvolle Kadenzen

Es handelt sich um vierhebige Reimpaare mit freien Füllungen und freiem Auftakt – d.h. es kann einsilbiger, zweisilbiger oder auch gar kein Auftakt vorhanden sein. Von den vier Kadenzen des Vierhebers kommen aber hier n u r die männlich- und weiblichvollen vor. Dieser Vers ist ungemein schmiegsam und variabel, er kann ganz gemütlich erzählen, aber wie wir aus dem Faust wissen, ebenso Emphase ausdrücken. Knittelverse gibt es auch in Balladen, z.B. bei Ludwig Uhland (1824):

Schwäbische Kunde

1. Z. 1–10
Klärung der historischen Situation: Kreuzzug Kaiser Barbarossas

Als Kaiser Rotbart lobesam
zum heil'gen Land gezogen kam,
da musst er mit dem frommen Heer
durch ein Gebirge, wüst und leer.
5   Daselbst erhub sich große Not,
viel Steine gab's und wenig Brot,
und mancher deutsche Reitersmann
hat dort den Trunk sich abgetan.
Den Pferden war's so schwach im Magen,
10   fast musste der Reiter die Mähre tragen.

Nun war ein Herr aus Schwabenland,
von hohem Wuchs und starker Hand,
des Rößlein war so krank und schwach,
er zog es nur am Zaume nach,
15 er hätt' es nimmer aufgegeben,
und kostet's ihn das eigne Leben.
So blieb er bald ein gutes Stück
hinter dem Heereszug zurück;
da sprengten plötzlich in die Quer
20 fünfzig türkische Reiter daher,
die huben an, auf ihn zu schießen,
nach ihm zu werfen mit den Spießen.
Der wackre Schwabe forcht sich nit,
ging seines Weges Schritt vor Schritt,
25 ließ sich den Schild mit Pfeilen spicken
und tät nur spöttlich um sich blicken,
bis einer, dem die Zeit zu lang,
auf ihn den krummen Säbel schwang.
Da wallt dem Deutschen auch sein Blut,
30 er trifft des Türken Pferd so gut,
er haut ihm ab mit einem Streich
die beiden Vorderfüß zugleich.
Als er das Tier zu Fall gebracht,
da faßt er erst sein Schwert mit Macht,
35 er schwingt es auf des Reiters Kopf,
haut durch bis auf den Sattelknopf,
haut auch den Sattel noch zu Stücken
und tief noch in des Pferdes Rücken;
zur Rechten sieht man, wie zur Linken,
40 einen halben Türken heruntersinken.
Da packt die andern kalter Graus,
sie fliehen in alle Welt hinaus,
und jedem ist's, als würd ihm mitten
durch Kopf und Leib hindurchgeschnitten.
45 Drauf kam des Wegs 'ne Christenschar,
die auch zurückgeblieben war,
die sahen nun mit gutem Bedacht,
was Arbeit unser Held gemacht.
Von denen hat's der Kaiser vernommen,
50 er ließ den Schwaben vor sich kommen,
er sprach: »Sag an, mein Ritter wert,
wer hat dich solche Streich gelehrt?«
Der Held bedacht sich nicht zu lang:
»Die Streiche sind bei uns im Schwang,
55 sie sind bekannt im ganzen Reiche,
man nennt sie halt nur Schwabenstreiche.«

2. Z. 11–16
Einengung (**Fokussierung**) auf einen bestimmten schwäbischen Adligen

3. Z. 17–28
Fünfzig berittene Türken greifen an

4. Z. 29–40
Der Angegriffene setzt sich erfolgreich zur Wehr

5. Z. 41–44
Flucht der übrigen Türken

6. Z. 45–48
Die „Arbeit" wird von Nachkommenden gesehen

7. Z. 49–56
Audienz beim Kaiser: „Schwabenstreiche"

Einteilung in Abschnitte

Wie in jeder Ballade wird hier eine fortlaufende Handlung berichtet, die – wie oben in der Marginalspalte geschehen – in eine Reihe von Abschnitten eingeteilt werden kann.

Ludwig Uhland hat in dieser Ballade die Freiheit des Knittelverses (Knittel = Knüttel, das heißt „unordentlich geknüpft") nur selten ausgenutzt. Meist gehen die Verse einen ruhigen alternierenden Gang, in dem auf den männlichvollen Schluss der Auftakt folgt, so dass die Alternation auch beim Übergang von Vers

glatte Fugung

zu Vers funktioniert. In einem solchen Fall spricht man von glatter Fugung.

Unterbrochen wird diese Regelmäßigkeit bei den weiblichvollen Versen: Z. 9/10, 15/16, 21/22, 25/26, 37/38, 39/40, 43/44, 49/50 und 55/56, da hier die Senkung am Ende des ersten Verses auf den Auftakt des nächsten Verses trifft, also zwei Senkungen einander begegnen.

Diese Reimpaare nun stehen fast immer am Schluss einer Periode: In Z. 9/10 z.B. wird damit die Schilderung der schlimmen Situation durch die Not der Pferde noch unterstrichen. Hier folgt auf den weiblichvollen Schluss (d.h. mit Senkung endend) ein Auftakt im nächsten Vers, so dass zwei Senkungen zwischen der letzten und der ersten Hebung stehen, was innerhalb des Verses auch noch verstärkt wird durch die doppelten Senkungen: *fast múßte der Réiter die Mähre trágen.*

Die Treue des Schwaben zu seinem kranken Rösslein wird wieder durch ein weiblichvolles Reimpaar verstärkt (Z. 15/16). Jetzt belebt sich der ruhige Gang der Verse: Zweimal, Z. 18 und Z. 20, fehlt der Auftakt, dafür liegen innerhalb der Verse jeweils doppelte Senkungen (Z. 20 hört man die fünfzig Türken förmlich dahersprengen). In den Versen 37–40 stehen vier weiblichvolle Verse hintereinander, wodurch diese Verse, die ja das Resultat des Schwabenstreiches darstellen, hervorgehoben werden. In Z. 40, der am stärksten gefüllten Verszeile der ganzen Ballade, finden sich zweisilbiger Auftakt und zweisilbige Senkung: *einen hálben Türken herúntersínken.* Dieser Vers ist übrigens selbst in zwei fast gleiche Hälften geteilt: xx x́x x́x | x x́x x́x.

Wenn die Feinde nun fliehen, so wird die Schnelligkeit der Flucht durch doppelte Senkung untermalt: *sie fliéhen in álle Welt hináus.*

Das Entsetzen der fliehenden Türken wird ebenfalls mit in der Mitte geteilten weiblichvollen Versen deutlich gemacht, die also dem Vers des geteilten Türken genau entsprechen, Z. 43/44. Als Abschluss des Gedichts stehen wieder weiblichvolle Verse – die wenigen (14 von 56) weiblichvollen Schlüsse bilden also jeweils deutliche Markierungen.

freie Füllung im freien Knittelvers

Die verschiedenen Möglichkeiten der Kadenz, männlich oder weiblich, mit oder ohne Auftakt, und die zwischengeschalteten doppelten Senkungen bedeuten „freie Füllung", daher „freier Knittelvers". Wie man sieht, können sie durchaus bedeutungsstiftend ausgenutzt werden.

2.2.2 Der strenge Knittelvers

Neben freien Knittelversen gibt es auch strenge Knittelverse. Sie sind ebenfalls
Vierheber, haben auch nur weiblich- und männlichvolle Kadenzen, sind jedoch
streng alternierend. Im Folgenden wird ein Beispiel aus dem 16. Jahrhundert abgedruckt:

streng
alternierend

Klag der wilden Holzleut über die ungetreuen Welt

Ach Gott, wie ist verderbt all Welt!
Wie stark liegt die Untreu zu Feld!
Wie hart ist Grechtigkeit gefangen!
Wie hoch tut Ungrechtigkeit prangen!
5 Wie sitzt der Wucherer in Ehren!
Wie hart kann Arbeit sich ernähren!
Wie ist gemeiner Nutz so teuer!
Wie füllt der Eigennutz sein Scheuer!
Wie unverschämt geht Gwalt für Recht!
10 Wie hart die Wahrheit wird durchächt!*
Wie wird Unschuld mit Füßen treten!
Wie weng tut man Laster ausjäten!
Wie führt Reichtum so großen Pracht!
Wie ist Armut so gar veracht!
15 Wie steht Weisheit hinter der Tür!
Wie dringt Reichtum mit Gwalt herfür!
Wie regiert der Neid mit Gewalt!
Wie ist brüderlich Lieb erkalt!
Wie ist Demut so gar verschwunden!
20 Wie hat der Glaub so viel der Wunden! usw.

* = geächtet

Wir haben hie gewart viel Jahr,
Wenn Tugnd und Redlichkeit aufwachs.
Daß bald geschech, wünscht uns Hans Sachs.

Hans Sachs, 1494-1576

Hier ist alles zu finden, was Opitz anprangerte, vor allem schlimme Tonbeugungen, wie z.B. *Wie wírd Unschúld*, Z. 11; *Wie wéng tut mán Lastér* ..., Z. 12; *Wie
régiert*, Z. 17, wo jeweils die Haupthebung in der Senkung, die unbetonte Silbe
aber in der Hebung liegt. Ebenso kommen unglaubliche Verkürzungen zur
Erhaltung der Alternation vor: *Grechtigkeit*, Z. 3; *Gwalt*, Z. 9; *weng*, Z. 12;
Tugnd, Z. 22. Bis in die ersten Jahrzehnte des 17. Jahrhunderts hat das offensichtlich (vgl. den Vers von Weckerlin ↗13 f.) niemanden gestört. Auch bei
Martin Opitz finden wir in den frühen Gedichten solche Verstöße gegen die
natürliche Betonung.

Tonbeugungen

Verkürzungen
(= Synkopen)

Es ist die unerbittliche Durchführung der Alternation in den „strengen Knittelversen", die solche sprachlichen Unregelmäßigkeiten bedingt. Heute sind sie
nur mehr schwer zu ertragen.

2.2.3 Achtheber

Epigramme

Eine Verdoppelung der Vierheber findet sich in den Achthebern, die vor allem im Barock, auch z.B. bei Andreas Gryphius, in Sonetten zu finden sind. Vor allem die zwei- oder vierzeiligen Sinnsprüche (Epigramme) des Friedrich von Logau (1604–55) weisen oft Achtheber auf, und zwar zwei verschiedene Arten, von denen je ein Beispiel hier gegeben wird.

1.　　　Glauben.
　　　Luthrisch/ Päbstisch vnd Calvinisch / diese Glauben alle drey
　　　Sind vorhanden; doch ist Zweiffel / wo das Christenthum dann sey.

2.　　　Von meinen Reimen.
　　　Leser / das du nicht gedenckst / dass ich in der Reimen-Schmiede
　　　Jmmer etwa Tag für Tag / sonst in nichts nicht mich ermüde;
　　　Wisse / dass mich mein Beruff eingespannt in andre Schrancken /

* = meist

　　　Was du hier am Tage sihst / sind gemeinlich* Nacht-Gedancken.

Friedrich von Logau, 1604–55 (1654)

Die trochäischen Achtheber im ersten Sinnspruch haben keine Zäsur (fester Einschnitt) nach der vierten Hebung, sondern erst nach der folgenden Senkung:

　　　x́x x́x x́x x́x | x́x x́x x́x x.

Hebungsprall

Die Verse (ebenfalls Trochäen) des zweiten Epigramms (= Kurzgedicht) weisen hingegen nach der vierten Hebung einen Hebungsprall auf, d.h. die 4. und 5. Hebung stoßen direkt aneinander, ohne dazwischenliegende Senkungssilbe:

　　　x́x x́x x́x x́ | x́x x́x x́x x́x.

2.3　Strophenformen in Volksliedern

Strophen

Die beiden Kindersprechverse, die oben als Beispiele für verschiedene Kadenzen von volksliedhaften Vierhebern gebracht wurden (↗15 ff.), haben durchaus den Charakter von geschlossenen Strophen. Vor allem *Backe, backe Kuchen* wird oft wirklich gesungen und bietet nach den drei Zweihebern mit der letzten vierhebigen Zeile einen deutlichen Strophenabschluss.

2.3.1　Strophen allgemein

Übereinstimmung der Hebungszahl, aber nicht der Senkungszahl

Strophen sind bestimmte regelmäßig wiederkehrende Gruppen von in Bezug auf Metrik und Reimstellung vollkommen gleichen Versen in den jeweils entsprechenden Zeilen. Die Zahl der Hebungen in diesen Zeilen muss in jeder Strophe genau übereinstimmen, d.h. das metrische Grundmaß muss gleich bleiben. In füllungsfreien Versen können die Senkungen allerdings variieren, wie wir in dem Mörike-Gedicht gesehen haben. In volkstümlichen sangbaren Strophen kann auch die Kadenz wechseln, z.B. stehen neben klingenden auch männlichvolle Verse, wie es ebenfalls im Mörike-Gedicht von den beiden Schwestern der Fall ist (↗21).

In der mittelhochdeutschen (mhd.) Lyrik gab es einen unvorstellbaren Reichtum an Strophenformen, da in der höfischen Dichtung jedes neue Gedicht auch eine neue Melodie, d.h. eine neue Strophenform hatte.

Der große Reichtum mittelalterlicher Strophenformen hat sich nicht bis in die Neuzeit erhalten. Weiter lebte jedoch die alte deutsche Langzeile aus Anvers (= **Langzeile** erste Hälfte der Zeile) und Abvers (= zweite Hälfte), der wir im Nibelungenlied **Anvers, Abvers** begegnen:

> Uns íst in álten mǽrèn   wúnders víl geséit   A 4 kl a Anvs A 4 st b Abvs
> von hélden lóbebǽrèn,   von grózer árebéit,   A 4 kl a Anvs A 4 st b Abvs

Meist aber ohne Reim in den Anversen (= erste Hälfte der Langzeile):

> Die hérren wáren míltè   von árde hóhe erbórn   A4 kl x Anvs A4 st a Abvs
> mit kráft unmâzen kűenè,   die récken űzerkórn.   A4 kl y Anvs A4 st a Abvs

Die im Nibelungenlied sonst seltene Form des Binnenreims zwischen den bei-   **Binnenreim** den Anversen (*mæren / lobebæren*) im ersten Beispiel hat sich bereits im Spätmittelalter durchgesetzt und ist in viele Volkslieder und volksliedähnliche Strophen übernommen worden. Dann werden jedoch keine Langzeilen mehr geschrieben, sondern es erscheinen vierhebige Kurzzeilen, die im K r e u z r e i m   **Kreuzreim** (ab ab) gereimt sind.

Strophen werden unterschieden nach Zeilenzahl und Reimarten.

2.3.2 Reimarten

Die häufigsten Reimarten mit den zugehörigen Schemata:

Paarreim	aa bb cc
Kreuzreim	ab ab
Umarmender Reim	a bb a
Schweifreim	aa b cc b
Verschränkter Reim	abc abc
Binnenreim	*singende klingende Wellen*
Identischer Reim	*Straße / Straße*
Mehrfachreim	*im mayen / am Reihen / sich freuen*
Reicher Reim	*Sing und Sang / Kling und Klang*
Rührender Reim	*zeigen / erzeigen* (von der Hebung ab gleich)
Unreiner Reim	*leide / Freude*
Waise	reimlose Zeile in gereimter Dichtung (mit x oder y bezeichnet)
Kehrreim, Refrain	letzte Zeilen (auch mehrere) der 1. Strophe werden in den übrigen Strophen wiederholt.

2.3.3 Stollenstrophen

Eine der häufigsten Strophenformen ist die Stollenstrophe. Diese Bezeichnung führten die Meistersinger ein für eine bestimmte Art von dreiteiligen Strophen.

Hier ein Beispiel:

Es ist ein Ros entsprungen	A 4 kl a	1. Stollen	
aus einer Wurzel zart	A 4 st b		Aufgesang
wie uns die Alten sungen	A 4 kl a	2. Stollen	
von Jesse kam die Art	A 4 st b		
und hat ein Blümlein bracht	A 4 st c		
mitten im kalten Winter	4 kl x		Abgesang
wohl zu der halben Nacht.	A 4 st c		

Solche Strophen haben für die beiden Stollen stets die gleiche Melodie, d.h. beide Stollen müssen metrisch vollkommen gleich sein. In vielen Kirchenliedern findet man zu Beginn zwei Zeilen Text unter einer Notenzeile, dabei handelt es sich dann immer um Stollenstrophen.

Die beiden Stollen bilden zusammen den Aufgesang, in unserem Beispiel mit Kreuzreim. Mit dem Abgesang beginnt eine andere Melodie, metrisch haben die Verse auch öfter andere Kadenzen. Im Abgesang können auch andere Hebungszahlen, z.B. Zweiheber vorkommen. Stollen müssen mindestens zweizeilig sein, sie können aber auch mehrere Zeilen umfassen. Der Abgesang kann beliebig lang sein. Ursprünglich galt die Regel, dass der Abgesang länger sein musste als ein Stollen.

2.3.4 Einzelne Strophenformen

Die folgenden Beispiele für Strophenformen sind fast alle entnommen aus *Des Knaben Wunderhorn* (neue Ausgabe Reclam: Stuttgart, 1987). Den Bezeichnungen (II, 152) entspricht im Original: Bd II, S. 152.

Vierzeiler

I	Es kommt ein Schiff, geladen	A 4 kl a
	bis an sein' höchsten Bord,	A 4 st b
	trägt Gottes Sohn voll Gnaden,	A 4 kl a
	des Vaters ewigs Wort.	A 4 st b
II	Es waren zwei Edelkönigs Kinder,	A 4 kl x
	Die beiden, die hatten sich lieb	A 4 st a
	Beisammen konnten sie dir nit kommen,	A 4 kl y
	Das Wasser war viel zu tief.	A 4 st a (II, 152)

dreisilbige Senkung — Hier haben wir vierhebige Volksverse, abwechselnd klingend / stumpf (Beispiel I rein alternierend, II mit freier Füllung). In dem Lied II, Z. 1 u. 3 finden sich sogar dreisilbige Senkungen: *Édelkönigs-Kinder, Beisámmen konnten sie.*

Der Zusammenhang mit der alten Langzeile zeigt sich in II nicht nur im metrischen Rahmen und in den reimlosen Zeilen 1 und 3, sondern auch in der Syntax, die jeweils die zusammengehörigen Verse 1 und 2 bzw. 3 und 4 enger zusammenfasst. Dies ist auch so in Beispiel I, Z. 1/2.

Solche vierzeiligen Strophen sind in der an Volksversen orientierten deutschen Dichtung, wie z.B. in Balladen des Göttinger Hains und Gedichten der Romantik, außerordentlich häufig. Neben der alten Nibelungenzeile (4 kl 4 st) kommen noch andere Varianten vor, von denen einige vorgestellt werden.

Ebenfalls aus dem Mittelalter stammt die Vagantenstrophe (A 4 mv / A 4 kl = eine Vagantenzeile)

Vagantenstrophe

Es reit der Herr von Falkenstein	A 4 mv	x	
wohl über ein breite Haide.	A 4 kl	a	
Was sieht er an dem Wege stehn?	A 4 mv	y	
Ein Maidel mit weißem Kleide.	A 4 kl	a	(I, 255)

Hier ist volksmäßig die 1. und die 3. Zeile ohne Reim, Z. 2 und 4 haben freie Füllungen, also noch ganz wie eine alte Langzeile (↗27). Ebenso sind auch je zwei Zeilen syntaktisch zusammengefasst.

Ähnlich gebaut ist die Chevy-Chase-Strophe, so genannt nach einer gleichnamigen englischen Ballade, hier mit dem üblichen Kreuzreim:

Chevy-Chase-
Strophe

Es steht ein Baum im Odenwald	A 4 mv	a	
Der hat viel grüne Äst;	A 4 st	b	
Da bin ich schon viel tausendmal	A 4 mv	a	
Bey meinem Schatz gewest.	A 4 st	b (III, 116 b)	

Fünfzeiler,

z.B. die sog. Lindenschmidt-Strophe:

Lindenschmidt-
Strophe

Der Lindenschmidt hätt einen Sohn	A 4 mv	a	
Der sollt den Rossen das Futter thun,	A 4 mv	a	
Den Haber thät er schwingen:	A 4 kl	b	
„Steht auf, herzlieber Vater mein!	A 4 mv	x	
Ich hör die Harnische klingen."	A 4 kl	b (I, 125, 8)	

In Z. 2 und 5 gibt es in diesem Beispiel zweisilbige Senkungen, Z. 4 ist eine Waise.

Sechszeiler,

besonders Schweifreimstrophen (aa b cc b) sind häufig in Volks- und Kirchenliedern, z.B. *Innsbruck, ich muss dich lassen*, was als Vorbild diente für viele Lieder, wie z.B. Paul Gerhardt, *Nun ruhen alle Wälder* oder Matthias Claudius, *Der Mond ist aufgegangen*:

Schweifreim-
strophen

Der Mond ist aufgegangen,	A 4 kl	a
die goldnen Sternlein prangen	A 4 kl	a
am Himmel hell und klar.	A 4 st	b

Der Wald steht schwarz und schweiget,	A 4 kl	c
und aus den Wiesen steiget	A 4 kl	c
der weiße Nebel wunderbar.	A 4 <u>mv</u>	b

Die dritte und die sechste Zeile reimen sich aufeinander, daher „Schweifreim", wobei die sechste in diesem Fall erweitert ist um eine Hebung und zu einer männlichvollen wurde. Aus der bekannten Melodie ergibt sich zwingend, dass in Z. 3 der stumpfe Vers in Wirklichkeit doch ein Vierheber ist – es folgt dort nämlich eine Pause. Z. 6 ist dann ein männlichvoller Vers mit vier verwirklichten Hebungen, beide, Z. 3 und Z. 6, haben einsilbigen Versschluss.

Ebenso mit Schweifreim, aber metrisch anders, folgendes Volkslied:

Marienwürmchen fliege hin	A 4 mv	a
Zu Nachbars Kind, zu Nachbars Kind,	A 4 mv	a
Sie thun dir nichts zu Leide;	A 4 kl	b
Es soll dir da kein Leid geschehn,	A 4 mv	c
Sie wollen deine bunten Flügel sehn,	A 4 mv	c
Und grüß sie alle beyde.	A 4 kl	b (I, 235 b)

Wiederholungen

Z. 3 und 6 reimen sich bei klingender Kadenz; Z. 2 hat eine der im Volkslied häufig vorkommenden Wiederholungen, zudem unreinen Reim, Z. 1/2; Z. 5 hat dreisilbige Senkung (*wóllen deine búnten*).

Es gibt jedoch auch **sechszeilige Stollenstrophen**, z.B.

Ich bin gen Baden zogen,	A 4 kl	a	
Zu löschen meine Brunst,	A 4 st	b	Aufgesang
So find ich mich betrogen,	A 4 kl	a	
Denn es ist gar umsunst,	A 4 st	b	
Wer kann das Feuer kennen,	A 4 kl	c	Abgesang
Das mir mein Herz thut brennen!	A 4 kl	c	
			(III, 3, 3)

Siebenzeiler

Lutherstrophe

sind fast immer stollig gebaut, sie werden oft Lutherstrophen genannt, weil Martin Luther viele Lieder dieser Art schuf – sie kommen aber auch häufig als Volksliedstrophen vor. Luther war nicht genau im Reimen, vgl. Z. 2 und 4 (*rüffen* und *öffen*). Z. 7 ist in fast allen Strophen dieser Art eine Waise.

Auß tieffer not schrey ich zu dir /	A 4 mv	a	
herr got, erhör mein rüffen /	A 4 kl	b	Aufgesang
Dein gnedig oren ker zu mir /	A 4 mv	a	
vnd meiner pit sie öffen /	A 4 kl	b	
Denn so du das wilt sehen an /	A 4 mv	c	
wie manche sündt ich hab gethan /	A 4 mv	c	Abgesang
wer kan herr für dir bleyben.	A 4 kl	x	
			(Evg. Kgb. Nr. 299)

Achtzeiler

kommen in verschiedensten Verbindungen vor, meist wie in Goethes *Der Fischer* (↗8 f.) als zwei kreuzgereimte Vierzeiler in einer Strophe; doch mitunter auch stollig, wie im nächsten Beispiel :

Wol an demselben Tanze	A 4 kl	x ⎫
Sag ich wohl auf mein Eid,	A 4 st	a ⎬ Aufgesang
Waren vier und vierzig Knechte,	2 A 4 kl	y ⎪
Waren alle roth Lündsch* gekleidt,	2 A 4 st	a ⎭

* = Londoner Tuch

In gelben Wammes und Hosen,	A 4 kl	b ⎫
Sie sprungen als wären sie rasend,	A 4 kl	b ⎬ Abgesang
Sie machten sich so breit,	A 4 st	c ⎪
Zum Streit waren sie bereit.	A 4 st	c ⎭

(II, 254, Z. 73 ff.)

In Z. 3 und 4 haben wir doppelten Auftakt, in Z. 4 und 5 zweisilbige Senkung, in Z. 6 sogar zweimal, in Z. 5/6 unreinen Reim sowohl in den Vokalen als auch in den Konsonanten (überschießendes -d).

Neunzeiler

sind selten, meist stollig (↗ Stollenstrophen, 28).

Es ritt ein Jäger wohlgemut,	A 4 mv	x ⎫
Wohl in der Morgenstunde,	A 4 kl	a ⎬ Aufgesang
Wollt jagen in dem grünen Wald	A 4 mv	y ⎪
Mit seinem Roß und Hunde;	A 4 kl	a ⎭

Und als er kam auf grüne Heid,	A 4 mv	b ⎫ Abgesang
Da fand sein Herze Lust und Freud,	A 4 mv	b ⎭

Im Mayen,	A 2 kl	c ⎫
Am Reihen,	A 2 kl	c ⎬ Refrain
Sich freuen	A 2 kl	c ⎪
alle Knaben und Mägdelein	A 4 st	z ⎭

(I, 306 b)

Hier bilden die letzten vier Zeilen einen Refrain (d.h. sie werden in jeder Strophe wiederholt).

Refrain

Zehnzeiler und Strophen mit mehr Zeilen kommen in Volksliedern kaum vor.

2.4 Volksliedähnliche Strophenformen in der Kunstdichtung

Nachdem im 16. und 17. Jahrhundert vor allem französische Verse wie Alexandriner und „vers communs" nachgeahmt worden waren, oder auch italienische wie die Madrigalverse, kamen gegen Ende des 18. Jahrhunderts die deutschen Volksverse wieder zu Ehren.

Stimmen der Völ-
ker in Liedern

Johann Gottfried Herder (1744–1803), der 1778 erstmals die *Stimmen der Völ-*
ker in Liedern herausgab, benutzte sie häufig. Er brachte in seiner Sammlung
Übersetzungen aus vielen Sprachen, vor allem aus der Sammlung *Reliques of*
Ancient English Poetry des Thomas Percy, die ihn zum Sammeln von „volksar-
tigen Liedern" angeregt hatte. Im sechsten Buch dieser Herderschen Sammlung stehen unter 34 deutschen Liedern sowohl echte alte Volkslieder, wie z.B.
das von Goethe aufgezeichnete *Es reit der Herr von Falkenstein,* als auch mehrere Lieder von Simon Dach und anderen Barockdichtern und – übrigens ohne
Angabe des Verfassers – Goethes *Röslein auf der Haide.* Es gibt dort also ein
breites Spektrum an sangbaren und vor allem an zum Gefühl sprechenden Liedern. Unter dem Einfluss von Herders Übersetzung der dänischen Ballade von
Erlkönigs Tochter schuf Goethe seinen *Erlkönig,* und Gottfried August Bürger
(1747– 1831) wurde von Herders Übersetzung einer schottischen Ballade
angeregt zu seiner berühmten Ballade *Lenore.*

Des Knaben Wun-
derhorn

Die Romantiker Achim von Arnim (1781–1831) und Clemens Brentano (1778
–1842) gaben fast dreißig Jahre später *Des Knaben Wunderhorn* (1806) heraus,
wodurch nun eine Fülle von älteren deutschen Volksliedern bekannt wurde.
Durch diese beiden und viele folgende Sammlungen kamen die füllungsfreien
Vierheber von Neuem in Gebrauch und wurden das ganze 19. Jahrhundert hindurch immer wieder von deutschen Dichtern benutzt.

volksliedähnliche
Strophen

Volksliedähnliche Strophen werden in Verslehren auf verschiedene Art
bezeichnet. Im Allgemeinen wird ein Unterschied gemacht zwischen jambischen (oder auch trochäischen) Vierhebern und jambischen Dreihebern. Alle
diese Verse kann man aber zusammenfassen als Vierheber, wenn man die Terminologie der vollen, klingenden und stumpfen Kadenzen übernimmt (↗16
ff.). Damit kann man z.B. die folgenden Gedichte Eichendorffs, der sich an
Volksliedern orientierte, in ihrer jeweiligen Eigenart besser erfassen, weil dann
auch das akustische Moment, das bei Eichendorff eine große Rolle spielt,
berücksichtigt wird.

	Die Nachtblume	Mondnacht
	Nacht ist wie ein stilles Meer,	Es war, als hätt' der Himmel
	Lust und Leid und Liebesklagen	Die Erde still geküßt,
	Kommen so verworren her	dass sie im Blütenschimmer
	In dem linden Wellenschlagen.	von ihm nur träumen müßt'.
5	Wünsche wie die Wolken sind,	Die Luft ging durch die Felder
	Schiffen durch die stillen Räume,	Die Ähren wogten sacht,
	Wer erkennt im lauen Wind,	Es rauschten leis die Wälder,
	Obs Gedanken oder Träume? –	So sternklar war die Nacht.
	Schließ ich nun auch Herz und Mund,	Und meine Seele spannte
10	Die so gern den Sternen klagen:	Weit ihre Flügel aus,
	Leise doch im Herzensgrund	Flog durch die stillen Lande,
	Bleibt das linde Wellenschlagen.	Als flöge sie nach Haus.

Joseph von Eichendorff, 1788–1857 (1837)

Diese Nachtgedichte von Eichendorff sind beide rein alternierend und stehen beide im Kreuzreim (abab), abwechselnd männlich und weiblich. Die Verse des ersten wären daher nach allgemein üblicher Terminologie vierhebige Trochäen, die des zweiten dreihebige Jamben, jeweils mit abwechselnd weiblichem und männlichem Versschluss. Die geläufigen Bestimmungen Trochäus = fallend und Jambus = steigend helfen hier nicht weiter, da die erste Zeile in dem Gedicht *Die Nachtblume* zwar durchaus als fallend bezeichnet werden kann, die Z. 2 und 3 aber eher steigenden Charakter haben, insofern dort die vorletzte Hebung den Hauptton im Vers trägt. Das Gleiche gilt für Z. 6–8, 10 und 11. Dazwischen gibt es auch deutlich fallende Zeilen, wie Z. 5 u. 9. Wir haben also einen Wechsel zwischen steigenden und fallenden Zeilen vor uns, was gegen eine grundsätzlich fallende Qualität trochäischer Verse spricht.

Trochäus

Jambus

Wichtiger scheint in diesem Gedicht die Verbindung der Zeilen untereinander zu sein. Hierfür ergibt die Bezeichnung als vierhebige Trochäen an sich nichts, weil damit nur die einzelnen Zeilen benannt werden. In jeder Strophe erfolgt aber zwischen den Zeilen 2 und 3 eine bruchlose Verbindung (glatte Fugung), da auf den weiblichen Versausgang mit Senkung sofort die Anfangshebung der nächsten Zeile folgt:

glatte Fugung

Lúst und Léid und Liébesklágen / kómmen só verwórren hér.

Die Alternation wird also nicht unterbrochen. Das Gleiche gilt für die Verbindung der Strophen untereinander, die Z. 4 jeder Strophe ist jeweils glatt gefugt mit Z. 1 der nächsten Strophe. Dadurch ergibt sich im Klang das leichte – zwischen Z. 1/2 und 3/4 durch die aufeinanderfolgenden Hebungen am Versausgang und -eingang kurz unterbrochene – Wiegen, das ein *linde(s) Wellenschlagen* nachahmen könnte und jedenfalls mit dem sanft träumerischen Inhalt übereinstimmt. (Geht man von Vierhebern aus, fände man männlichvolle und weiblichvolle Vierheber).

Bei genauerer Analyse stellt sich nun heraus, dass in der *Mondnacht* Z. 2 und 3 aller Strophen nie so eng zusammengehören wie Z. 2 und 3 in der *Nachtblume* (Enjambement), sondern hier stehen jeweils Z. 1/2 und 3/4 eng zusammen, meist durch Enjambement verbunden. (Nur die zweite Strophe weist r e i n e n Zeilenstil auf, d.h. jeder Vers bildet einen Satz für sich). Der enge Zusammenhang von Z. 1/2 und 3/4 spricht für die alte Langzeile und die Bezeichnung als klingende und stumpfe kreuzgereimte Vierheber.

Enjambement

Zeilenstil

Denn in der *Mondnacht* ist nach jeder zweiten und vierten Zeile (= stumpfe Verse) eine Pause gegeben, die auch jeweils syntaktisch vorhanden ist. Worte wie *Hímmel* oder *Félder* sind dann mit zwei Hebungen als klingende Kadenzen zu lesen (↗17) – dadurch werden die Verse langsamer und eindrücklicher. Wird in dem Satz Z. 9/10 *Und meine Seele spannte / weit ihre Flügel aus* das Wort *spannte* mit nur einer Hebung gelesen (analog zu dem Wort *klagen* in der Nachtblume), so kommt der romantische Charakter der Zeile nicht richtig heraus. Denn das weite Ausspannen der Flügel der Seele wird erst hörbar, wenn auf *spánnte* zwei Hebungen liegen. Dadurch erst wird die unerfüllbare Sehnsucht

der Seele nach der Heimat auch akustisch deutlich. Mit dieser doppelten Betonung scheint die andere Dimension hindurch, die Eichendorff im Sinn hatte, als
er dieses Gedicht unter seine geistlichen Lieder einreihte. Denn das Zuhause,
nach dem sich die Seele hier sehnt, ist der Himmel, von dem bereits in der ersten
Zeile gesprochen wird. So unterstützen die klingenden Verse den Inhalt, was
jede Vertonung intuitiv beachtet (vgl. z.B. auch die gleiche metrische Formation
bei Eichendorffs vertontem Lied *In einem kühlen Grunde,* wo auf *Grú-un-dè* ein

Melisma   Melisma – mehrere Noten auf einer Silbe – liegt).

Analog zu Volksliedversen gibt es auch in der Kunstdichtung vierhebige Verse
mit f r e i e n Füllungen:

Es war ein König in Thule	A 4 kl a	x x́x x́◡◡ —́ x̀
gar treu bis an das Grab	A 4 st b	x x́x x́x x́
dem sterbend seine Buhle	A 4 kl a	x x́x x́x —́ x̀
einen goldenen Becher gab.	2 A 4 st b	xx x́◡◡ x́x x́

Johann Wolfgang Goethe, 1749–1832 (1774)

(Hier in Z. 1 und 4 zweisilbige Senkung, in Z. 4 doppelter Auftakt, also freie
Füllung.) Jeder, der Gretchen im *Faust* dieses Lied singen hörte, wird *Thúlè*
immer mit zwei Hebungen, also mit klingender Kadenz, vorlesen.

3   Verse aus antiker Tradition

3.1 Grundlagen

Gehen die deutschen Volksverse auf eine lange Tradition gesungener deutscher
Lieder zurück – das älteste deutsche Kirchenlied *Christ ist erstanden* wurde
schon im 11. Jahrhundert erwähnt –, so ist die Tradition antiker, vor allem lateinischer Dichtung, in Deutschland noch älter. Denn wie die Klosterschüler im
frühen Mittelalter, so stellten noch im 17. Jahrhundert die Schüler auf dem
Gymnasium zuerst lateinische Verse her, und erst später dann auch deutsche.
So verwundert es nicht, dass die deutsche Metrik lange Zeit nur mit einer aus
dem Lateinischen stammenden Terminologie arbeitete. Seit dem 17. Jahrhundert haben deutsche Dichter zwar zusätzlich Versformen aus Frankreich und
Italien übernommen, diese waren ihrerseits jedoch von antiker Metrik beeinflusst, so dass die Terminologie z.B. von „Jamben" und „Trochäen" weitergeführt wurde.

Dabei ist darauf hinzuweisen, dass die lateinische, aufs Griechische zurückge-
hende Metrik von anderen Voraussetzungen ausgeht als die deutsche. Im Deutschen ist der Hauptwert eine betonte Silbe, die Hebung, der sowohl eine als
auch zwei, ja in Volksliedern mitunter sogar drei Senkungen folgen. Daher die
Einteilung in Vierheber oder auch Zweiheber, wobei die Zahl der Senkungen
bei freier Füllung irrelevant ist.

im Deutschen Hebungen und Senkungen = betont – unbetont

In der antiken Metrik wird jedoch nach verschiedenen Füßen gemessen, die
jeweils einzeln durch eine bestimmte Folge von langen und kurzen Silben
bestimmt sind. Die Verszeilen sind nicht gereimt, sondern nur an der strengen
metrischen Form als Verse erkennbar. Antike Versfüße sind geregelte Folgen
von l a n g e n und k u r z e n Silben. Eine solche Folge gilt jeweils für den einzelnen Versfuß, sei er nun ein Jambus, ein Trochäus oder ein Daktylus.

in antiken Versen verschiedene Versfüße = Folge von langen und kurzen Silben

Lange Silben haben im Griechischen oder Lateinischen entweder einen Lang-
vokal oder einen Kurzvokal mit zwei Konsonanten. In lateinischen Versen treten nach Behrmann, S. 78, der „natürliche Wortakzent und der metrische
Akzent, also die Hebung, immer wieder auseinander", sie „fallen erst am
Versschluß zusammen". So kann es vorkommen, und zwar häufig, dass ein
Wort, das den natürlichen Wortakzent auf der ersten Silbe, aber eine Länge auf
der zweiten langen Silbe hat, im Vers anders betont wird als in der Prosa; ist
z.B. in „sédens" die zweite Silbe lang, kann im Vers auch „sedéns" betont werden. Dies ist im Deutschen unmöglich, wir können „Betónung" nicht
„Bétonùng" aussprechen. Hierauf hat für die geregelte Dichtung jedoch erst
Opitz hingewiesen (↗11). Behrmann (S. 71) vermutet allerdings, dass auch
die antiken Verse in solchen Fällen wohl eher eine schwebende Betonung aufweisen, also keinen besonderen Akzent auf solchen Silben haben, und er weist
darauf hin, dass gerade aus dem Gegeneinander von Wort- und Versakzent
neue Wirkungen erwachsen können.

Behrmann, Einführung in den neueren deutschen Vers (Stuttgart: Metzler, 1989)

Lange Silben werden in der traditionellen Umschrift mit – bezeichnet, kurze mit ⌣. Da es in neuhochdeutschen Versen keine metrisch wichtigen Längen und Kürzen mehr gibt, sondern nur noch betonte und unbetonte Silben, also Hebungen und Senkungen, bezeichnen wir auch aus der Antike entlehnte Verse mit der üblichen Bezeichnung für betonte (x́) und unbetonte (x) Silben.

3.2 Jambus

Ein Jambus (ein antiker Versfuß) hat im Lateinischen immer zuerst eine kurze, dann eine lange Silbe. Im Deutschen wird „kurz" als unbetont, „lang" als betont übernommen. Ein Jambus wird in der metrischen Umschrift also xx́

Beginn mit Senkung (Auftakt)

bezeichnet. Das bedeutet, dass Jamben i m m e r mit der Senkung beginnen müssen.

Aus der Antike stammende Versfüße werden wie die Takte im deutschen Volksvers nacheinander zu einer Verszeile gereiht. In einem jambischen Versmaß finden wir sehr oft fünf Jamben, es gibt aber auch sechs oder vier Versfüße in einer Verszeile, das nennt man dann fünffüßige, sechs- oder auch vierfüßige Jamben. Danach sieht ein sechsfüßiger Jambus so aus: xx́ xx́ xx́ xx́ xx́ xx́.

Wir haben also immer ein r e i n a l t e r n i e r e n d e s Versmaß:

Senkung + Hebung, Senkung + Hebung, Senkung + Hebung usw.

Wenn ein jambischer Vers mit der Hebung (männlich) endet, nennt man ihn vollständig (es sind lauter vollständige jambische Versfüße), wenn er mit der Senkung (weiblich) endet, ist der letzte Jambus nicht vollständig, da nur die Anfangssenkung vorhanden ist. Er wird deshalb unvollständiger Jambus genannt.

3.2.1 Reimlose Jamben

Eine Orientierung am antiken Vers ist mitunter schon aus der Überschrift zu entnehmen, wie im folgenden Gedicht von Eduard Mörike, 1804–1875 (1847):

Als Motto steht darüber: Βαρδισται μαξααρωσ Ωραι φιλαι – ein Zitat aus dem XV. Idyll Vs. 104-5 von Theokrit. Freie Übersetzung des vollständigen Zitats: „Ihr lieben Horen, die langsamsten seid ihr zwar unter den seligen Göttern, aber doch heiß ersehnt kommt ihr allen Sterblichen, indem ihr ihnen immer etwas bringt."

Inschrift auf einer Uhr mit drei Horen

Am langsamsten von allen Göttern wandeln wir,	xx́ xx̀ ǀ xx́ xx́ x ǀ x́ xx́
Mit Blätterkronen schön geschmückte, schweigsame.	xx́ xx́ x ǀ x́ xx́ xx́ xx̀
Doch wer uns ehrt und wem wir selber günstig sind,	xx́ xx́ ǀ xx́ xx́ xx́ xx́
Weil er die Anmut liebet und das heil'ge Maß,	xx́ xx́ xx́ x ǀ x́ xx́ xx́
Vor dessen Augen schweben wir im leichten Tanz	xx́ xx́ xx́ ǀ x́ xx́ ǀ xx́ xx́
Und machen mannigfaltig ihm den langen Tag.	xx́ xx́ xx́ xx́ ǀ xx́ xx́

Wegen der überschriebenen griechischen Inschrift der Uhr und der bereits im Titel erscheinenden griechischen Göttinnen, der Horen, leuchtet es sofort ein, dass den griechischen Göttinnen auch griechische Versfüße entsprechen: sechsfüßige Jamben (auch jambische Trimeter).

jambische Trimeter

Bei lauter vollständigen Jamben (d.h. der Vers endet mit der Hebung) ergibt sich auch zwischen den einzelnen Zeilen eine durchgehende Alternation. Denn von der einen Zeile zur nächsten findet ebenfalls ein Wechsel zwischen der Hebung am Versschluss und der Senkung am folgenden Versbeginn statt – das ist eine glatte Fugung.

glatte Fugung

Auf einer Uhr, die die Zeit anzeigt, sollen hier die drei Horen abgebildet sein, Göttinnen der Zeit, der Stunden oder der Jahreszeit, auch des Friedens, der Ordnung und der Gerechtigkeit. Die Sprechsituation ist eindeutig: Die Horen sprechen ihren Text selbst (Rollengedicht). Sie berichten auch etwas über ihre künstlerische Darstellung auf der Uhr: Sie sind mit *Blätterkronen* geschmückt. Sie sagen von sich selbst, dass sie sehr langsam gehen; das poetische Wort *wandeln* wird dafür benutzt, was bereits getragene Feierlichkeit einschließt. Sie fühlen sich bestimmt von *Anmut* und *heil' gem Maß* – klassische Eigenschaften, die im 19. Jahrhundert sowohl für Verse als auch für bildende Kunst gebraucht werden. Die Stunden können für den, der sich darauf einlässt, der die Horen *ehrt* und dem diese deshalb hold sind, auch an einem *langen Tag* wie in einem Tanz vergehen.

Rollengedicht

Es wird hier von Anmut und heiligem Maß gesprochen, dazu passt gut die strenge Alternation, wofür sogar das Wort „heilig"' verkürzt wird zu *heil' ge*, so wichtig ist die Einhaltung des Metrums.

Verkürzung

Gleich in der ersten Zeile finden wir noch eine Besonderheit: Die Prosabetonung legt uns nahe, den Vers so zu lesen: *Am lángsamsten von állen Góttern wándeln wír.* Dann hätten wir fünf Akzente, also fünf Hebungen, aber eine dreisilbige Senkung nach der ersten Hebung. Nun kommt es in sehr regelmäßigen, von antiken Versfüßen bestimmten Versen häufiger vor, dass dem Vers zuliebe eine von der Prosa abweichende Betonung gefordert wird, was zu einer Zerdehnung führt. Wenn wir die Alternation beachten, müssen wir folgendermaßen betonen: *Am lángsamstèn von állen Góttern wándeln wír,* denn in diesem jambischen Vers müssen unbedingt s e c h s Hebungen vorhanden sein. Dies merken wir aber erst in den folgenden Zeilen. Das Wort *lángsamstèn* bekommt also noch eine Hebung auf einer sonst unbetonten Silbe, auf einer Nebenhebung. Mit diesen zwei Hebungen wird es natürlich besonders betont, und gerade dieses Wort ist in den ruhig fortlaufenden Versen sehr wichtig – die Göttinnen der Stunden lassen sich Zeit, sie laufen nicht, sie wandeln; später bewegen sie sich *im leichten Tanz*, d.h. auch nicht schnell oder gar hüpfend. Anderseits wird durch diese und die zweite Zerdehnung, *schwéigsamè* Z. 2, der etwas gleichförmige Gang der Jamben wieder aufgelockert, denn hier liegt nicht auf jeder vom Metrum her betonten Silbe auch eine Sinnbetonung.

Zerdehnung

Nebenhebung

Die Rhythmik stellt sich also ganz leicht gegen das strenge metrische Schema, wie ja überhaupt die Verteilung von starkbetonten und schwachbetonten Silben hier außerordentlich *mannigfaltig* ist, wie die Horen es versprechen. Auch die Verteilung der Wortgruppen hilft zur Auflockerung; viermal sind am Anfang, Z. 1 und 3, oder auch am Ende des Verses, Zeile 5 und 6, zwei Jamben syntaktisch zusammengefasst (was dem Trimeter entspricht, der in griechischen Versen dreimal zwei Jamben zusammenfasste). Andererseits enden auch oft, z.B. in der 1. und 2. Zeile, die Jamben mitten in einem Wort (*von ál-len Gŏt-tern,* und *Mit Blă̆t-terkró-nen*). In der 6. Zeile (der jambische Sechsheber hat hier auch genau sechs Zeilen!) sind vier und zwei Jamben zusammengefasst: *Und máchen mánnigfáltig ihm | den lángen Tág;* die anmutige Langsamkeit der Göttinnen der Stunden erzeugt durchaus keine Langeweile.

 Die oben festgestellte Schwierigkeit, die erste Zeile metrisch richtig zu lesen, zeigt, dass man sich bei der Bestimmung eines Versmaßes nie auf das Lesen einer einzigen Zeile beschränken darf.

Es gibt in deutschen Strophen-Gedichten Fälle, wo man sich über das richtige Versmaß nicht gleich im Klaren ist. So könnte bei dem oben abgedruckten Mörike-Gedicht *Die Schwestern* (↗20) die erste Strophe durchaus als jambisch gelten, dreifüßig, abwechselnd weiblich – männlich. Str. II, IV und V weisen jedoch zweisilbige Senkungen auf, und Jamben sind immer rein alternierend. Dazu kommt der Kadenzentausch in Strophe II und III., d.h. bei der Bestimmung als Jamben hätten wir, und zwar ungeregelt (da nur in zwei Strophen), vierfüßige zwischen dreifüßigen Versen. Dies ist bei echten Jamben unmöglich. Es handelt sich deshalb nicht um Jamben, sondern um vierhebige Volksverse.

Jamben in gereimter Strophendichtung  Wenn also in einem scheinbar jambischen drei- oder vierhebigen Versmaß die Alternation immer wieder durch zweisilbige Senkungen unterbrochen wird, und obendrein die Zahl der Versfüße aus der ersten Strophe nicht eingehalten wird, kann es sich n i c h t um Jamben handeln, sondern man muss dann Volksverse mit freier Füllung (↗21 f.) annehmen.

3.2.2 Blankverse

Die deutschen Dramen der Klassik sind fast durchweg in einer Sonderform des Jambus geschrieben, im von Shakespeare übernommenen Blankvers. Das Wort *blank* = nackt deutet schon darauf hin, dass es sich hier um einen Vers ohne Reim handelt. Diese Versart eignet sich außer für pathetische, ans Drama erinnernde lyrische Texte, wie z.B. Schiller, *Das verschleierte Bild zu Sais,* auch zu leicht dahinplätschernden humorvollen Texten.

Von Katzen

Vergangenen Maitag brachte meine Katze
Zur Welt sechs allerliebste kleine Kätzchen
Maikätzchen, alle weiß, mit schwarzen Schwänzchen.
Fürwahr, es war ein zierlich Wochenbettchen!
5   Die Köchin aber – Köchinnen sind grausam,
Und Menschlichkeit wächst nicht in einer Küche –
Die wollte von den Sechsen fünf ertränken,
Fünf weiße, schwarzgeschwänzte Maienkätzchen
Ermorden wollte dies verruchte Weib.
10 Ich half ihr heim! – Der Himmel segne
Mir meine Menschlichkeit! Die lieben Kätzchen,
Sie wuchsen auf und schritten binnen kurzem
Erhobnen Schwanzes über Hof und Herd;
Ja, wie die Köchin auch ingrimmig drein sah,
15 Sie wuchsen auf und nachts vor ihrem Fenster
Probierten sie die allerliebsten Stimmchen.
Ich aber, wie ich sie so wachsen sahe,
Ich pries mich selbst und meine Menschlichkeit. –

(Ergebnis: Im nächsten Jahr haben alle sieben Katzen je sieben Junge!) ...

Die Köchin rast, ich kann der blinden Wut
35 Nicht Schranken setzen dieses Frauenzimmers;
Ersäufen will sie alle neunundvierzig!
O Menschlichkeit, wie soll ich dich bewahren!
Was fang ich an mit sechs und fünfzig Katzen!
Theodor Storm, 1817–1888 (1852)

Gleich im ersten Vers sehen wir die Freiheit des Blankverses: Der zweite Versfuß beginnt mit z w e i silbiger Senkung, *vergángenen Maítag*, das ist in diesem Versmaß durchaus möglich. In Z. 1–8 enden alle Verse weiblich, dadurch ergibt sich in der fortlaufenden Alternation immer eine gelinde Unterbrechung, da die Senkung des Versendes auf den Auftakt der nächsten Zeile trifft, also zwei Senkungen den alternierenden Sprachfluss unterbrechen – dann ist keine glatte Fugung möglich. Demgemäß haben wir auch, bis auf den 8. Vers, immer Zeilenstil, d.h. ein Satzzeichen am Ende des Verses. Erst die Z. 9 endet mit der Hebung – dadurch ist das *Weib* besonders hervorgehoben in seiner ganzen „Verruchtheit". Zur Köchin gehören noch zweimal einsilbige Schlüsse: Z. 13 *Hof und Herd* und besonders Z. 34 *die blinde Wut* – zwischen den vielen zweisilbigen Schlüssen ist so etwas immer besonders eindringlich.

bei weiblicher Kadenz glatte Fugung unmöglich

Zeilenstil

Dass es Storm wirklich auf diesen Gegensatz ankam, sieht man aus Z. 17: Dort hat er auf altertümliche Weise die Verbform 'sah' verändert zu *sahe*, worauf der nächste einsilbige Versschluss, *Menschlichkeit*, wieder besonders betont wird. Das heißt noch einmal, dass man sich bei der Bestimmung eines Versmaßes nie auf das Lesen einer einzigen Zeile beschränken darf.

Erweiterung von Worten

Die zunächst gepriesene Menschlichkeit muss ja später doch stark in Zweifel gezogen werden – ein markantes Beispiel für die Wichtigkeit der mehrfach vorkommenden Worte. Viermal finden wir das Wort Menschlichkeit, zunächst verneint in Bezug auf die Köchin, Z. 6, dann zweimal höchst positiv, Z. 11 u. 18, und zum Schluss wird die Unmöglichkeit der Verwirklichung deutlich, Z. 37. In diesem Zusammenhang steht auch der einzige nur vierhebige Vers in diesem Gedicht in Z. 10, *Ich hálf ihr heím! – der Hímmel ségne / Mir meíne Ménschlichkèit!* Diese Möglichkeit der Reduktion von Hebungen ist im Blankvers durchaus gegeben, ebenso wie gelegentlich zweisilbige Senkungen, z.B. Z. 1.

3.3 Trochäus

Strenge Alternation gilt auch für trochäische Verse. Ein Trochäus ist ein Versfuß, der mit der Länge beginnt, die Kürze folgt. Trochäen haben also Hebung + Senkung, Hebung + Senkung … oder x́x x́x usw., gerade umgekehrt wie Jamben.

glatte Fugung

männlicher Schluss = glatte Fugung unmöglich

Auch Trochäen können durchgehende Alternation zwischen zwei Zeilen (glatte Fugung) zeigen, aber nur wenn sie mit der Senkung enden, auf die dann in der nächsten Zeile die Anfangshebung folgt. Denn wenn bei einsilbigem männlichen Versschluss vom letzten, vierten Trochäus nur die Hebung vorhanden ist und die dazugehörige Senkung danach fehlt, wird die Alternation unterbrochen, wie im folgenden Beispiel in Z. 1/2, 3/4, 5/6.

3.3.1 Gereimte Trochäen

Lob der Faulheit

I   Faulheit, jetzo will ich dir
     Auch ein kleines Loblied bringen.-
     O— wie— sau—er —wird es mir,—
     Dich — nach Würden— zu besingen!
5   Doch, ich will mein Bestes tun,
     Nach der Arbeit ist gut ruhn.

II   Höchstes Gut! Wer dich nur hat,
     Dessen ungestörtes Leben—
     Ach!— ich— gähn'— ich— werde matt—
10   Nun—so—magst du — mir's vergeben,
     dass ich dich nicht singen kann;
     Du verhinderst mich ja dran.   Gotthold Ephraim Lessing, 1729–81 (1776)

Dieses komische Liedchen lebt vor allem von der deutlichen Darstellung der vielen Pausen, die eben die gleich als erstes Wort mit der Hebung einsetzende *Faulheit* bewirkt. Wir haben hier außerdem eine Häufung von Worten, die mit Trägheit zu tun haben: *Faulheit,* I.1, nur ein *kleines Loblied,* I.2, es wird dem lyrischen Ich *sauer* zu singen, I.3. Ein ganzes Sprichwort muss her: *Nach der Arbeit ist gut ruhn,* I.6, – obwohl die Arbeit dieser zwei kurzen Strophen doch wahrhaftig nicht groß genug ist, um sich wirklich Ruhe zu verdienen.

Ironisch wird hier die Faulheit als *Höchstes Gut*, II.1, bezeichnet. Was nun einer hat, dessen Leben der Faulheit wegen ungestört bleibt, wird gar nicht mehr ausgeführt – der nicht vollendete Satz, II.2, zeigt ebenfalls die große Müdigkeit an. Nun wird mit dem Seufzer *Ach!*, II.3, eine Gähnarie angestimmt: Die ersten vier Wörter der Zeile sind sämtlich einsilbig und von Pausen begleitet, neben *gähn(en)* steht noch *matt* werden. Die Faulheit muß dem lyrischen Ich jedoch die Nichterfüllung des Vorsatzes, ein Lied auf sie zu machen, auf jeden Fall vergeben, II.4, denn sie selbst hat dies ja verhindert.

Außer in der ersten Strophe des Lieds, wo die Mattigkeit wohl noch nicht so groß ist, gibt es überall nur reinen Zeilenstil. Obendrein haben wir in I.1, 3, 5 und 6, ebenso II.1, 3, 5 und 6 einen einsilbigen Schluss, was eine durchgehende Alternation verhindert, die den Text flüssiger machen könnte – dies ist aber hier gerade nicht beabsichtigt.

Zeilenstil

Die Komik besteht hier außer in der Wortwahl auch in der Wahl der trochäischen Form: Während der Jambus im Deutschen eher prosanah ist, verspricht der Beginn eines Satzes mit der Hebung eine gewisse Feierlichkeit. Dies ist abzulesen an allen mit einer Hebung beginnenden metrischen Formen, wie dem Hexameter, der ebenfalls meistens einen feierlichen Ton verspricht, den sapphischen (↗48) und asklepiadëischen Oden (↗51) und den meisten Distichen (↗45).

3.3.2 Reimlose Trochäen

Der antiken Tradition entsprechend, gibt es natürlich im Deutschen auch reimlose Trochäen. Eduard Mörike gebraucht vierhebige Trochäen ohne Reim öfter in kleinen geselligen Gedichten für den Familienkreis – hier setzt er die durchgehende Alternation ein, wenn die Rede fortläuft, betont aber einzelne Versschlüsse, die damit besonders herausfallen, durch Einsilbigkeit. Nachfolgend der Schluss des heiteren Gedichts *Ländliche Kurzweil*, in dem der Bruder gescholten wird, weil er einen Kreuzer in einer Mohnkapsel verborgen hatte; er wird beschuldigt, er habe ihn so vermehren wollen:

> (Die Schwester spricht)

1	„Nein, ich lasse mirs nicht nehmen,	x́x x́x x́x x́x
	Spekulieren wolltest du!	x́x x́x x́x x́
	Und der Fall beweist nur wieder,	x́x x́x x́x x́x
	Was oft, dich in Schutz zu nehmen,	x́x x́x x́x x́x
5	Andere mit mir bezeugten:	x́x x̀x x́x x́x
	dass mein teuerster Herr Bruder	x́x x́x x̀x x́x
	Bei dem allerbesten Willen	x́x x́x x́x x́x
	Zum Kapitalisten eben	x́x x́x x́x x́x
	Einmal nicht geboren ist".	x́x x́x x́x x́

Zuerst wird der Vorwurf der Spekulation an die Adresse des Bruders in der Betonung des *du* (mit einsilbigem Schluss, Z. 2) verstärkt – später wird mit *ist* der Schluss des ganzen Gedichts markiert. Die durchgehende Alternation begünstigt Enjambements (in Z. 6–9, ↗15) und entspricht damit ganz dem

Alternation
Emjambements

beabsichtigten leichten Plauderton. Trotzdem werden die Wort *ándere*, Z. 5, und *téuerster*, Z. 6, zerdehnt; dadurch wird die Ironie noch stärker hervorgehoben. Das Wort *Kapitalist* ist hier wohl um der komischen Wirkung willen außergewöhnlich betont.

Natürlich gibt es in deutscher Lyrik gereimte Trochäen in Strophen, wie z.B. im oben angeführten Lessing-Gedicht (↗40), und zwar öfter als ungereimte, wie oben im Mörike-Gedicht (↗41). Aber bei vierhebigen Versen gilt ebenfalls das, was für „unregelmäßige" Jamben gesagt wurde (↗38):

Trochäen in gereimter Strophendichtung

Wenn in vierhebigen gereimten und in Strophen geordneten Trochäen öfter mehrsilbige Senkungen oder gar dazwischen Auftakte vorhanden sind, handelt es sich wahrscheinlich um volksmäßige Vierheber.

3.4 Daktylen, Anapäste und Spondëen.

Auch in antiken Versen gibt es Versfüße mit doppelten Senkungen, d.h. im Griechischen und Lateinischen zwei Kürzen hintereinander. Diese Versfüße haben stets eine lange Silbe und zwei kurze.

Daktylus

Der Daktylus beginnt mit der Länge, und hat danach zwei kurze Silben, $-\smile\smile$, im Deutschen sind das eine betonte und zwei unbetonte Silben, x́xx, z.B. „fléißige".

Anapäst

Der Anapäst ist die Umkehrung, zwei kurze und eine lange Silbe: $\smile\smile-$, im Deutschen also zwei unbetonte und eine betonte Silbe: xxx́, z.B. „Diamánt". Es ist jedoch festzuhalten, dass im Deutschen vor allem der Unterschied zwischen den beiden Senkungen und der einen Hebung gehört wird, dass also in der Praxis kein Unterschied zwischen Daktylen und Anapästen besteht, wenn sie innerhalb einer Verszeile vorkommen.

Spondëus

deutscher Hexameter

Bereits in der Antike galt die Regel, dass jeder Daktylus durch einen Spondëus ersetzt werden könne. Ein Spondëus im antiken Vers besteht aus zwei Längen: $- -$. Das bedeutet, dass die beiden Kürzen des Daktylus durch eine Länge ersetzt werden können, also statt einer Länge mit zwei Kürzen $-\smile\smile$ jederzeit zwei Längen stehen können $- -$. Im deutschen Hexameter wird aber die zweite Länge nicht weiter beachtet, sie wird einfach durch eine Senkung ersetzt, x́x. Dafür zwei Beispiele aus dem nachfolgend abgedruckten Hölderlin-Gedicht. Die Anfänge der Hexameter sind hier verschieden gestaltet:

Pflégend und wieder gepflégt ..., Z. 3	x́xx x́xx x́ (vorn zwei Daktylen)
Áus den Gärten kómm ich ..., Z. 1	x́x x́x x́x (vorn zwei Spondëen)

deutscher Pentameter

Im Pentameter ist das anders, da stehen für einen Spondëus zwei Hebungen nebeneinander (↗45). Alles das ist jedoch erst im zusammenhängenden Vers richtig zu sehen, denn eine fortlaufende Folge von Daktylen oder Anapästen wie fünffüßige Jamben oder vierfüßige Trochäen existiert im Deutschen nicht.

3.5 Kombination verschiedener Versfüße

3.5.1 Hexameter

Das einzige antike Metrum, das viel Freiheit für verschiedenartige Versfüllungen nebeneinander bietet, ist der Hexameter. Er besteht aus sechs Daktylen, deren letzter unvollständig ist. Denn der letzte Fuß im Hexameter hat nach der Hebung nur eine Senkung, er ist ein Spondëus, hört sich aber an wie ein Trochäus. Die Freiheit der Füllung beim Hexameter rührt daher, dass auch die ersten vier Daktylen jeweils durch Spondëen ersetzt werden können. Der Versschluss jedoch bleibt sich immer gleich: ein Daktylus und ein Spondeus x́xx x́x.

Im Hexameter ergeben sich damit mannigfache Möglichkeiten, Daktylen und Spondëen in unterschiedlicher Folge anzuordnen. Dies entspricht einem Wechsel von zweisilbigen und einsilbigen Senkungen, es entsteht so eine Fülle von Variationen.

Fülle von Variationen

Immer wieder wurde die Übertragung des antiken Hexameters ins Deutsche versucht. Den eigentlichen Durchbruch schaffte hier Klopstock, der seinen *Messias* in diesem Versmaß schrieb (Beginn 1748). Der Hexameter hat keine feste Zäsur, ein Einschnitt kann im dritten, aber auch im zweiten Daktylus liegen (meist innerhalb eines Daktylus oder Spondeus) – nur selten nach dem dritten, weil dann der Hexameter in zwei gleiche Hälften zerfiele. Diese wechselnden Zäsuren machen den Vers besonders lebendig, dazu kommt im Deutschen der Wechsel zwischen ein- und zweisilbiger Senkung. Nur die fünfte Hebung muss immer zwei Senkungen haben.

wechselnde Zäsuren

Die Verse des folgenden Hölderlin-Gedichts sind Hexameter:

Die Eichbäume

Aus den Gärten komm ich zu euch, ihr Söhne des Berges!	x́x x́x x́xx x́ | x x́xx x́x
Aus den Gärten, da lebt die Natur geduldig und häuslich,	x́x x́x | x x́xx x́ | x x́xx x́x
Pflegend und wieder gepflegt mit dem fleißigen Menschen zusammen.	x́xx x́xx x́ | xx x́xx x́xx x́x
Aber ihr, ihr Herrlichen! steht, wie ein Volk von Titanen	x́x x́ | x x́xx x́ | xx x́xx x́x
In der zahmeren Welt und gehört nur euch und dem Himmel,	x́x x́xx x́ | xx x́x x́xx x́x
Der euch nährt' und erzog, und der Erde, die euch geboren.	x́x x́xx x́ | xx x́x | x́xx x́x
Keiner von euch ist noch in die Schule der Menschen gegangen,	x́xx x́x x́ | xx x́xx x́xx x́x
Und ihr drängt euch fröhlich und frei, aus der kräftigen Wurzel,	x́x x́x | x x́xx x́ | xx x́xx x́x
Unter einander herauf und ergreift, wie der Adler die Beute,	x́xx x́xx x́ | xx x́ | xx x́xx x́x
Mit gewaltigem Arme den Raum, und gegen die Wolken	x́x x́xx x́xx x́ | x x́xx x́x
Ist euch heiter und groß die sonnige Krone gerichtet.	x́x x́xx x́ | x x́xx x́x x́x
Eine Welt ist jeder von euch, wie die Sterne des Himmels	x́x x́x x́xx x́ | xx x́xx x́x
Lebt ihr, jeder ein Gott, in freiem Bunde zusammen.	x́x | x́xx x́ | x x́x x́xx x́x
Könnt ich die Knechtschaft nur erdulden, ich neidete nimmer	x́xx x́x x́x x́x | x x́xx x́x
Diesen Wald und schmiegte mich gern ans gesellige Leben.	x́x x́ | x x́xx x́xx x́xx x́x
Fessele nur nicht mehr ans gesellige Leben das Herz mich,	x́xx x́x x́ | xx x́xx x́xx x́x
Das von Liebe nicht läßt, wie gern würd ich unter euch wohnen!	x́x x́xx x́ | x x́xx x́xx x́x

Friedrich Hölderlin, 1770–1843 (1797)

In den ersten sechs Zeilen gibt es bereits vier verschiedene Möglichkeiten von Versbau, denn der Spondeus x́x befindet sich in Z. 1, 2 und 4, 5, 6 an erster, in Z. 1 und 4 auch noch an zweiter und in Z. 2, 5 und 6 erst an der vierten Stelle im Vers. Dagegen besteht die Z. 3 aus lauter Daktylen. Insgesamt haben wir bei 17 Zeilen 8 verschiedene Verstypen, 1 = Z. 1; 2 = Z. 2, 5, 6, 10; 3 = Z. 3, 9; 4 = Z. 4, 8, 12, 15; 5 = Z. 7, 16; 6 = Z. 11, 17; 7 = Z. 10; 8 = Z. 14.

Betrachtet man zusätzlich noch die unterschiedlichen Möglichkeiten der Zäsur, also des syntaktischen Einschnitts, hier durch | bezeichnet, so ergeben sich noch mehr Variationen. Die Zäsur liegt in diesen Versen meist mitten in einem Versfuß, nur einmal am Ende eines Spondeus, Z. 8, und der Regel nach nie unmittelbar vor dem vierten Fuß. Es sind auch zwei Zäsuren möglich, z.B. in Z. 2 und 9. Der fünfte und der sechste Fuß bleiben immer gleich (x́xx x́x), was diesem lebendigen und sehr freien Vers einen guten Halt gibt. Die Möglichkeit

Enjambements zu Enjambements ist durchaus gegeben, weil es innerhalb des Verses ja immer auch einsilbige Senkungen gibt, wie am Ende des Hexameters, das normale Metrum wird dadurch also nicht gestört. (Enjambements in Z. 10/11, noch stärker 12/13 und 14/15, wo entweder das Verb oder das Objekt erst in der nächsten Zeile folgt).

Hölderlin liebt offensichtlich den Spondeus als ersten Fuß, damit setzt er immer wieder langsam und feierlich ein, langsam, weil statt der zwei Senkungen im Daktylus nur eine Senkung nach der Hebung steht. Außerdem wird so den Präpositionen *Aus,* Z. 1, 2, *In,* Z. 5, oder *Mit,* Z. 10, mehr Bedeutung gegeben. Der Ich-Sprecher betont, dass er aus den Gärten kommt. Das ganze Gedicht ist ja aufgebaut auf dem Gegensatz zwischen der freien Natur und der geduldigen, häuslichen Natur in den Gärten, Z. 2, die ein Gleichnis sind für die konventionelle Gesellschaft. Zum Schluss wird dieses Motiv verbunden mit dem des *gesellige(n) Lebens,* Z. 15/16, und gegenübergestellt dem *fröhlich(en) und frei(en)* Leben der Eichen, Z. 8, die nirgends eingeengt werden. Das lyrische Ich wird jedoch in der Gesellschaft festgehalten, weil es sich verliebt hat.

Die Eichenbäume symbolisieren Hölderlins Freiheitssehnsucht. Der Himmel, dem die Bäume näher sind, wird zweimal bedeutsam ans Ende des Verses gestellt, Z. 5 und 12. Auch das gesellige Leben steht einmal am Ende des Verses, Z. 15, und wird gleich in der nächsten Zeile wiederholt: An das gesellige Leben ist sein Herz gefesselt, weil es eben nur dort die Liebe gefunden hat. Dies entspricht genau Hölderlins damaliger Lebenssituation in Frankfurt. Die letzten vier Verse stehen alle im Konjunktiv, wodurch die schmerzliche Unerfüllbarkeit der Sehnsucht nach Freiheit ausgedrückt wird.

In Goethes *Hermann und Dorothea* und in Mörikes *Märchen vom sicheren Mann* kann man beobachten, dass der Hexameter sich neben der Pathetik auch zu gemüt- und humorvoller Schilderung eignet.

3.5.2 Distichon

Ein Hexameter verbunden mit einem Pentameter ergibt ein Distichon (Zweizeiler). Diese Form kommt in der klassischen Dichtung häufig vor. Im antiken Vers hat der Pentameter (Fünffüßler) im Unterschied zum Hexameter (Sechsfüßler) richtiggehend f ü n f Füße, die genau vorgegeben sind:

> 1. Daktylus 2. Daktylus 3. Spondeus 4. Anapäst 5. Anapäst
> (1. und 2. Daktylus ersetzbar durch einen Spondeus)

Im Unterschied zum Hexameter, in dem außer im fünften Fuß jeder Daktylus durch einen Spondeus ersetzt werden kann, ist der Pentameter stärker festgelegt: Es gibt keine Alternative zum Spondeus im dritten und den beiden Anapästen im vierten und fünften Fuß. Im deutschen Pentameter hat der Spondeus in der Mitte immer zwei Hebungen nebeneinander, also einen Hebungsprall.

**deutscher
Pentameter:
Hebungsprall**

Friedrich Schiller verfasste folgenden Merkvers:

> Ím Hexámeter stéigt des Springquells flüssige Säule,   Sp D Sp Sp D Sp
>   xx xxx x ǀ x xx xxx xx
> Ím Pentámeter dráuf fállt sie melódisch heráb.   Sp D Sp An An
>   xx xxx x ǀ x xxx xxx

Der große Unterschied zwischen Pentameter und Hexameter im Deutschen ergibt sich aus dem vorgeschriebenen Spondeus als Ersatz eines Daktylus im dritten Fuß des Pentamenters, und zwar durch z w e i Hebungen, statt wie im Hexameter durch Hebung und Senkung. Das bewirkt einen Hebungsprall in der Mitte des Verses. Damit bekommt der Pentameter statt fünf antiken Füßen im Deutschen s e c h s Hebungen. So können Verse mit genau gleichen Vershälften entstehen, da die Anapäste der zweiten Vershälfte stets als Daktylen gehört werden. Dies ist der Fall im folgenden Distichon Goethes über die *Phantasie*, das diese Möglichkeit auch inhaltlich zur Herstellung von vollendeter Harmonie einsetzt:

> Scháffen wohl kánn sie den Stóff, doch die wílde kánn nicht gestálten:
> Áus dem Harmónischen quíllt álles Harmónische núr.   xxx xxx x ǀ xxx xxx x

Das deutsche Distichon hat also in beiden Versen sechs Hebungen, es endet nur zuerst weiblich und dann männlich. Der Hexameter und der Pentameter beginnen beide mit der Hebung, der Hexameter hat nie, der Pentameter immer einen Hebungsprall.

Eine Folge von zwei oder mehr Distichen ist eine Elegie, die übrigens, wie man an den *Römischen Elegien* von Goethe sieht, nicht unbedingt traurigen Inhalts sein muss. Ursprünglich war Elegie nur die formale Bezeichnung für Gedichte in Distichen. Da aber Trauergesänge in der Antike oft aus Distichen bestanden, entwickelte sich der Begriff „elegisch" als Synonym für „traurig".

Elegie

3.5.3 Daktylische Verse im Barock

Von antiken daktylischen Versen zu trennen sind die barocken Daktylen. Opitz lehnt Daktylen ($\acute{x}$xx) für die deutsche Dichtung ganz und gar ab, was wohl auf dem völligen Fehlen solcher Versfüße im Französischen und auf Opitz' Verachtung der volksliedmäßigen Dichtung mit Füllungsfreiheit beruht.

Gegen diese Ausschaltung der Daktylen wandte sich August Buchner, 1591–1661, in seiner Poetik (nach 1638):

> ... *Ob aber sich dieses* [gemeint ist Vermeidung der Daktylen, Verf.] *füglich thun lassen könne / stehe ich / und wie mich bedünkt / mit gutem fug / an. Theils weil der Dactylischen Wörter so viel sind / theils weil sie nicht weniger als andere eine richtige Meinung darzustellen höchlich von nöthen / und nicht wol entbehrt werden können.*

Buchner weist nach, dass auch Opitz viele solcher Wörter gebraucht, wobei er übersieht, dass sie dort immer zwei Hebungen tragen, also gar nicht als Daktylen ($\acute{x}$xx) verwendet sind, wie z.B. in folgendem Alexandriner, Z. 2:

> Da Heerd und auch Altar
> In Asche ward gelegt durch trauriges Beginnen

Der natürlichen Prosabetonung entsprechend rechnet Buchner das Wort *trauriges* als daktylisches Wort, also $\acute{x}$xx, während es in diesem Vers eindeutig (der Alternation im Alexandriner gemäß) zwei Hebungen tragen muss, also *trauri-gès* ($\acute{x}$x$\grave{x}$) betont wird, d.h. auf der letzten Silbe eine Nebenhebung trägt. Dies

Zerdehnung wird nicht als Tonbeugung (falsche Betonung) gerechnet, gilt vielmehr als Zerdehnung, die in allen streng geregelten Versmaßen vorkommt, häufig z.B. auch in Odenmaßen (↗48 ff.).

In Buchners Nachfolge gibt es vor allem im sogenannten Nürnberger Kreis um Harsdörffer und Klaj und bei Philipp von Zesen Reim-Gedichte, die n u r aus Daktylen gebildet sind wie das folgende :

Mich hab ich dem Liebsten zu eigen gegeben/	Z. 1
Er bleibet mein Schönster/ ich bleibe sein Leben.	Z. 2
Komm/ Bruder/ und laß uns aufs Acker-feld gehn/	Z. 3
Damit wir des morgens bey zeiten aufstehn/	Z. 4
und sehen ob unsere Reben auch blühen/	= Z. 1
und augen gewonnen	x $\acute{x}$xx $\acute{x}$x (nur 2 Akzente!)
Von hitzen der Sonnen;	x $\acute{x}$xx $\acute{x}$x
Was wiltu verzihen?	x $\acute{x}$xx $\acute{x}$x
Komm eylend mein Licht/	x $\acute{x}$xx $\acute{x}$
und seume dich nicht!	x $\acute{x}$xx $\acute{x}$

Philipp von Zesen 1619-1689 (1641)

Das Neue an diesen Versen ist die Durchführung von vier (bzw. zwei) einander folgenden reinen Daktylen, was es in dieser Weise in der Antike noch nicht gab – es erinnert eher an Dreier-Takte in der Musik.

4 Aus der Antike übernommene Gattungen

4.1 Anakreontische Gedichte

In Anlehnung an die hellenistischen Lieder des Pseudo-Anakreon (von diesem selbst ist nur wenig erhalten) veröffentlicht 1733 Johann C. Gottsched, 1700–1766, erstmalig reimlose Gedichte. Anakreontische Gedichte sind reimlos und nicht in Strophen aufgeteilt. Sie sind vier- oder dreihebig, dies aber immer durchgehend (d.h. stets die gleiche Zahl von Versfüßen durch das ganze Gedicht hindurch). Meist enden sie weiblich, immer sind sie rein alternierend. Die Thematik in solchen Gedichten bleibt weitgehend gleich. Sie handeln vor allem von Liebe und Wein, wie im folgenden Beispiel.

unstrophig

rein alternierend
alle Zeilen
metrisch gleich

Der Gebrauch des Lebens.
Die 4te Ode Anakreons

Hier im Schatten junger Myrthen,
Hier auf weiche Lotosblätter
Hingelagert will ich trinken.
Amor schürze sein Gewand auf!
5   Amor reiche mir den Becher!
Denn das Leben fleucht von hinnen
Wie das Rad am Wagen hinrollt;
Und wann dieß Gebein zerfallen,
Sind wir eine Hand voll Asche.
10   Hilft es dann das Grab zu salben,
Und mit Most den Staub zu tränken?
Salbe mich, weil ich noch lebe!
Kröne mir die Stirn mit Rosen!
Lade meine Freundinn zu mir!
15   Amor, eh ich mich dort unten
In den Tanz der Todten mische,
Scherz' ich Gram und Unmuth von mir.

Karl Wilhelm Ramler, 1725–1798 (1774)

Die Aussage dieser gleichmäßigen Verse ist sehr einfach: Das lyrische Ich sehnt sich nach Wein und Liebe, denn nach dem Tod wird so etwas nicht mehr zu genießen sein. Alles, was davon abbringen könnte, soll hinweg gescherzt werden. Eine solche private Thematik um Liebe, Wein, Geselligkeit und Freundschaft, die jede allgemeine Verantwortung vermeidet, findet sich auch in gereimten sangbaren Liedern des 18. Jahrhunderts.

Das Gedicht weist vierhebige reimlose Trochäen auf, x́x x́x x́x x́x, die weiblich enden, also immer glatte Fugung haben. In anderen ähnlichen Gedichten gibt es auch dreihebige Jamben, stets jedoch sind alle Zeilen metrisch gleich.

Ode = Lied

Ramlers Gedicht ist „Ode" überschrieben – an dieser Stelle keine metrische Bezeichnung, sondern einfach „Lied" bedeutend. Im Barock und noch später werden auch reine Strophenlieder mit Melodien als „Oden" bezeichnet.

4.2   Odenformen nach Horaz

Die anakreontischen Gedichte waren in der Gleichförmigkeit ihrer Verse metrisch denkbar unattraktiv. Aber schon in ihnen wurde der Reim abgelehnt. Das bedeutete für die Dichtung des 18. Jahrhunderts eine grundlegende Neuerung. Die Übernahme der antiken Odenformen brachte eine tiefgreifende Veränderung der metrischen Tradition. Die erste nach horazischem Vorbild von Friedrich Gottlieb Klopstock, 1724–1803, auf deutsch geschaffene Ode wird auf 1748 datiert. Sie ist reimlos, wie das griechische Vorbild, auf das Horaz zurückgreift, wo jeder einzelne Fuß einer Strophe genau vorgeschrieben ist.

sapphische, alkäische und asklepiadëische Oden

Klopstock fand bei Horaz drei Hauptformen der Ode vor, die nach den griechischen Dichtern benannt sind, die diese Formen geschaffen haben. Nach der Dichterin Sappho, nach den Dichtern Alkaios und Asklepiades heißen sie sapphische, alkäische und asklepiadëische Oden.

> Folgende Regeln gelten für alle drei Formen:
> –   Eine Strophe hat stets vier Verszeilen und ist metrisches Vorbild für alle folgenden Strophen.
> –   Es findet sich jeweils eine g e n a u   g e r e g e l t e Mischung von Trochäen, Jamben und Daktylen oder Anapästen für jede einzelne Zeile.
> –   Die letzte Zeile ist immer kürzer als die beiden ersten, d.h. sie hat weniger Hebungen (daher werden bei Oden die Zeilen im Druck meist fortschreitend eingerückt).

Oden haben das strengste im Deutschen mögliche Versmaß, das nicht alternierend ist. Hier werden Jamben, Trochäen, Daktylen und Anapäste gemischt, aber nach festen Regeln. Jede Oden-Strophe muß in j e d e r Zeile der Metrik der ersten Strophe genau entsprechen.

4.2.1 Sapphische Oden

Die sapphische Ode ist auftaktlos in allen vier Zeilen, sie endet in jeder Zeile mit einer Senkung. Die ersten drei Zeilen haben jede fünf Hebungen ohne Auftakt, darunter je einen Daktylus (hier unterstrichen), der entweder in der ersten, zweiten oder auch der dritten Hebung stehen kann; die erste Strophe ist dabei Vorbild für alle anderen. Der Daktylus kann auch „wandern" (Wanderdaktylus), d.h. in der ersten Zeile steht er als 1. Fuß, in der zweiten als 2. Fuß und zuletzt als 3. Fuß. Die 4. Zeile hat nur zwei Hebungen, sie wird gebildet von einem besonderen griechischen Versfuß, dem Adonëus: x́xx x́x.

Wanderdaktylus

Adonëus

Die Geliebte

Würde mein heißer Seelenwunsch Erfüllung,	x́xx x́x x́x x́x x́x
Brächt ein gütig Geschick mich ihr entgegen,	x́x x́xx x́x x́x x́x
Eine flügelschnelle Minut in ihrem	x́x x́x x́xx x́x x́x
Himmel zu atmen;	x́xx x́x

Seliger wär ich dann als Staubbewohner,
O dann würd ich den Frühling besser fühlen,
Besser meinen Schöpfer in jeder Blume
Schauen und lieben!

Ludwig Christoph Hölty, 1748–76 (1768)

Die deutschen Oden, in der Epoche der Empfindsamkeit entstanden, zeigen, wie diese hier neben der Emphase stets eine besondere Gefühlsinnigkeit.

Auffallend sind hier die steigernden Adjektive wie in *heißer Seelenwunsch* und der Neologismus (Wortneuschöpfung) der *flügelschnelle(n) Minut(e)*. Diese Worte entsprechen dem gefühlvollen Thema, das ja nur einen einzigen dringenden Wunsch ausdrückt, nahe bei der Geliebten zu sein. Wenn das lyrische Ich ihr auch nur eine einzige Minute so nahe wäre, dass es die gleiche Luft wie sie atmen könnte, dann wäre es überglücklich. Zur Bekräftigung der Überzeugung, in solchem Glück dem *Schöpfer* unendlich dankbar zu sein, werden drei Komparative (*Seliger – besser – besser)* verwendet. Zur Ode gehört, wie man hier sieht, ein ausgesprochen emphatischer, leidenschaftlicher Stil.

Neologismus

Emphase

4.2.2 Alkäische Oden

Wie die sapphische hat auch die alkäische Ode zuerst in Z. 1 und 2 fünf Hebungen, der Anapäst ist immer der vierte Fuß. Z. 1 bis 3 beginnen mit Auftakt. Die dritte Zeile ist rein jambisch, erst in der vierten stehen zu Anfang zwei Daktylen nacheinander.

Die letzten drei Silben der Zeilen 1 und 2 bilden einen besonderen griechischen Versfuß, den Kretikus (x́xx́), Z. 1 *Séele mír.*

Kretikus

Die folgende Hölderlin-Ode ist ebenso emphatisch wie die von Hölty.

Sonnenuntergang

Wo bist Du? trunken dämmert die Seele mir	xx́ xx́ xx́ xxx́ xx́
Von aller deiner Wonne; denn eben ists,	xx́ xx́ xx́ xxx́ xx́
Dass ich gelauscht, wie, goldner Töne	xx́ xx́ xx́ xxx́
Voll, der entzückende Sonnenjüngling	x́xx x́xx x́x x́x

Sein Abendlied auf himmlischer Leier spielt';
Es tönten rings die Wälder und Hügel nach.
Doch fern ist er zu frommen Völkern,
Die ihn noch ehren, hinweggegangen

Friedrich Hölderlin, 1770–1843 (1797)

Wortfeld

Synästhesie

Die Überschrift weist zunächst hin auf einen eher alltäglichen Vorgang, den *Sonnenuntergang.* Dieser hat hier jedoch offensichtlich noch eine tiefere Bedeutung. Zunächst haben wir ein Wortfeld der Begeisterung: *Trunken,* Z. 1, *Wonne,* Z. 2, *goldne Töne,* Z. 3, *entzückend,* Z. 4, und die *himmlische Leier,* Z. 5. Dazu kommt die durchgehaltene Synästhesie (Verschmelzung verschiedener Sinneseindrücke), denn die herrlichen Farben des Sonnenuntergangs werden hier nicht gesehen, sondern als Lied gehört. Auf diese *goldne(n) Töne* hat das lyrische Ich *gelauscht,* und auch in der Landschaft *tönen* sie *nach,* Z. 6. Der *Sonnenjüngling* aus der griechischen Mythologie *spielt(e)* sie.

Das Gedicht beginnt mit der wehmütigen Frage: *Wo bist du?,* womit wohl nicht die verschwundene Sonne gemeint ist, sondern der noch darüberstehende Gott. Es endet genauso melancholisch mit der Feststellung, dass die personifizierte Sonne zu *fremden Völkern,* die sie *noch ehren,* gegangen sei. Darin liegt die Trauer Hölderlins über die Unmöglichkeit, den griechischen Mythos für seine Gegenwart wieder zu erwecken. Der zweisilbige Schluss der alkäischen Ode unterstützt mit dem weichen Hinausschwingen diese Wehmut.

glatte Fugung

Enjambement

**Strophen-
enjambement =
Strophensprung**

Im Metrum der alkäischen Ode ergibt sich (wie auch bei der sapphischen Ode) die Möglichkeit, alle Zeilen glatt miteinander zu fugen, denn die Zeilenenden ergeben zusammen mit dem Auftakt der nächsten Zeile wieder Hebung und einsilbige Senkung. Das kann die Syntax unterstreichen, z.B. geht in unserem Beispiel in der ersten Strophe in den Zeilen 1, 3 und 4 der Satz über das Zeilenende hinweg, es gibt also ein Enjambement (Zeilensprung ↗10).

Der Satz kann wie hier sogar über das Strophenende hinweggehen, so dass sich ein Strophenenjambement (Strophensprung) ergibt. Diese Enjambements halten die Sprechweise besonders flüssig.

Im Strophensprung bildet sich übrigens noch einmal sozusagen ein Daktylus, *Sónnenjüngling | sein Ábendlíed,* Z. 4/5: Also wird auch die metrische Eigenart, dass ein- und zweisilbige Senkungen wechseln, erhalten.

Eine solche flüssige Rhythmik ist vor allem in der alkäischen Ode möglich und hat diese Odenform bis ins 20. Jahrhundert hinein beliebt gemacht. Wenn der Satz über die Zeile oder gar über die Strophe hinausgeht, werden die Zeilen und die Strophen enger aneinander gebunden. Damit wird in diesem Hölderlin-Gedicht die Einheitlichkeit des grandiosen Bildes unterstützt.

Anmerkung:

Dass der Beginn eines Verses mit einer Senkung eher prosanah ist, kann durch empirische Untersuchungen nachgewiesen werden. Ein beliebiger Prosatext, ein Reiseführer beispielsweise, hat in 13 Sätzen einer Seite 12 mal Auftakt, z.B. *die Stádt, das Gebäude.*

Parodie

Die flüssige Rhythmik der alkäischen Ode macht sie auch für Parodien geeignet, wie die folgende Ode von Eduard Mörike zeigt.

An Philomele

Tonleiterähnlich steiget dein Klaggesang
    Vollschwellend auf, wie wenn man Bouteillen füllt:
        Es steigt und steigt im Hals der Flasche –
            Sieh, und das liebliche Naß schäumt über.

5   O Sängerin, dir möcht' ich ein Liedchen weihn,
    Voll Lieb' und Sehnsucht! aber ich stocke schon:
        Ach, mein unselig Gleichnis regt mir
            Plötzlich den Durst, und mein Gaumen lechzet.

    Verzeih! im Jägerschlösschen ist frisches Bier
10   Und Kegelabend heut: ich versprach es halb
        Dem Oberamtsgerichtsverweser,
            Auch dem Notar und dem Oberförster.

Die Nachtigall wurde zu allen Zeiten gefühlvoll besungen, was hier mit Z. 6
Voll Lieb und Sehnsucht zitiert wird. Ihr ansteigendes Schluchzen jedoch mit
dem Füllen einer überschäumenden Flasche zu vergleichen, ist ein die ganze
Feierlichkeit der Ode zunichte machender Witz, der in dem köstlichen Titel des
Oberamtsgerichtsverwesers gipfelt.

Deutlich sind die Enjambements in Z. 1, 7 und 9, die den feierlichen Odenton
zum leichten Geplauder abschwächen, wie er dem *Kegelabend* im *Jäger-
schlösschen* entspricht.

4.2.3 Asklepiadëische Oden

Wie in der sapphischen Ode beginnen auch in der asklepiadëischen Ode alle
Zeilen mit einer Hebung, was immer besonders prosafern wirkt, weil die meisten Prosasätze mit einer oder mehreren Senkungen beginnen.

Bei der nachfolgenden Ode ist deutlich zu beobachten, dass ihr besonderes
Kennzeichen der Hebungsprall (↗26) ist, und zwar in der Mitte der beiden **Hebungsprall**
ersten sechshebigen Zeilen: Die dritte und vierte Hebung stoßen ohne dazwischenliegende Senkung direkt aufeinander. Da nun die ersten beiden Zeilen mit
einer Hebung enden und die nächste Zeile jeweils mit einer Hebung beginnt,
gibt es auch zwischen den Z. 1/2 und 2/3 keine glatte Fugung.

Das Gleiche gilt für die Aufeinanderfolge der Strophen: Jede Strophe endet mit
einer Hebung, die nächste beginnt damit. So wird der Sprachfluss hier dauernd
gestaut. Außerdem ergeben sich für diejenigen Worte, die im Hebungsprall **Stauung**
stehen, besondere Verstärkungen.

In den jeweils vorderen Teilen der ersten beiden Zeilen fällt eine Formation
auf, die wie der Adonëus und der Kretikus eine eigene griechische Bezeichnung hat: Es ist der Choriambus, *héilig mein Hérz* = x́xxx́; hier wird er noch **Choriambus**
zusätzlich durch Alliteration hervorgehoben.

Das Hölderlin-Gedicht vom Beifall der „Menschen" ist eine Ablehnung aller Unverständigen.

Menschenbeifall

Choriambus

Ist nicht heilig mein Herz, schöneren Lebens voll,   xx x́xx́x́ x́xx́x́ xx́
    Seit ich liebe? warum achtetet ihr mich mehr,   xx x́xx́x́ x́xx́x́ xx́
        Da ich stolzer und wilder,   xx x́xx́ x́x
           Wortereicher und leerer war?   x́x x́xx́ x́x x́

Ach! der Menge gefällt, was auf den Marktplatz taugt,
    Und es ehret der Knecht nur den Gewaltsamen;
        An das Göttliche glauben
           Die allein, die es selber sind.

                        Friedrich Hölderlin, 1770–1843 (1797)

Die Sprechsituation des Gedichts hat ein deutliches lyrisches Ich (*mein Herz*, Z. 1, *ich*, Z. 2). Es geht um die Frage, ob das Herz jetzt nicht besonders reich an qualitätvollem Leben ist, da es ja liebt. Verwunderung wird geäußert darüber, dass das Ich früher zwar reicher an Worten, aber innerlich doch *leerer* war (Antithese), trotzdem damals aber von nicht weiter spezifizierten Angeredeten höher geachtet wurde (vielleicht als Dichter?). Die Antwort ist ungemein elitär: Alle Gegner werden hier zur *Menge* gezählt, die zum *Marktplatz* passt, durch Alliteration zusammengefasst und hervorgehoben. Obendrein werden sie auf die Ebene der *Knechte* gestellt, die nur *Gewaltsame ehre(n)*. Über Knechte und Gewaltsame werden diejenigen erhöht, die als Einzige an das *Göttliche glauben* können, und zwar deshalb, weil sie selbst *Göttliche(s)*, eben die Liebe, in sich tragen und damit Gott gleich werden.

Man beachte in unserem Beispiel die starke Betonung des Fragewortes *warúm* in Z. 2 durch den Hebungsprall. Vor allem wegen der Häufigkeit des Hebungspralls wirkt die asklepiadëische Ode besonders pathetisch.

Zerdehnung

Die Zerdehnung, die wir in dem Wort *Gewáltsamèn*, Z. 6, finden (das auf Grund des Metrums zwei Hebungen tragen muss), wirkt zusätzlich emphatisch. Sie hebt die *Gewáltsamèn* als die Antipoden zu den Gottgleichen hervor.

Die drei verschiedenen Odenmaße sind leicht auseinanderzuhalten, wenn man sich merkt:

- Nur die alkäische Ode hat A u f t a k t , nur die sapphische hat den kurzen Zweiheber (A d o n ë u s) am Schluss
- Was beides nicht aufweist, muss daher eine asklepiadëische Ode sein.

4.3 Klopstocks eigene Odenmaße

Nach den Bauprinzipien der antiken Oden hat Klopstock auch eigene neue Odenmaße geschaffen, deren Metrum er dann jeweils über seine Gedichte schreibt. Dabei bezeichnet nach den antiken Regeln das Zeichen – eine Länge, das Zeichen ‿ eine Kürze, was im Deutschen betonten und unbetonten Silben entspricht.

Das folgende Gedicht gehört in seiner Thematik deutlich in die Epoche der Empfindsamkeit.

Die frühen Gräber

‿–‿‿–‿––,

–‿–‿‿–‿–,

‿‿–, –‿–, –‿–‿–,

–‿‿–‿‿–, –‿–.

I   1   Willkommen, o silberner Mond,
        Schöner, stiller Gefährt der Nacht!
        Du entfliehst? Eile nicht, bleib, Gedankenfreund!
        Sehet, er bleibt, das Gewölk wallte nur hin.

II   5   Des Mayes Erwachen ist nur
        Schöner noch, wie die Sommernacht,
        Wenn ihm Thau, hell wie Licht, aus der Locke träuft,
        Und zu dem Hügel herauf röthlich er kömmt.

III   Ihr Edleren, ach es bewächst
    10   Eure Maale schon ernstes Moos!
        O wie war glücklich ich, als ich noch mit euch
        Sahe sich röthen den Tag, schimmern die Nacht.
               Friedrich Gottlieb Klopstock, 1724–1803 (1771)

Die Hauptaussage ist die trauernde Erinnerung an Frühverstorbene. Die Sprechsituation ist kompliziert, da vom lyrischen Ich, I.1, zunächst der Mond angesprochen wird, in I.4 jedoch auch eine unspezifische Mehrzahl (*Sehet*) von Lesern oder Hörern. Die zweite Strophe ist eine Wertung des Maibeginns ohne spezielle Anrede, in der dritten werden dann die Verstorbenen angeredet.

I. Der Mond wird angesprochen und damit personifiziert – er ist der durch *silbern*, *schön* und *still* sehr positiv bewertete *Gefährte der Nacht*, und zugleich für das lyrische Ich ein Freund aller guten Gedanken. Wegen der ziehenden Wolken nimmt das lyrische Ich zuächst an, er eile hinweg, dann aber stellt es fest, dass er doch dableibt und damit anscheinend seiner Bitte folgt. Danach wäre also eine direkte Kommunikation mit Naturerscheinungen möglich.

                           Personifikation

II. Noch herrlicher als die Sommernacht ist der Maimorgen, der wieder als Person gesehen wird: der morgendliche *Tau* tropft ihm aus seinen *Locke(n)* und er *kömmt* – bewegt sich also mit dem Morgenrot *röthlich* über den *Hügel herauf.*

III. Die Toten werden mit dem Komparativ *Edlere* den Lebenden gegenüber höher bewertet. Jetzt wird mit dem Seufzer *ach* die Trauer ausgedrückt. Offensichtlich sind sie schon länger tot, denn ihre Gräber sind bereits mit *Moos* bewachsen; dieses ist wiederum vermenschlicht, denn es ist *ernst*. Nun geht die Aussage zurück in die trauernde Erinnerung an vergangenes Glück, das gemeinsam mit den Toten erlebt wurde, hervorgehoben durch den Ausruf *O,* und die Verstärkung *wie*. Die Thematik der beiden vorigen Strophen wird wieder aufgenommen mit dem sich *röthen(den) Tag* und der *schimmern(den) Nacht*.

Dem übergeschriebenen Maß folgend darf man hier z.B. die elfte Zeile nicht, wie es naheliegend wäre, folgendermaßen betonen:

Ó wie war glúcklich ích, als ich nóch mit éuch

Vielmehr muss es heißen:

Hebungsprall   *O wie wár glücklich ích, áls ich nóch mit éuch* (zweimal Hebungsprall),

womit zugleich das *war*, die glücklichere Vergangenheit, viel stärker betont wird. Das zeigt, dass seit Klopstock die metrische Form ganz eng mit dem Inhalt verbunden wird. Er ist der erste deutsche Dichter, der die Dichtungssprache streng von der Umgangssprache trennt.

In Oden haben wir reimlose und sehr bewegte, aber zugleich extrem kunstvolle und geregelte Verse vor uns. Sie wurden im 19. und auch im 20. Jahrhundert immer wieder aufgenommen als eine Herausforderung an den Dichter, solch eine strenge Form zu meistern.

5   Verse aus französischer Tradition

Verse aus französischer Tradition wurden hauptsächlich über die von Martin Opitz aufgestellten Regeln für die deutsche Dichtung (↗11 ff.)im deutschen Sprachraum heimisch. Opitz übernahm die von ihm neu aufgestellten Regeln aus lateinischen Verslehren wie der des Joseph Scaliger, aber vor allem aus der französischen des Pierre Ronsard von 1565. Es verwundert daher nicht, dass er vor allem Verse bevorzugte, die im Französischen schon fest eingebürgert waren. Das gilt für den Alexandriner und die „vers communs".

5.1. Alexandriner

Opitz empfahl den aus der französichen Dichtung des Mittelalters stammenden und später so weit verbreiteten Alexandriner im besonderen als einen „heroischen Vers". Als eigentlich „heroischen Alexandriner" bezeichnet man den paargereimten, der kreuzgereimte (abab) wird „elegischer Alexandriner" genannt. Der Alexandriner ist ein sechsfüßiger Jambus, also im Deutschen immer unbetont beginnend und immer rein alternierend. Er kann einsilbig (männlich) oder zweisilbig (weiblich) enden, im Paarreim (aa bb cc) oder im Kreuzreim (ab ab) und auch im umarmenden Reim (a bb a) stehen. Kennzeichnend und zwingend ist die Zäsur (|): xx́ xx́ xx́ | xx́ xx́ xx́ [x] nach der dritten Hebung, dort muss immer ein einsilbiges oder einsilbig endendes (z.B. verfiel) Wort stehen.

Zäsur nach der dritten Hebung

Opitz empfahl den Alexandriner vor allem zur Dichtung von Sonetten. Den Unterschied zu allen späteren Sonetten aus dem 18. und 19. Jahrhundert bildet dabei der aus dem Französischen übernommene sechshebige Vers. Alexandriner-Sonette gibt es im Deutschen n u r im 17. Jahrhundert. Das folgende Gedicht sieht zwar im Druckbild gar nicht aus wie ein Sonett, aus der Reimstellung (abba abba cde cde) ist es jedoch leicht als solches zu erkennen.

Alexandriner-Sonett

Abend

I. Qu.   DEr schnelle Tag ist hin / die Nacht schwingt ihre Fahn /
            Vnd führt die Sternen auff. Der Menschen müde Scharen
            Verlassen Feld und Werck / wo Thir und Vögel waren
                Traurt itzt die Einsamkeit. Wie ist die Zeit verthan!
II. Qu.   Der Port naht mehr und mehr sich zu der Glider Kahn.
            Gleich wie diß Licht verfil / so wird in wenig Jahren
            Ich / du / und was man hat / und was man siht / hinfahren.
                Diß Leben kömmt mir vor als eine Renne-Bahn.
I. Terz.   Laß höchster Gott / mich doch nicht auff dem Lauffplatz gleiten /
           Laß mich nicht Ach / nicht Pracht / nicht Lust nicht Angst verleiten!
               Dein ewig-heller Glantz sey vor und neben mir /
II. Terz. Laß / wenn der müde Leib entschläfft / die Seele wachen
           Vnd wenn der letzte Tag wird mit mir Abend machen /
               So reiß mich aus dem Thal der Finsternüß zu dir.

                                Andreas Gryphius, 1616–64 (1650)

Da die Barockdichtung, wie oben schon erwähnt (↗35), noch weitgehend von lateinischer Dichtung beeinflusst war, sollte man den von Gryphius ebenso wie von allen anderen Barockdichtern in Anlehnung an lateinische Vorbilder verwendeten rhetorischen Mitteln bei der Interpretation von solchen Sonetten

rhetorische Mittel
Antithesen
Doppelformeln
Reihungen

besondere Aufmerksamkeit schenken. Dazu gehören vor allem die Antithesen (Gegensätze: Tag – Nacht, I. Qu.; Leib – Seele, II. Terz.), Doppelformeln (*Feld und Werck, Thir und Vögel,* I. Qu.,3) und Reihungen (*nicht Ach / nicht Pracht / nicht Lust nicht Angst,* I. Terz.).

Sprechsituation

Sprechsituation: Es gibt ein lyrisches Ich, aber explizit erst ab II. Qu. 3, vorher stehen allgemeine Betrachtungen über den Abend. In II. Qu. 3 findet sich eine Anrede an einen nicht näher bezeichneten Leser oder Hörer *(du).* Ab I. Terz.

Apostrophe

werden Anreden und dringende Bitten an *Gott* gerichtet (Apostrophe – Anrede an eine abwesende Person): um Bewahrung hier in diesem und um Aufnahme ins ewige Leben. Der Allgemeingültigkeit des Gedichts entspricht die Sprechzeit des allgemeinen Präsens.

Bildersprache

I. Quartett: Bemerkenswert sind hier die vielen verschiedenartigen Bilder. Zuerst als Gegensätze Tag und Nacht, wobei die Nacht als Sieger über den Tag die Fahne schwingt wie ein Feldherr und so die Sterne anführt (Personifizierung). Weil die Menschen heimgegangen sind und alle Tiere schlafen gingen,

Personifizierung

trauert jetzt die personifizierte *Einsamkeit.* Der Grund für ihre Traurigkeit wird angegeben mit dem Seufzer über die am Tage *verthan(e) Zeit,* I. Qu. 4 – vertan wahrscheinlich im Hinblick auf die Ewigkeit.

II. Quartett: Dem *Kahn der Glider* (Leib, Metapher, aus einem Vergleich

kühne Metapher

geschaffen) nähert sich der Hafen (*Port* II. Qu. 1) – eine kühne Metapher, weil Häfen sich doch nicht bewegen. Der Tod (Hafen) wird als Bruder des Schlafes gesehen, wie dieser am Abend kommt jener als das Ende des Lebens

Vergleich

unaufhaltsam auf den Leib zu. Es folgt ein Vergleich des vergehenden Lichts mit dem alles verschlingenden Tod. Damit wird auf die Unabwendbarkeit des Todes hingewiesen, auf den auch das Verb *hinfahren* verweist, das wiederum mit der Bewegung eines Kahnes zusammenhängt, Z. 3. Jetzt beginnt ein rein religiöser Teil. Er setzt ein mit einem Vergleich, der aus einem Bibelzitat (1. Kor. 9) – das Leben ist eine Rennbahn, Z. 4, – besteht.

Metonymie (= Ersetzung des eigentlichen Begriffs durch einen anderen, der mit dem Gemeinten in enger Beziehung steht, z.B. *Goethe* lesen)

I. Terzett: Das Bild der glatten Rennbahn, die jetzt zum *Laufplatz* geworden ist (Metonymie), auf der man nicht scheitern möchte, wird mit dem Verb *gleiten* weitergeführt, was auf die Versuchungen des irdischen Lebens hinweist, zu denen nicht nur *Pracht* und *Lust,* sondern auch *Ach* (Metapher für Leid) und *Angst* gehören. Der Begriff der Angst ist bei Gryphius ein Zentralbegriff, er weiß, dass auch allzu große Furcht den Glauben, um den es hier geht, zerstören kann. Hilfe bringen kann nur *Gott.* Dieser wird ab I. Terz. 1 mit wiederholtem

Anapher

Laß (Anapher, gleiches Wort am Versanfang) dringend gebeten zu helfen. Das nächste Bild hängt wieder mit Licht zusammen: Der *Glantz* Gottes wird als *ewig-hell* der Nacht und dem immer wieder verfallenden Licht des irdischen Tags entgegengesetzt.

II. Terzett: Nur Gott kann der Seele die notwendige Wachsamkeit schenken, um die gebeten wird, und sie damit zuletzt zu sich hinauf holen aus dem *Thal der Finsternüß* – dem irdischen Leben, das mit dieser Metapher noch einmal dem ewigen Licht Gottes entgegengestellt wird.

Bestehen das erste Terzett und die erste Zeile des zweiten jeweils aus in sich geschlossenen Sätzen, so sind die letzten beiden Zeilen des Gedichts eine syntaktisch zusammenhängende leidenschaftliche Bitte um Rettung aus dieser finsteren Welt in die Nähe Gottes. Mit der männlichen Kadenz (*zu dír*) wird ein besonders fester Abschluss des Gedichts geschaffen, das damit in der völligen Hinwendung zu Gott endet.

Ob an der Stelle der Zäsur ein Satzzeichen steht oder nicht, ist nicht von Belang. In Gryphius' Sonett finden wir nach der dritten Hebung in I. Qu. 1, 2, II. Qu. 2, 3 und I. Terz. 2 eine Virgel (/), im Barock statt Komma gebraucht. In I. Qu. 2 und 4 steht an dieser Stelle ein Punkt, die übrigen Verse haben dort kein Satzzeichen. Da im Barock die heutigen Kommaregeln noch nicht gelten, kann man diese ohnehin nicht zu Rate ziehen für die Zäsur. Trotz fehlender Satzzeichen ist die Zäsur in II. Qu. 4 deutlich als Atempause zu verwirklichen: Die Sprechphase *Diß Lében kommt mir vór* ist syntaktisch vorläufig in sich geschlossen und damit eine Phrasierungseinheit, ebenso wie der Vergleich *als éine Rénnebáhn* in der zweiten Vershälfte.

Gebrauch der Zäsur im Alexandriner Virgel

Im Gegensatz dazu wird ab I. Terz. 1 die Zäsur mehr und mehr ü b e r s p i e l t, denn die Forderung: *laß höchster Gott mich doch* verlangt dringend nach der Ergänzung *nicht ... gléiten*, ebenso I. Terz. 2. Das letzte Terzett überspielt die Zäsur dann in jeder Zeile, am deutlichsten in II. Terz. 1: *laß / wénn der müde Léib' entschläfft ...*, wo Subjekt und Verb des Nebensatzes durch die Zäsur getrennt werden. Das Überspielen der Zäsur gibt den Bitten noch mehr Dringlichkeit, da die Pause in der Versmitte notwendig verkürzt werden muss. So kann die Rhythmik die Aussage unterstützen. Dagegen wird die Metrik, die hier unbedingt eine Zäsur verlangt, nicht gestört; die Zäsur wäre erst dann ausgeschaltet, wenn wir statt: *der müde Léib* fänden: *die müden Léiber,* so dass eine, wenn auch noch so kleine, Atempause nach der dritten Hebung überhaupt unmöglich wäre.

Überspielen der Zäsur

In Alexandrinern wird die Zäsur nach der dritten Hebung nie ganz aufgehoben.

Die in Poetiken oft geforderte inhaltliche Trennung zwischen Quartetten und Terzetten ist in diesem Abendgedicht von Gryphius einigermaßen eingehalten worden (Quartette: Abend des Tages, Terzette: Lebensabend).

 Beim Zitieren aus einem Sonett sollte man nicht den Begriff „Strophen" für Quartette oder Terzette benutzen, denn ein Sonett ist im Grunde eine einzige Stollen-Strophe (↗28): zwei Quartette als Aufgesang, die Terzette als Abgesang.

Es gibt viele Barock-Sonette, in denen keine deutliche Trennung zwischen Quartetten und Terzetten existiert, wo aber statt dessen in den letzten beiden Zeilen eine Sentenz steht. Öfters wird auch ein mitunter überraschender oder witziger Schluss gezogen, der nach italienischen Vorbildern Concetto genannt wird. Dies ist im folgenden Sonett der Fall.

Concetto

Vergänglichkeit der Schönheit

I. Qu.   Es wird der bleiche todt mit seiner kalten hand
                    Dir endlich mit der zeit um deine brüste streichen/
                    Der liebliche corall der lippen wird verbleichen;
                        Der schultern warmer schnee wird werden kalter sand/

II. Qu.   Der augen süsser blitz / die kräffte deiner hand/
                    Für welchen alles fällt / die werden zeitlich weichen/
                    Das haar, das itzund kan des goldes glantz erreichen/
                        Tilgt endlich tag und jahr als ein gemeines band.

I. Terz.   Der wohlgesetzte fuß / die lieblichen gebärden/
                    Die werden teils zu staub / theils nichts und nichtig werden /
                        Denn opfert keiner mehr der gottheit deiner pracht.

II. Terz.   Diß und noch mehr als diß muß endlich untergehen /
                    Dein hertze kann allein zu aller zeit bestehen /
                        Dieweil es die natur aus diamant gemacht.

                    Christian Hofmann von Hofmannswaldau, 1617–79 (ca. 1660)

Sprechsituation

Die Sprechsituation ist hier einheitlich: Das ganze Gedicht ist eine Anrede an eine Dame.

I. Quartett: Dieses Sonett beginnt mit einer grausigen Schilderung der Zukunft, in der statt des Liebhabers der Tod die Brüste der Geliebten berühren wird, und nennt danach alle damit verbundenen physischen Veränderungen. Hier ist beson-

Antithese

ders gut eine Antithese in den beiden Halbversen zu beobachten, die rote Farbe der Lippen (*corall*) wird bleich werden, Z. 3. Ihre *Schultern,* so weiß wie *schnee* (der ist weiß und glatt, aber bei ihr warm) werden sich später in *kalte(n) Sand* (sowohl grau als auch rauh) verwandeln (solche Vergleiche sind als Petrarkismus bekannt). Die beiden Hälften des Alexandriners sind hier rhythmisch und metrisch gleich, *warmer schnee – kalter sand,* der Inhalt wird durch die Form stark unterstrichen.

Petrarkismus:
Ein Vergleich der körperlichen Eigenschaft einer Geliebten mit einem Mineral oder einem toten Schmuckstück (*corall*) ist immer auf den Einfluß Petrarcas zurückzuführen und daher als *Petrarkismus* zu bezeichnen.

II. Quartett: Hier werden Augen und Hände genannt, vor denen sonst *alles,* also alle Liebhaber, dahingesunken sind, aber diese Körperteile werden auch vergehen, gerade so wie das jetzt noch goldene Haar (wieder Petrarkismus) später einmal wie ein gewöhnliches (*gemeines*), zerrupftes und verwaschenes Haarband aussehen wird (wieder eine Antithese).

I. Terzett: Die Füße und alle *gebärden* werden zerstört werden oder nicht mehr vorhanden sein – zu dieser Zeit (*denn*) wird sich deshalb kein Mann mehr vor ihrer Schönheit verneigen. Immer wieder finden wir Doppelformeln: *tag und jar,*

Doppelformeln

Z. 8, *nichts und nichtig*, Z. 10, und Steigerungen in der Wiederholung: *diß und noch mehr als diß*, Z. 12.

II. Terzett: Alles wird also vergehen, nur ihr Herz wird unzerstörbar sein, aber nicht etwa, weil es ins ewige Leben eingehen wird, sondern weil es aus *Diamant* besteht. Der Witz (Concetto) besteht hier darin, dass der Diamant sowohl kostbar und unzerstörbar ist als auch besonders hart – und nur dies ist hier gemeint, was man mit mehreren ähnlichen Sonetten beweisen kann. Diese Dame hat ein Herz so hart wie Stein und wird sich daher leider nie erweichen lassen. Hier ist das altbekannte Motiv vieler Barockgedichte: Memento mori – Bedenke den Tod! verbunden mit dem anderen ebenso häufigen: Carpe diem – Nutze den Tag! – das bedeutet hier: Liebe mich jetzt, denn später geht es nicht mehr!

Concetto

Für Sonette empfiehlt Opitz nur Alexandriner oder „vers communs" (⤢60). Sonette haben in seiner Poetik vor allem folgende Reimschemata: abba abba ccd eed (französische Form) oder cde cde (italienische Form). Dabei ist es gleichgültig, ob mit weiblichen (w) oder männlichen (m) Versschlüssen begonnen wird, jedenfalls wird meist abgewechselt wie z.B. oben: mwwm zweimal für die Quartette, dann wwm wwm für die Terzette – hier in allen Quartetten und Terzetten am Ende ein männlicher Vers, d.h. ein ganz fester, endgültiger Schluss, dem angesprochenen Ende des Lebens entsprechend.

In vielen Alexandrinern wird die Zäsur zur Hervorhebung von Antithesen oder Oppositionen benutzt. Dies wird beim männlich endenden Alexandriner sehr deutlich hörbar, da er sich in zwei genau gleiche Hälften teilen lässt:

Zäsur und Antithesen

> Was dieser heute baut, reißt jener morgen ein: xx́ xx xx́ | xx́ xx xx́
> Wo itzund Städte stehn, wird eine Wiesen sein ... (Andreas Gryphius ⤢168)

In beiden Versen ist hier die parallele Gliederung bis in Art und Silbenzahl der Worte hinein durchgeführt. Inhalt, Metrum und Rhythmus unterstützen sich gegenseitig.

Parallelismus

Eine Senkungssilbe kann vor der ersten Hebung noch eine zusätzliche schwebende Betonung tragen (betonter Auftakt ⤢10). In parallel gebauten Alexandriner-Versen (sechsfüßige Jamben mit Zäsur nach der dritten Hebung) kann auch die zweite Vershälfte wiederum eine Art von Auftakt aufweisen, da vor der vierten Hebung, gleich nach der Zäsur, zusätzlich ein betontes Wort stehen kann. Solche Wörter werden zwar betont, aber nicht durch den Versakzent, denn der kann im Alexandriner nur an den bestimmten sechs Stellen stehen, sondern durch einen zusätzlichen Sinnakzent, für den die Stimme gehoben wird:

betonter Auftakt auch in der zweite Vershälfte

zusätzlicher Sinnakzent

> *Mord!* Zeter! Jammer! Angst! | *Creutz!* Marter! Würme! Plagen!
> (Unterstreichung v. Verf.)

In dieser Zeile von Andreas Gryphius tragen Wörter, die den anderen vom Gehalt her gleichwertig, eher sogar überlegen sind, wie *Mord!* und *Creutz!* beide eine zusätzliche Sinnbetonung, die dann durch Heben der Stimme markiert werden kann. Hier liegt also keinesfalls eine Tonbeugung vor. Solche schweren bedeutungtragenden Worte nannte Gryphius selbst „Zentnerworte".

5.2   Die „vers communs"

**jambischer Fünf-
heber mit Zäsur
nach 2. Hebung**

Die „vers communs" (im Barock auch „gemeine" = allgemein übliche Verse genannt) sind ebenfalls jambisch, also alternierend mit Auftakt. Sie weisen jedoch nur fünf Hebungen auf und haben die Zäsur schon nach der zweiten Hebung.

Opitz hat „vers communs" auch für Sonette empfohlen, wir finden sie aber ebenso in anderen Formen.

Das folgende Gedicht, dessen Verfasser nicht bekannt ist, wurde von Benjamin Neukirch, dem Herausgeber der meisten Gedichte von Hofmannswaldau, in seine Sammlung barocker Gedichte aufgenommen. Das beweist, dass es durchaus als den Regeln entsprechend angesehen wurde. Es ist ein Liebesgedicht in diesen besonderen jambischen Fünfhebern. In den Versen 1, 3, 4 und 6 wird die Zäsur nach der zweiten Hebung streng eingehalten, im ersten Vers sogar durch ein Ausrufezeichen betont, wodurch die Versart der „vers communs" besonders augenfällig wird. In Vers 2 und 5 aber wird die Zäsur tatsächlich ausgelöscht: Die zweite Hebung liegt dort auf *beziehe* bzw. *téppicht,* wo keinesfalls (mitten im Wort!) eine Atempause gemacht werden kann. Das Tilgen der Zäsur, das beim Alexandriner ausgeschlossen ist, ist in einem Text in „vers communs" in einzelnen Versen immer wieder möglich. „Vers communs" können männlich oder weiblich enden und auch verschiedene Reimschemata aufweisen.

An die Nacht

Komm schwarze nacht! umbhülle mich mit schatten	xх́ xх́ ǀ xх xх́ xх́x
Dein flor beziehe meines purpurs glantz/	xх́ xх́ xх́ xх́ xх́
Weil sich mit mir will eine sonne gatten/	xх́ xх́ ǀ xх xх́ xх́x
Vor deren licht erbleicht der sternen krantz/	xх́ xх́ ǀ xх xх́ xх́
Laß deinen teppicht meine brust bedecken/	xх́ xх́ xх́ xх́ xх́x
Und meinen sieg in dein gezelt verstecken.	xх́ xх́ ǀ xх xх́ xх́x

Anonymus, aus der Neukirchschen Sammlung 1697

N u r jambische Fünfheber mit Zäsur nach der zweiten Hebung sind „vers communs". Solche Verse kommen n u r in Barock-Gedichten vor. Dagegen sind einfache jambische Fünfheber ohne Zäsur bis in die Moderne hinein sehr häufig (↗38 f. und 62 f.).

6 Verse und Formen aus italienischer Tradition

6.1 Madrigale

Schon im 17. Jahrhundert finden sich neben Alexandrinern, „vers communs" und Liedern in volksliedhaften Strophen auch Gedichte, die auf unstrophige italienische Kunstlieder zurückgehen. Sie werden nach diesen Liedern Madrigale genannt.

Madrigale sind zwar durchgehend alternierend und gereimt, das Reimschema und die Hebungszahl sind aber sehr frei: Nebeneinander kommen Paarreime, Kreuzreime, umarmende Reime, weit auseinanderstehende Reime und reimlose Verse (Waisen) vor. Neben Fünf- und Sechshebern gibt es Zwei-, Drei- und Vierheber.

reine Alternation Hebungszahl und Reimschema frei

Reine Alternation, freie Hebungszahl (Zwei- bis Sechsheber) und verschiedenartige Reimstellung finden wir im folgenden Gedicht, das ausdrücklich als Madrigal bezeichnet wird.

Über die aufmachende Anemone. Madrigal

1	Der Abend war ankommen,	A 3w	a
	Ich hatte meinen Weg bereits zu ihr genommen,	A 6w	a
	Zu ihr, zu meiner Anemonen.	A 4w	x
	Ich klopfet an.	A 2m	b
5	Bald ward mir aufgetan.	A 3m	b
	Die rechte Hand trug ihr das Licht,	A 4m	c
	Die linke deckt ihr Angesicht.	A 4m	c
	So balde ward das Tiefst in meinem Herzen	A 5w	d
	Verletzt von ihren göldnen Kerzen.	A 4w	d
10	Wo kam ich hin? sah ich denn in die Ferne?	A 5w	e
	Das kann ich itzund nicht aussprechen.	A 4w	y
	Jedoch, die mir das Licht getragen,	A 4w	f
	Die war die Venus ohne Tagen	A 4w	f
	Selbselbst mit ihrem Abendsterne.	A 4w	e

David Schirmer, 1623–86 (1657)

Das lyrische Ich in der Rolle eines Liebhabers schildert enthusiastisch einen Besuch bei seiner Geliebten. Die Dame heißt *Anemone,* Z. 3; dieses wichtige Wort bleibt ohne Reim. Der Beginn des Besuchs mit dem Anklopfen, Z. 4, wird in einem zweihebigen Vers versprachlicht, damit klingt lautmalerisch ein zweimaliges Anklopfen an. Jetzt erscheint die Angebetete, die ein Licht trägt und deren Augen ihm wie *göldne Kerzen* erscheinen. Durch diesen Anblick kommt der Besucher vollkommen um seine Besinnung – er weiß nicht mehr, wo er ist. Wie stark der Eindruck ist, zeigt Z. 11: Er kann nicht mehr darüber sprechen, –

und die Zeile bleibt (infolgedessen) wiederum ohne Reim. Die Reimpaare 1/2, 6/7 u. 8/9 verdeutlichen die inhaltliche Koppelung, während der umarmende Reim 10/14 (*Ferne / Abendsterne*) die Reflexion des letzten Teils zusammenhält. Hier wird die Geliebte mit der Venus – Liebesgöttin und zugleich Abend- u n d Morgenstern (daher *ohne Tagen*) – verglichen. (Übrigens sind die 6-Heber jeweils normale Alexandriner, die 5-Heber „vers communs".)

Gereimte Verse, alternierend, aber mit wechselnden Hebungszahlen, kommen noch im 19. Jahrhundert vor, z.B. bei Mörike, und werden Madrigalverse genannt.

6.2 Sonette

Endecasillabo

herkömmliche Sonette

Seit dem Ende des 18. Jahrhunderts sind Sonette fast stets im italienischen Endecasillabo (= Elfsilbler), also in fünffüßigen, weiblich endenden Jamben gebaut, da sie auf die Sonette des Petrarca zurückgehen. Solche Sonette, wenn sie auch noch das Reimschema abba abba cde cde aufweisen, kann man als herkömmliche Sonette bezeichnen.

Alle diese Kennzeichen sind im folgenden Gedicht aus Goethes klassischer Periode zu finden:

* = Gegensatz

I. Qu.   Natur und Kunst, sie scheinen sich zu fliehen
            Und haben sich, eh' man es denkt, gefunden:
            Der Widerwille* ist auch mir verschwunden,
            Und beide scheinen gleich mich anzuziehen.

II. Qu.   Es gilt wohl nur ein redliches Bemühen!
            Und wenn wir erst in abgemeßnen Stunden
            Mit Geist und Fleiß uns an die Kunst gebunden,
            Mag frei Natur im Herzen wieder glühen.

I. Terz.   So ist's mit aller Bildung auch beschaffen:
            Vergebens werden ungebundne Geister
            Nach der Vollendung reiner Höhe streben.

II. Terz.   Wer Großes will, muß sich zusammenraffen:
            In der Beschränkung zeigt sich erst der Meister,
            Und das Gesetz nur kann uns Freiheit geben.

                    Johann Wolfgang Goethe, 1749–1832 (1802)

Hier haben wir ein vorbildliches Sonett vor uns, zunächst in seiner Form. Wir finden lauter weiblich endende fünffüßige Jamben, eingeteilt in zwei Quartette mit umarmendem Reim, abba, und zwei Terzette mit verschränktem Reim, cde cde.

lyrisches Ich

I. Quartett: Es spricht ein lyrisches Ich über den scheinbaren Gegensatz von Natur und Kunst. Wesentlich ist, dass hier nicht von dem Begriff der lebendigen äußeren Natur der Tiere und Pflanzen die Rede ist, sondern von der innersten, eigentlichen Natur, also dem Wesen des Menschen. Der Ich-Sprecher sagt, dass es für ihn zwischen Natur und Kunst jetzt keinen Widerspruch mehr gibt.

II. Quartett: Im zweiten Quartett werden statt des individuellen Empfindens, das im ersten ausgedrückt wurde, allgemeine Forderungen aufgestellt. Das lyrische Ich bindet sich nun selbst in eine Gruppe ein (*wir* Z. 2) – wohl die Gruppe der Künstler, für die diese Fragestellung vor allem wichtig ist. Jeder solle sich mit *Geist und Fleiß* an die *Kunst* binden. Diese Formulierung mag überraschen in Bezug auf Dichtung, von der immer wieder angenommen wird, sie fliege den Dichtern nur so zu – was bei der strengen Konstruktion eines Sonetts ohnehin unmöglich ist. Nach einem echten *Bemühen* um die Kunst, das wir bei Goethe immer wieder feststellen können – man denke nur an die intensive Beschäftigung mit der bildenden Kunst in Italien, als er wochenlang zeichnete –, wird dann das innerste Wesen des Menschen, eben seine *Natur,* auch wieder frei zur Entfaltung kommen können. Dass Natur hier mit innerem Gefühl gleichgesetzt wird, zeigt das Wort *glühen.*

I. Terzett: Im Streben der Klassik nach Allgemeingültigkeit werden diese Aussagen nun ausgedehnt auf jede Art von *Bildung,* und es wird festgestellt, dass diejenigen, die sich nicht an Vorschriften halten wollen, da sie doch *ungebundne Geister* seien, nie zur *reinen Höhe der Vollendung* – höchstes Ziel der Klassik – gelangen werden. Mit denen, die sich nicht binden wollen, sind sicher nicht die Dichter des Sturm und Drang gemeint, d.h. Goethe selbst und seine Jugendgefährten. Vielmehr kann sich das Gedicht in Lyrik und Epik um 1800 nur gegen die Romantiker richten, die sich, außer in ihren Sonetten, nicht an irgendwelche Regeln halten wollten, vgl. z.B. Ludwig Tieck, 1773–1853.

[Randnotiz: Allgemeingültigkeit]

II. Terzett: Das letzte Terzett bringt Sentenzen. Wenn man *Großes* wolle, müsse man sich *zusammenraffen* (zusammennehmen), denn erst in der freiwilligen *Beschränkung* zeige sich ein *Meister*, d.h. der wirkliche Künstler müsse bestimmte Regeln anerkennen. Zuletzt steht das Paradox, dass *nur das Gesetz* die wahre *Freiheit* geben könne. Mit dem *Gesetz* sind hier wahrscheinlich sowohl die inneren Gesetze der einzelnen Persönlichkeit als auch die formalen der klassischen Kunst wie Maß und Harmonie gemeint, die Goethe in dieser Zeit um 1800 im Dialog mit Schiller immer wieder betonte. So haben wir hier ein Programmgedicht der Klassik vor uns.

[Randnotiz: Programmgedicht der Klassik]

Im ersten Quartett sind auch die Reime sinntragend. Wenn sich *fliehen* auf *anzuziehen* reimt und *gefunden* auf *verschwunden,* ist damit auch in den Reimen die aufgehobene Antithese zwischen Natur und Kunst angesprochen.

[Randnotiz: sinntragende Reime]

6.3 Stanzen

ottava rima

Stanzen sind achtzeilige gereimte Strophen (ital. *ottava rima*) in fünffüßigen Jamben (Schema: ab ab ab cc). Das abschließende Reimpaar hält die Strophe fest zusammen. Oft enden, wie im nachfolgenden Goethegedicht, alle Verse weiblich, es gibt aber auch einen Wechsel: wm wm wm mm.

> **Urworte, Orphisch**
> **Dämon**
>
> Wie an dem Tag, der dich der Welt verliehen,
> Die Sonne stand zum Gruße der Planeten,
> Bist alsobald und fort und fort gediehen
> Nach dem Gesetz, wonach du angetreten.
> 5 So mußt du sein, dir kannst du nicht entfliehen,
> So sagten schon Sybillen, so Propheten;
> Und keine Zeit und keine Macht zerstückelt
> Geprägte Form, die lebend sich entwickelt.
>
> Johann Wolfgang Goethe, 1749–1832 (1817)

Das innere Gesetz, das im oben angeführten Goethe-Sonett von Natur und Kunst erst die wirkliche Freiheit geben kann, ist hier erneut angesprochen. Wie das abschließende Reimpaar aussagt, ist die lebendige Entwicklung, die für Goethe so wichtig war, dadurch aber nicht eingeschränkt.

6.4 Terzinen

Schon in Zeit der Klassik wurden auch Terzinen (Dreizeiler), in die Dante sein großes Werk *La Divina Commedia* gefasst hatte, wieder aufgenommen. Wie Sonette und Stanzen weisen auch Terzinen fünffüßige Jamben auf, jedoch in einem besonders komplizierten Reimschema. Das umarmte Reimwort b erscheint in der zweiten Terzine als umarmendes, also: aba bcb cdc usw. bis zum Abschluss, in dem immer ein Kreuzreim steht – in unserem Beispiel dede. Damit kommt die fortlaufende Reimfolge zur Ruhe.

Die verschlungenen Reime sind im folgenden Gedicht von Hugo von Hofmannsthal aufs Engste mit dem Inhalt verbunden. Hier werden alle Hauptbegriffe wiederholt. Das entscheidende Wort *Traum*, das als Substanz von uns Menschen (*Wir,* Z. 1) angesprochen wird, rahmt als Reimwort, Z. 1 und Z. 14, das Gedicht ein. *Träume,* Z. 2, werden mit *Kinder*(n) , Z. 3 u. 7, noch nicht vollbewussten Menschen, verglichen, die bei *Vollmond* (Z. 5 u. 9) unter *Bäumen,* Z. 3 u. 9, die Augen aufschlagen. Träume *leben,* Z. 7 u. 12, *in uns,* Z. 12, und *schweben* auf und nieder, Z. 8, wie der personifizierte Vollmond. Diese sanfte Bewegung wird aufgenommen in den schwebenden Betonungen der Worte *den bláßgòldnen Láuf* und *Báumkrònen* (metrisch wegen der hier durchgehenden Alternation xx́x statt eigentlich x́xx) und in der Zerdehnung von *Innerste* (normal x́xx, hier x́x̀x), wo sich die natürliche Betonung jeweils leicht gegen das Metrum stellt.

schwebende Betonung

Die abschließende Vierergruppe dede wird hier aufgespalten in eine Dreier-
gruppe ded und die einzelne Schlusszeile. Damit bekommt die magische For-
mel, die alles zusammenfasst, besonderes Gewicht: *Und drei sind Eins*. Die fei-
erliche Form der Terzine verleiht dem bei Hofmannsthal häufig vorkommenden Begriff „Traum" besonderes Gewicht.

Über Vergänglichkeit
III.

Wir sind aus solchem Zeug wie das zu Träumen,
Und Träume schlagen so die Augen auf
Wie kleine Kinder unter Kirschenbäumen,

Aus deren Krone den blaßgoldnen Lauf
5   Der Vollmond anhebt durch die große Nacht.
.... Nicht anders tauchen unsre Träume auf,

Sind da und leben wie ein Kind das lacht,
Nicht minder groß im Auf- und Niederschweben
Als Vollmond, aus Baumkronen aufgewacht.

10   Das Innerste ist offen ihrem Weben;
Wie Geisterhände in versperrtem Raum
Sind sie in uns und haben immer Leben.

Und drei sind Eins, ein Mensch, ein Ding, ein Traum.

               Hugo von Hofmannsthal, 1874–1929 (1896)

7   Freie Rhythmen und freie Verse

7.1   Freie Rhythmen

Sturm und Drang Hymnen

Wie Klopstock aus den Bausteinen der Ode neue Odenmaße entwickelte, so hat er aus den gleichen Bausteinen erstmalig eine ganz neue Versart, die freien Rhythmen, geschaffen. Auch in Goethes Dichtungen in freien Rhythmen (Hymnen des Sturm und Drang) finden wir die Bausteine der Ode wieder.

* von Zeus in Gestalt eines Adlers wegen seiner Schönheit entführt und zum Mundschenk gemacht

Ganymed*

			Skandierung	Versfuß
I.		Wie im Morgenrot	x́x x́x x́	Kretikus
		Du rings mich anglühst,	x x́x x́x́	Doppelheb.
		Frühling, Geliebter!	x́xx x́x	Adonëus
		Mit tausendfacher Liebeswonne	x x́x x́x x́x x́x	
	5	sich an mein Herz drängt	x x́x x́x́	Doppelheb.
		Deiner ewigen Wärme	x́x x́xx x́x	Adonëus
		Heilig Gefühl,	x́xxx́	Choriambus
		Unendliche Schöne!	x x́xx x́x	Adonëus
II.		Daß ich dich fassen möcht'	x́xx x́xx́	Kretikus
	10	In diesen Arm!	x x́x x́	Kretikus
		Ach, an deinem Busen	x́x x́x x́x	
		Lieg' ich, schmachte,	x́x x́x	
		Und deine Blumen, dein Gras	x́xx x́xx́x	Choriambus
		Drängen sich an mein Herz.	x́xx x́xx́	Kretikus
	15	Du kühlst den brennenden	x x́x x́xx	
		Durst meines Busens,	x́xx x́x	Adonëus
		Lieblicher Morgenwind,	x́xx x́xx́	Kretikus
		Ruft drein die Nachtigall	x x́x x́xx́	Kretikus
		Liebend nach mir aus dem Nebeltal.	x́xx x́xx x́xx́	Kretikus
III.	20	Ich komme! Ich komme!	x x́xx x́x	Adonëus
		Wohin? Ach, wohin?	x x́xx x́	Choriambus
IV.		Hinauf, hinauf strebt's,	x x́x x́x́	Doppelheb.
		Es schweben die Wolken	x x́xx x́x	Adonëus
		Abwärts, die Wolken	x́xx x́x	Adonëus
	25	Neigen sich der sehnenden Liebe,	x́x x́x x́xx x́x	Adonëus
		Mir, mir!	x́ x́	Doppelhebung
V		In eurem Schoße	x x́x x́x	
		Aufwärts,	x́ x́	Doppelhebung
		Umfangend umfangen!	x x́xx x́x	Adonëus
VI.	30	Aufwärts	x́ x́	Doppelhebung
		An deinem Busen,	x x́x x́x	
		Alliebender Vater!	x x́xx x́x	Adonëus

Johann Wolfgang Goethe, 1749–1832 (1774)

Die Sturm-und Drang-Hymne *Ganymed* ist ein Rollengedicht, das lyrische Ich spricht in der Rolle des Ganymed. Die Sprechsituation ist kompliziert wegen der verschiedenen Ansprechpartner. Dies sind im I. Abschnitt der Frühling, im II. Frühling und Morgenwind, im V. die Wolken, im VI. der Vater.

Rollengedicht

I. Im ersten Abschnitt spricht das lyrische Ich am frühen Morgen (*Morgenrot*) den Frühling an. Dieser wird enthusiastisch als *Geliebter* bezeichnet. Er besitzt *ewige Wärme* und *unendliche Schöne* (= das Abstraktum Schönheit, keine Frau!), die beim lyrischen Ich ein *heilig(es) Gefühl* auslösen.

II. Hier wird zunächst noch einmal der Frühling angesprochen mit dem Wunsch, ihn umarmen zu können (*möcht'* = hier als können, vermögen). Das Ich schildert, dass es bereits am *Busen* des Frühlings liegt (wohl auf einer Wiese) und sich sehnt (*schmachte*), und dass vom Frühling eine Gegenbewegung ausgeht: Dessen Blumen und Gras *drängen* sich an sein *Herz*. Nun erscheint ein anderer Ansprechpartner, der *Morgenwind,* der auch mit einem Adjektiv der Liebe verbunden wird; er *kühlt* die brennende Sehnsucht. Ein neuer Partner, die *Nachtigall*, ruft von sich aus nach dem Ich, wiederum mit einem der Liebe zuzuordnenden Adverb. Der frühe Morgen verbreitet hinten im *Tal* noch *Nebel*; d.h. immer wieder werden Naturphänomene eingeflochten in die gefühlsstarke Hymne.

III. Jetzt erfolgt die Antwort des Ich auf den Lockruf der Nachtigall, gleich verdoppelt, um das Einverständnis des Sprechers zu bekräftigen. Jedoch kann das Ich diesem Lockruf nicht folgen, da es nicht weiß, aus welcher Richtung er kommt. Dies bedauert es sehr (*ach*).

IV. Wiederum durch Verdoppelung wird glücklich verkündet, dass jetzt die Richtung nach oben aus dem Inneren gefunden ist, *es strebt*. Neue Protagonisten treten auf, die *Wolken*, die *abwärts* schweben, und sich damit der sehnenden Liebe des lyrischen Ich zuwenden. Ein seliger Ausruf folgt: *Mir, mir!* mit der Verdoppelung die Überwältigung unterstützend.

V. Noch einmal werden die Wolken angesprochen, und es wird der Aufstieg dargestellt – ein Aufstieg zum *Alliebenden Vater* (eine Formulierung aus dem christlichen Bereich, nicht aus der griechischen Mythologie). Die Bewegung erfolgt im Schoße der Wolken, und zwar indem das Ich diese Wolken umfängt, aber zugleich auch von ihnen umfangen wird in einer wunderbaren Zeile: *Umfangend umfangen!* Diese Aufwärts-Bewegung geschieht aber (ob sogleich oder etwas später, lässt sich nicht feststellen) schon am Busen des Vaters, *an deinem Busen* (oder ist der Vater schon in den Wolken?).

Da hier wechselnde Verszahl der einzelnen Abschnitte festzustellen ist, darf man keinesfalls von Strophen sprechen, sondern es ist von **Sinnabschnitten** (mit römischen Zahlen bezeichnet) zu reden.

Die gefühlsstarke Hymne des jungen Goethe zeigt ihren Überschwang, indem sie in fünf Sinnabschnitten acht Ausrufungszeichen aufweist, zwei Fragezeichen und zweimal den Ausruf „Ach". Sie hat nirgends mehr als vier Hebungen. Die Emphase der Hingabe drückt sich also nicht, wie oft bei Klopstock, in überlangen Zeilen aus. Die einzige Zeile, die sich nicht an odische Verse anschließen lässt, ist Z. 15a, die am Versende zwei Senkungen hat. Man kann sie jedoch, auch wegen des harten Enjambements *brennenden / Durst meines*

hartes Enjambement

Doppelhebung

Busens, Z. 15/16, leicht mit dem folgenden Vers verbinden, wodurch sie dann wieder ganz traditionell ist – zwei Senkungen in einem Vers. An entscheidenden Stellen kommen Wörter mit Doppelhebung vor, einer Variation des Hebungspralls. Zunächst sind es Verben der Bewegung: *ánglǘhst (Z. 2), sich án mein Hérz drǎngt (Z. 5), hináuf strébt's*, Z. 22. Es gibt eine Aufgipfelung im überwältigten Ausruf: *Mír, mír!*, Z. 26, und zum Schluss wird die Bewegung des Hochstrebenden zweimal durch die Doppelhebung in *Áufwǎrts*, Z. 27 und 30, unterstrichen. Es ist zu bemerken, dass Doppelhebungen in den klassischen freirhythmischen Hymnen Goethes wie *Das Göttliche* und *Grenzen der Menschheit* nicht mehr vorkommen; der Überschwang des Sturm und Drang verschwindet später.

Bausteine der Ode: Adonëus, Kretikus, Choriambus

Von den besonders hervorgehobenen Bausteinen der horazischen Oden kommen der Adonëus (x́xx x́x) zehnmal, der Kretikus (x́xx́) siebenmal und der Choriambus (x́xxx́) dreimal vor. Zeilen, bei denen die jeweilige Betonung unklar wäre, gibt es nicht, d.h. das gesamte Gedicht gehorcht den uns von der Ode her bekannten metrischen Formen, inklusive der Jamben, die in der dritten Zeile der alkäischen Ode stehen.

Daraus ergibt sich, dass die „Freien Rhythmen" so frei gar nicht sind. Ihre Besonderheit liegt vor allem in ihrer Reimlosigkeit und in der wechselnden Folge der verschiedenen metrischen Bausteine, die sie aber mit den Oden teilen. Rhythmisch ist jede Zeile durchaus eindeutig, auch wenn im Unterschied zu den Oden nicht von einem festen metrischen Rahmen gesprochen werden kann. Der Rhythmus ist jeweils bestimmt von der Ausdruckskraft der Worte. Die Möglichkeit, sich ganz der Emphase zu überlassen – ohne die Begrenzung durch ein festgelegtes Metrum – führte Klopstock zu dieser neuen Form. Seine „Absicht ging auf die Erregung eines begeisterten religiösen Gefühls" (Behrmann, S. 106). Alfred Behrmann kennzeichnet die freien Rhythmen folgendermaßen (S. 105):

> *Freie Rhythmen sind prosafern. Ihr Verscharakter ist stark herausgebildet. Sie erscheinen ausschließlich in hoher Dichtung, vorzugsweise in odischen, hymnischen oder dithyrambischen Stücken.*

Um den gewünschten Verscharakter hervorzubringen, werden sowohl Synkopen, z.B. *hoch erhabner,* als auch erweiterte Formen, *füllete*, eingeführt.

Wir finden hier alle Merkmale des hohen, erhabenen Stils, z.B. Inversionen und Einschübe, Anaphern, Alliterationen, harte Enjambements usw. Behrmann weist nach, dass auch in der Moderne sowohl bei Gottfried Benn, z.B. *Orpheus' Tod*, als auch bei Johannes Bobrowski, z.B. *Immer zu benennen*, noch freie Rhythmen verwendet werden. Freie Rhythmen wurden überall in Europa übernommen und sind die einzige Neuerung, die die deutsche Dichtung zum internationalen Bestand der poetischen Formen beigetragen hat.

Wie bei der Analyse von Goethes *Ganymed* gezeigt, sind die metrischen Bausteine, die aus Oden stammen, bei Gedichten in freien Rhythmen dichter gesetzt und häufiger anzutreffen als bei den im Folgenden besprochenen freien Versen.

7.2 Freie Verse

Im 19. Jahrhundert finden sich sämtliche hier erwähnten Versformen (außer Alexandrinern und „vers communs") nebeneinander. Seit der Epoche des Expressionismus gibt es nun Verse ohne Reim und ohne festen metrischen Rahmen, die jedoch nicht wie die freien Rhythmen von der Ode abzuleiten sind, schon weil sie nicht die Merkmale des hohen, erhabenen Stils aufweisen, aber auch, weil ihnen die Eindeutigkeit der Betonung der freien Rhythmen fehlt. Trotzdem werden freie Verse öfter als „freie Rhythmen" bezeichnet, mitunter als einfach in Zeilen abgeteilte Prosa disqualifiziert. Alfred Behrmann (S. 138) definiert Verse so allgemein, dass auch die neue Form der „freien Verse" mit eingeschlossen ist:

> „Vers ist, was in Verszeilen auftritt und einen vershaften Vortrag zumindest zulässt, in der Regel begünstigt und fordert. ... Vershaft ist ein Vortrag, der dem Text ein höheres Maß an rhythmischer Konturierung erteilt als der Prosa: breiteres Tempo, tiefere Pausen, mehr Tonstellen (Haupt- und Nebenakzente), mehr Ebenmaß bei ihrer Verteilung, mehr Modulation, d.h. mehr Spielraum zwischen Höhe und Tiefe in der Tongebung."

Definition von Versen

Diese Definition gibt die Möglichkeit, auch moderne Gedichte vollgültig in die Betrachtung von Versen mit einzubeziehen und sie nicht als „prosaähnlich" abzuqualifizieren. Hier ist eines von Behrmanns Beispielen:

I DIE OBEREN
 haben sich in einem Zimmer versammelt.
 Mann auf der Straße
 Laß alle Hoffnung fahren.

II Die Regierungen
 schreiben Nichtangriffspakte.
 Kleiner Mann
 Schreibe dein Testament.

Bert Brecht (1898–1956)

Die strenge Parallelität der beiden Scheinstrophen fällt sofort auf. Unter dem Begriff „Scheinstrophen" versteht man Strophen, die zwar metrisch nicht gleich sind, aber die gleiche Zeilenzahl besitzen.

Scheinstrophen

Z. 1 und 3 sowie 5 und 7 bilden jeweils einen Gegensatz:

(1) *DIE OBEREN* — (3) *Mann auf der Straße*
(5) *Die Regierungen* — (7) *Kleiner Mann*

Behrmann weist darauf hin, dass *Mann auf der Straße* ein Adonëus ($\acute{x}xx\ \acute{x}x$), *Kleiner Mann* ein Kretikus ($\acute{x}x\acute{x}$) ist, und *Schreibe dein Testament* dem Ende der Z. 4 der asklepiadeischen Ode entspricht ($\acute{x}\ xx\ \acute{x}x\ \acute{x}$). Das bedeutet, dass innerhalb solcher freien Verse immer wieder metrische Grundformen erscheinen, die von Behrmann metrische Floskeln genannt werden.

metrische Floskeln

 Von „metrischen Floskeln" sollte man nur in reimlosen Gedichten ohne festen metrischen Rahmen sprechen, wo sie die einzige Ordnungsmöglichkeit bieten. Im Gegensatz dazu weist man bei freien Rhythmen auf die metrischen Bausteine hin, die aus Oden stammen.

Brecht selbst bezeichnet solche Verse als von einem „gestischen Rhythmus" bestimmt, wobei er hier unter Rhythmus offensichtlich Metrik und Stil zusammenfasst. Nach den Kriterien Behrmanns lassen sich viele Gedichte aus neuer und neuester Zeit auch metrisch erfassen.

Metrische Floskeln und ein inhaltlich bedingter Unterschied im Versbau sind gut zu beobachten in folgendem Gedicht:

Auferstehung

I.	1	Manchmal stehen wir auf	x́x x́xx x́	Choriam.
		Stehen wir zur Auferstehung auf	x́xxx x́xxx x́	
		Mitten am Tage	x́xx x́x	Adonëus
		Mit unserem lebendigen Haar	x x́xx x́x́xx x́	Choriam.
	5	Mit unserer atmenden Haut.	x x́xx x́xx x́	Choriam.
II.		Nur das Gewohnte ist um uns.	x́xx x́x x́xx	Adonëus
		Keine Fata Morgana von Palmen	x́x x́xx́x́x x́xx	Adonëus
		Mit weidenden Löwen	x x́xx x́x	Adonëus
		Und sanften Wölfen.	x x́xx́x	
III.	10	Die Weckuhren hören nicht auf zu ticken	x x́xx x́xx x́x x́x	
		Ihre Leuchtzeiger löschen nicht aus.	xx x́x́x x́xx x́	Choriam.
IV.		Und dennoch leicht	x x́x x́	Kretikus
		Und dennoch unverwundbar	x x́x x́x x́x	
		Geordnet in geheimnisvolle Ordnung	x x́x x́x x́x x́x x́x	
	15	Vorweggenommen in ein Haus aus Licht.	x x́x x́x x́x x́x x́	Kretikus

Marie-Luise Kaschnitz, 1901–74 (1962)

I. Dieses Gedicht sagt aus, dass die Auferstehung nicht erst für den „Jüngsten Tag" erwartet werden müsse; sie geschieht mitunter schon mitten in diesem Leben. Diese Aussage wird verdeutlicht mit den Begriffen *lebendige(s) Haar* und *atmende Haut*, Z. 4 u. 5.

II. Der zweite Abschnitt, Z. 6–9, bezeichnet den Unterschied der geläufigen Vorstellung vom Paradies zum *Gewohnten*, Z. 6; biblische Phantasien des Friedens werden hier ausdrücklich verneint.

III. Als Zeichen für das Alltägliche bleiben die *Weckuhren*, Z. 10, nicht stehen, man hört und sieht sie weiterhin.

IV. Im letzten Abschnitt aber wird ein neues Leben geschildert mit lauter in diesem Zusammenhang ungewöhnlichen Adjektiven; die Gruppe des *wir* ist dann *leicht, unverwundbar, geordnet* und steht in der Vorwegnahme des ewigen Lebens in einem *Haus aus Licht*.

Die ersten neun Zeilen sind, wie man am Schema sieht, metrisch sehr verschiedenartig, mit und ohne Auftakt. Obwohl auch in den ersten drei Abschnitten metrische Floskeln wie Choriambus und Adonëus vorkommen, wird eine durchgehende Versbetonung durch die dreisilbigen Senkungen in Vers 2 und 4 gestört, die in freien Rhythmen eigentlich nie zu finden sind. Auch zwischen Z. 10 und 11 ergeben sich noch einmal drei Silben zwischen den Hebungen. Durch den zweisilbigen Auftakt bei der Erwähnung der Uhren vor dem Wort mit Doppelhebung *ihre Léuchtzéiger* wird Hektik und Unregelmäßigkeit der Alltagswelt auch durch den Rhythmus ausgedrückt. Rhythmische Folgen wie: xx x́x x, Z. 11, können nicht mehr von antiker Tradition abgeleitet werden

(Randnotiz: metrische Floskeln · dreisilb. Senkung · Doppelhebung)

Im Gegensatz dazu ist der ganze vierte Abschnitt rein alternierend und gehorcht dem rhetorischen Gesetz von den wachsenden Gliedern, das heißt, die Hebungen werden mehr – von zwei über drei bis zu fünf Hebungen –, die syntaktischen Phrasen und damit die Zeilen werden immer länger. Außerdem beginnen ab Z. 12 alle Zeilen mit Auftakt, setzen also jeweils auf die gleiche Weise neu ein. Zusätzlich fangen die ersten beiden Zeilen dieses vierten Abschnitts jeweils mit den gleichen Worten an, also mit Anaphern: *Und dennoch*. Am Anfang und am Ende des Abschnitts steht jeweils ein Kretikus. So wird die *geheimnisvolle Ordnung* durch die Wortwahl und durch die Metrik ausgedrückt, und mit dem deutlichen Kretikus *Haus aus Licht* erscheint ein Abglanz einer anderen Welt. Obwohl im letzten Abschnitt durchaus ein hymnischer Stil festzustellen ist, setzt sich das Gedicht durch die Verse der ersten drei Abschnitte, in denen sich die Alltagswelt auch rhythmisch manifestiert, deutlich von Gedichten in freien Rhythmen ab.

(Randnotiz: Gesetz von den wachsenden Gliedern)

In dem im Folgenden abgedruckten expressionistischen Gedicht von August Stramm über eine untreue Geliebte finden sich keinerlei Anklänge an erhabenen Stil. Außerdem zeigen sich zweimal Formationen, die in freien Rhythmen niemals vorkommen.

Untreu

Dein Lächeln weint in meiner Brust	x x́x x́x x́x x́	Jamben
Die glutverbissnen Lippen eisen	x x́x x́x x́x x́x	Jamben
Im Atem wittert Laubwelk	x x́x x́x x́ x́	Doppelhebung
Dein Blick versargt	x x́x x́	Jamben
Und	x́	
Hastet polternd Worte drauf	x́x x́x x́x x́	Kretikus
Vergessen	x x́x	
Bröckeln nach die Hände!	x́x x́x x́x x́x	Trochäen
Frei	x́	
Buhlt dein Kleidsaum	x́x x́x	Trochäen
Schlenkrig	x́x	
Drüber rüber!	x́x x́x	Trochäen

August Stramm, 1874–1915 (1913)

Doppelhebung

Schon die Überschrift zeigt eine Doppelhebung und betont damit das Thema. Hier gibt es keine dreisilbigen Senkungen, wohl aber einsilbige Wörter in einer Zeile für sich. Während die 1. und die 2. Zeile ganz regelmäßig alternierende Vierheber zeigen, die ohne weiteres als Jamben bezeichnet werden könnten, steht schon in der dritten Zeile eine Doppelhebung am Versschluss, die hier jedoch nichts zu tun hat mit dem emphatischen *anglühst*, das Ganymeds Anrufung des Frühlings verstärkt (↗68). Dass Stramm gerade diese herausfallende Formation bewusst setzte, ist uns in einer persönlichen Notiz zu diesem Vers überliefert: Er ersetzte ein zuvor geplantes *welkes Laub* durch dieses Wort *Laubwelk* (Neologismus!), das den bis dahin rein jambischen Rhythmus durchstößt. Ebenso wird dieser verhindert durch das einsilbige *Und* der Z. 5 zusammen mit der in der nächsten Zeile darauf folgenden Hebung: *Und / Hastet polternd Worte drauf*, wo die beiden kurzen o-Laute klangmalerisch das Geräusch von Erdklumpen auf einem Sarg hervorbringen. Das

Lautmalerei
hartes
Enjambement

harte Enjambement zwischen Z. 5 und 6 betont die Eile der dahingesprochenen Worte, die mit dem Bild des Sarges verbunden werden, zu dem sich der Blick verhärtet hat – Sinnbild für die gestorbene Liebe. Die nächste Zeile mit dem Bild der Hände, die nicht wissen, was sie tun sollen, hat auch nur eine Hebung (*vergéssen*). Wieder stört sie nachhaltig einen flüssigen Sprechrhythmus, der hier ja gerade vermieden werden soll. Zum drittenmal nur eine Hebung und abermals nur eine einzige Silbe in einer Zeile findet sich in Z. 9, – wie in Z. 5/6 mit gleich darauf folgender Hebung in der nächsten Zeile.

gestauter
Rhythmus

Durch solche Formationen wird der Rhythmus immer wieder gestaut.

In der reimenden Wiederholung *drüber rüber* wird eine auffordernde Hüftbewegung angedeutet. Damit wird das Verlangen des Mädchens nach einem neuen Liebhaber von der Person auf den Kleidsaum übertragen, der so personifiziert wird. Mit *frei, schlenkrig* und dem dialektalen *drüber rüber* wird zwar die Bewegung des Kleides ausgedrückt, mit *buhlt* aber die Art des Mädchens

Entpersona-
lisierung

angedeutet. Diese Entpersonalisierung ist typisch für den Expressionismus.

An metrischen Floskeln fallen hier zwischen der immer wieder gestörten Alternation die Trochäen auf, die sonst verhältnismäßig selten sind; doppelte Senkungen und damit Choriambus oder Adonëus fehlen ganz.

Eine ganz andere Art von freien Versen finden sich in folgendem hermetischen Gedicht von Nelly Sachs aus der Zeit nach 1945:

Während ich hier warte	x́xx x x́x (3s. Senkg.)
sehnt sich die Zeit draußen im Meer,	x́xx x́ xxx x́ Chor.
aber wird immer wieder an ihrem Blauhaar zurückgezogen	x́x x x́x x́x x x́x x́x x́x́x́x
erreicht nicht Ewigkeit –	x x́ x x́x́x́ Kret.
Noch keine Liebe zwischen den Planeten	x x́x x́x x́x x x́x́x (3s. Skg.)
aber geheime Übereinkunft zittert schon	x́x x x́x x́x́x́x x́x́x́ Kret.

Nelly Sachs, 1891–1970 (1963)

In diesem zunächst ziemlich dunklen Gedicht von Nelly Sachs gibt es gleich im ersten Vers ein lyrisches Ich. Im ganzen Text finden sich die drei Schlüsselbegriffe: Zeit, Raum und Liebe. Zum Begriff der Zeit gehören die Worte *während ... warten*, Z. 1, *Zeit*, Z. 2, *immer wieder*, Z. 3, *Ewigkeit*, Z. 4, *noch*, Z. 5, und *schon*, Z. 6. Raum wird angesprochen mit *draußen im Meer*, Z. 2, *zurückgezogen*, Z. 3, *erreicht*, Z. 4, *zwischen den Planeten*, Z. 5; Liebe mit *sehnt sich*, Z. 2, und *geheime Übereinkunft*, Z. 6.

Schlüsselbegriffe

Die Zeit .. sehnt sich – sie hat Gefühle, sie möchte die Ewigkeit erreichen. Wer sie daran hindert, wird nicht gesagt. Dass sie blaue Haare hat, ist eine absolute Metapher, für die es keine Erklärung gibt. Jedenfalls werden hier Raum und Zeit ineinander verwoben, ebenso wie in Z. 5 der Raum (*zwischen den Planeten*) und die Liebe. Es wird damit angedeutet, dass dann, wenn es Liebe zwischen den Planeten geben würde, was sich jetzt schon in der *geheime(n) Übereinkunft* vorbereitet, die Zeit endlich die Ewigkeit erreichen könnte. Diese Übereinkunft ist schon ganz leise spürbar, sie *zittert schon* – ein sehr ungewöhnlicher und nur schwer deutbarer Ausdruck.

absolute Metapher

Mit dem Alltagsbegriff *hier warte(n)* beginnt das Gedicht ganz nüchtern. Doch mit dem Hauptsatz sind wir schon in diesem merkwürdigen Zwischenreich, in dem die Zeit im Meer schwimmt, sich sehnt, aber zurückgezogen wird, und zwar in einem nicht erklärbaren Bild. Der Unvereinbarkeit des Bildes mit jeder konventionellen Wirklichkeitsvorstellung entspricht der überlange Vers 3 mit sieben Hebungen – aus sämtlichen antiken Metren herausfallend. Die Länge des Verses kann sowohl das Wiederholen der Handlung als auch den weiten Weg ausdrücken.

Traditionelle Versschlüsse gibt es nur noch zweimal: Z. 4: *Ewigkeit* und Z. 6: *zittert schon* –, beidemale ein Kretikus. Damit wird eine innere Verbindung dieser beiden Verse auch über die metrischen Floskeln geschaffen. Wie zerrissen die Zeit jetzt noch ist zwischen ihrer Sehnsucht nach Ewigkeit und dem ständigen Zurückgezogenwerden, machen auch die dreisilbigen Senkungen in Vers 5 und 6 hörbar. Z. 6 hat obendrein einen dreisilbigen Auftakt – ebenfalls unmöglich in den traditionellen freien Rhythmen.

dreisilb. Senkung
dreisilb. Auftakt

Freie Verse gibt es seit dem Beginn der Moderne – in der Gegenwart übertreffen sie an Zahl alle anderen Versarten. Auch sie verlangen beim Interpretieren intensive Bemühung.

8 Anleitung zur Interpretation von Gedichten

8.1 Vorgehensweise bei Interpretationen

Verschiedenste Gedichtformen vom 17. bis ins 20. Jahrhundert sind im Verlauf der bisherigen Darlegungen vorgestellt worden. Es sollte deutlich gemacht werden, dass die Aufgabe, Gedichte nach Form und Inhalt zu interpretieren, durchaus lösbar ist. Wie man beim Ausarbeiten einer Interpretation vorgehen, bzw. wie man dabei systematisch verfahren könnte, wird im Folgenden in Theorie und Praxis erörtert.

Selbstverständlich sind die hier gemachten Vorschläge nicht so zu verstehen, dass man sich sklavisch daran halten müsste. Immer sollte man aber darauf achten, dass die Interpretation das Spezifische des Gedichts plausibel erklärt und nicht nur eine Paraphrase (Umschreibung) des Inhalts gibt.

8.1.1 Wortliste

Um bei einem Gedicht einen Überblick über das vorhandene Sprachmaterial zu bekommen, hat es sich bewährt, zunächst eine Wortliste anzufertigen (➚79 ff.). Sie steht bei den Modellinterpretationen gleich neben dem Gedichttext. Unabhängig vom Satzzusammenhang lässt sich daran leichter und deutlicher als im Text selbst Verschiedenes ablesen, was den Inhalt und die Wortwahl betrifft. Man sieht, ob in einem Text mehr konkrete oder mehr abstrakte Begriffe verwandt werden, ob Positives oder Negatives, Akustisches oder Optisches, Bewegung oder Statik betont werden. Auch räumliche und zeitliche Verhältnisse werden klarer. Das kann bei schwer verständlichen Gedichten oft den Einstieg vereinfachen.

8.1.2 Gestaltung der Einleitung

Gedankenlyrik
Erlebnislyrik

Stimmungslyrik

Gebrauchslyrik
Politische Lyrik

Balladen

In der Einleitung geht man am besten zuerst auf das jeweilige Problem der Aufgabenstellung ein. Außerdem kann man dort klären, um welche Gattung von Lyrik es sich in dem bestimmten Text handelt, ob um Gedankenlyrik (z.B. Goethe, *Natur und Kunst*, ➚62) oder Erlebnislyrik (Paradebeispiel: Goethe, *Es schlug mein Herz, geschwind zu Pferde*!). In der Romantik begegnet uns immer wieder reine Stimmungslyrik (z.B. Eichendorff, *Nachtblume*, ➚32). Naturlyrik ist oft mit Stimmungslyrik verbunden (z.B. Storm, *Abseits*, ➚126). Die Dichtung der zwanziger Jahre, die oft in Kabaretts gelesen oder gesungen wurde, bezeichnet man als Gebrauchslyrik (vgl. Kästner, Tucholsky). Politische Lyrik findet sich in unseren Beispielen vor allem unter dem Oberbegriff Krieg (➚84 ff. und 165 f.).

Eine besondere Gattung innerhalb der Lyrik bilden die Balladen. Unter ihnen finden sich alle hier beschriebenen metrischen Formen (außer Oden), bis hin zum Blankvers (↗38 f.), zu freien Rhythmen und freien Versen (↗66 ff.). Im 18. Jahrhundert gehen sie zurück auf volksliedhafte Vorbilder, übernehmen dann aber viele andere, auch unstrophische Formen. Konstituierend ist immer eine meist stark verkürzte, oft sprunghaft dargestellte Handlung – im Gegensatz zu den übrigen lyrischen Gedichten, die zwar u.U. die Durchführung eines Gedankens, aber keinen zeitlichen Verlauf zeigen. Bei Balladen sind drei Grundformen zu unterscheiden: die magische Ballade (z.B. Goethe, *Erlkönig*), die historische (z.B. C.F. Meyer, *Die Füße im Feuer*) und die moralisch-ethische (Schuld und Sühne o.ä., z.B. Droste-Hülshoff, *Die Vergeltung*).

Handlung

magische, historische und moralisch-ethische Balladen

8.1.3 Ausarbeitung des Hauptteils

Im Hauptteil, bei der eigentlichen Interpretation, sollte man möglichst nicht mit der äußeren Form beginnen, sondern zunächst den Inhalt behandeln, denn der Dichter hat sich gewiss zuerst ein Thema gesucht und sich dann überlegt, in welche Form er es bringen könnte.

Beginnen sollte man stets mit der Untersuchung der Sprechsituation. Sie gibt Auskunft darüber, ob ein Sprecher-Ich (lyrisches Ich) vorhanden ist (z.B. in Eichendorffs *Mondnacht*, ↗32, Sprecher-Ich wegen *meine Seele*).

Sprechsituation lyrisches Ich, Sprecher-Ich

Das lyrische Ich könnte auch in einer Wir-Aussage mit inbegriffen oder implizit (verborgen) in einer Du-/Ihr-Anrede stecken. Das Sprecher-Ich darf nicht ohne weiteres mit dem Autor verbunden werden! Das ist besonders wichtig bei Rollenlyrik, wie z.B. in den *Schwestern* von Mörike (↗20 f.) oder im *Ganymed* von Goethe (↗66). Es gibt auch einen unpersönlichen Sprecher, z.B. Storm, *Abseits* (↗124).

Zur Sprechsituation gehören außer der Frage „wer spricht?" noch weitere Fragen, nämlich die Frage „wann?", d.h. nach der Tageszeit usw., in der gesprochen wird (z.B. *Abseits*, ↗124 = Mittag). Die Frage „wo?" betrifft den Ort, an dem gesprochen wird (z.B. *Nachtblume* ↗32 = unbestimmt). Hierher gehören auch Feststellungen über Anreden und Adressaten, also die Frage, zu wem gesprochen wird, z.B. in Gryphius *Abend* (↗55) ein Gebet zu Gott, bei Brecht in *DIE OBEREN* (↗69) ein Appell an den kleinen Mann.

wann?

wo?

zu wem?

Zuletzt ist nach der Zeit im Text zu fragen, d.h. nach dem Gebrauch der Tempora, Präsens oder Präteritum, oder auch nach der Sprechweise, d.h. nach dem Modus, z.B. wenn es viele Konjunktive gibt. Hat man die Sprechsituation geklärt, ist oft schon eine genauere Einteilung des Gedichts möglich, die natürlich auch bereits durch Strophen oder Abschnitte im Druck gegeben ist.

Tempus

Modus

Jetzt kann der Textverlauf des Gedichts behandelt werden. Dabei ist es nützlich, nach den vorgegebenen Abschnitten des Gedichts vorzugehen, z.B. nach Strophen oder Versgruppen. Oft gibt es eine leitmotivische Wiederkehr bestimmter Begriffe, z.B. kommt in Goethes, *Der Fischer* (↗8 f.) das *Wasser* fünfmal vor, dazu noch *Flut* und *Meer*. Eine Faustregel dafür ist: Was zweimal vorkommt, ist wichtig.

Textverlauf

Leitmotive

**Metrik und
Rhythmik**

In jedem Fall ist nach der Inhaltsanalyse, entweder schon im Anschluss an die einzelnen Abschnitte oder auch erst am Ende, zu untersuchen, ob und wie die inhaltlichen Aussagen durch Metrik, Rhythmik und Wortwahl verstärkt werden. Eine besonders strenge metrische Form, wie wir sie beim Sonett oder bei der Ode vor uns haben, ist immer mit hoher Stilebene und erhabenem Thema verbunden (*Natur und Kunst*, ↗62). Reime können den Inhalt unterstützen, wie das lautmalerische *lauscht* und *rauscht* in Goethes *Fischer* (↗8 f.).

**Anapher
Alliteration**

Betonte Auftakte wie die Anaphern *Lockt dich* (Goethe, *Der Fischer*) mit zusätzlichen Alliterationen (gleiche Anfangsbuchstaben: *Labt, Lockt, Lockt*) können steigernd wirken. Durch den Hebungsprall in der asklepiadëischen Ode können bestimmte Worte zusätzlich betont werden (Hölderlin, *Menschenbeifall* ↗52).

Bildersprache

Die stilistische Eigenart eines Gedichts zeigt sich besonders deutlich an der Verwendung bestimmter Bilder oder auch Personifikationen; wenn die Nacht bei Gryphius eine Fahne schwingt (*Abend* ↗55), so ist dies sowohl ein Bild als auch eine Personifikation (Vermenschlichung) der Nacht. Zur Beurteilung des Stils gehört auch die Beachtung von Neologismen (Wortneubildungen), wie z.B. das wunderbare Wort Goethes *wellenatmend* (*Der Fischer* ↗8 f.). Bei der Betrachtung der Adjektive ist zu bestimmen, ob sie eher als erklärend, verstärkend (z.B. Claudius, *Kriegslied*, ↗88 f.) oder als schmückend (Eichendorff, *Sehnsucht*, ↗104 f.) zu beurteilen sind. Auf die Antithesen z.B. im Alexandriner wurde hingewiesen (↗56).

**Personifikation
Neologismus**

**Charakter der
Adjektive**

**Besonderheiten
der Syntax:
Parataxen
Inversionen**

Sind viele Parataxen (nebeneinandergestellte Hauptsätze), wie z.B. in den Terzetten in Gryphius, *Der Abend* (↗55), oder Inversionen (Umstellung der normalen Wortfolge, z.B. Kirsch ↗131) vorhanden, bestimmt das den Stil des Gedichts wesentlich. Die altertümlich vorangestellten Genitive im Gryphius-Gedicht *Der Abend* (↗55), wie *der Menschen müde Schaaren* (statt: die müden Scharen der Menschen) geben z.B. den Menschen deutlich mehr Gewicht. Parallelismen wie im gleichen Gedicht, die auch noch durch Anaphern (*Laß*) hervorgehoben werden, tragen zur stilistischen Eigenart, aber auch zur Verstärkung der Eindringlichkeit bei. Schmückende Adjektive wie bei *prächtige Sommernacht* (obendrein wiederholt) sagen ebenfalls etwas aus über den Stil des Gedichts. In modernen Gedichten findet man oft Ellipsen, z.B. bei Kaschnitz (↗70, Z. 7–9 u. 12–15). Solche besonderen Auffälligkeiten können den Sinngehalt unterstützen, verstärken oder überhaupt erst deutlich machen.

Parallelismen

Ellipsen

Feststellungen über Rhythmisches (z.B. Doppelsenkungen ↗21) oder Syntaktisches (z.B. Inversionen) o h n e eigentliche Verbindung zum Inhalt sind überflüssig. Denn bei der Interpretation kommt es darauf an zu zeigen, mit welchen Mitteln und möglichst auch, warum der Autor dieses Gedicht gerade so und nicht anders formuliert hat, warum er z.B. den Reim vermeidet usw. Wenn eingehende Untersuchungen uns das deutlicher machen können, wird ein Gedicht nicht zerredet oder gar zerstört. Oft vermögen wir erst durch eine solche Analyse seinen Wert voll zu erkennen.

8.1.4 Schlussteil

Zum Abschluss einer Interpretation sollten immer die Ergebnisse zusammengefasst werden, bei Vergleichs-Aufgaben ausführlich der Vergleich gezogen oder eventuell die Einordnung in die jeweilige literaturgeschichtliche Epoche versucht werden. Eine eigene Wertung des Gedichts ist nur zu geben, wenn sie ausdrücklich verlangt wird.

8.2 Die Interpretation moderner Gedichte

Besondere Schwierigkeiten bieten moderne Gedichte. Seit der Epoche des Expressionismus muss man sich auf neue Interpretationsmethoden einlassen. Von diesem Zeitpunkt an, etwa ab 1910, kann nicht mehr ohne weiteres damit gerechnet werden, dass alle Aussagen mit dem Verstand zu erfassen sind. War es z.B. für die Romantik wichtig, bestimmte Stimmungen beim Leser hervorzurufen, so ist es seit dem Expressionismus ein Hauptziel der Dichtung, die Wirklichkeit zu verwandeln. Diese Verwandlung geschieht auf verschiedene Weise, und man kann die Gedichte oft mehrfach deuten. Von Paul Valéry stammt der Satz:

Meine Verse haben den Sinn, den man ihnen gibt.

Das heißt, dass vor allem ein Erkennen und Beschreiben des Wesentlichen erwartet wird, eine jeden befriedigende Deutung ist nicht immer möglich. Das Dargestellte ist oft widersprüchlich und zwiespältig.

Im Folgenden wird eine Reihe von Begriffen aufgeführt, mit denen man das, was man feststellt, benennen könnte.

● Dinglich und logisch Unvereinbares wird vereinigt: *... gab mein Ohr ihm die Antwort.* (Eich, *In anderen Sprachen* ↗144). — **Unvereinbares**

● Vieles wird in Gegensätze zerrissen: *die glutverbissnen Lippen eisen* (Stramm, *Untreu* ↗71) — **Gegensätze**

● Öfter erscheinen Oxymora (Gegensätze in sich selbst): z.B. *Schwarze Milch der Frühe* (Paul Celan, *Fuge*). Einen solchen Begriff kann man auch als absolute (nicht auflösbare) Metapher oder Chiffre bezeichnen. — **Oxymora** / **Chiffre**

● Mitunter vermischen sich verschiedene Ebenen, wie z.B. *dein Blick versargt* (Stramm, *Untreu* ↗71) oder *der Schwermut kristallne Minuten* (Trakl, *Herbstliche Heimkehr* ↗157). — **Vermischung der Ebenen**

● Immer wieder finden wir die Ästhetik des Hässlichen: *alle Straßen münden in schwarze Verwesung* (Trakl, *Grodek* ↗165). — **Ästhetik des Hässlichen**

**Enthumani-
sierung**

● Ein weiteres Stilmittel ist die Enthumanisierung, wie z.B. *frei / buhlt
dein Kleidsaum / schlenkrig / drüber rüber* (Stramm, *Untreu* ↗71),
weil hiermit doch gemeint ist, dass nicht das Kleid sondern das
Mädchen bereits nach einem Anderen ausschaut.

Dissonanzen

● All dies führt zu Schockeffekten, Verfremdungen und Dissonanzen.
Disharmonien lassen sich immer wieder feststellen und sind wohl
beabsichtigt, um die Unstimmigkeiten unserer Welt aufzuzeigen. Es
herrscht Vieldeutigkeit und Irrationalität.

Reihungen

● Mit collagenartigen Reihungen, d.h. Reihungen von unzusammenhän-
genden Bildern (z.B. bei Trakl, *An die Verstummten* ↗161), verbindet
sich häufig reiner Zeilenstil in lauter Parataxen.

**Veränderung der
Syntax**

● Es gibt auch ungewöhnliche grammatische Zusammenstellungen wie
die Dämmerung denkt mich (Eich, *In anderen Sprachen* ↗144), was
die Seltsamkeit der Welt außerhalb unserer alltäglichen ausdrückt.

Ellipsen

Inversionen

● Oft findet man keine normale Wortfolge, dagegen viele Ellipsen
(unvollständige Sätze), z.B. fehlen die Verben, vgl. Kaschnitz, *Auferstehung* ↗70, Z. 12–15; dazu Inversionen – d.h. auch eine syntaktische Inkohärenz (Zusammenhanglosigkeit).

**moderne
Satzfeindschaft**

● Die allgemeine moderne Satzfeindschaft zeigt sich besonders in Rei-
hen aus lauter Nomen, z.B. August Stramm: *Triebe! / Schrecken Sträu-
ben / Wehren Ringen / Ächzen Schluchzen / Stürzen / Du!* Bei der Interpretation geht es darum, solche Eigenheiten zu beobachten und zu versuchen, sie mit dem Anliegen des Verfassers in Übereinstimmung zu
bringen, also z.B. in der gerade angeführten Reihe der substantivierten
Verben von Stramm die Situation des Außersichseins in der körperlichen Vereinigung. Man sollte übrigens in der Deutung möglichst nicht
versuchen einen biographischen Hintergrund hineinzubringen –
moderne Dichter zeigen nicht unbedingt in jedem Gedicht ihr eigenes
Gesicht.

● Viele moderne Gedichte sind reimlos und ohne festen metrischen Rahmen, d.h. es sind freie Verse (↗69 ff.), bei denen sich aber metrische
Floskeln feststellen lassen (vgl. Eich, *In anderen Sprachen* ↗144).

freie Verse

**harte
Enjambements**

● Harte Enjambements sind typisch (vgl. Kirsch, *Im Sommer* ↗128), sie
binden die Verse enger aneinander und bieten am Versende eine unerwartete Betonung. Denn die Stimme muss dort gehoben werden, um
anzuzeigen, dass der Satz noch nicht zu Ende ist. Das bringt oft eine
neue Dimension ins Gedicht.

8.3 Beispiele

Diesen theoretischen Ausführungen folgen jetzt praktische Beispiele, die zeigen, wie solche Interpretationen aussehen können. Da es für viele Gedichte mehrere Auslegungsmöglichkeiten gibt, sollen hier vor allem Methoden dargelegt werden, nach denen man vorgehen kann. Außer im ersten Beispiel werden immer vergleichende Interpretationen gegeben, da sich so die Epochenunterschiede am besten herausarbeiten lassen.

Legt man zunächst eine Wortliste an, in der alle im zu interpretierenden Gedicht vorkommenden Substantive, Adjektive/Adverbien und zuletzt die Verben aufgeführt werden (jeweils zusammen in einer Spalte), und zwar nach Zeilen geordnet, so bekommt man sehr schnell einen Überblick über die Wortwahl. Dies hilft, die Hauptbegriffe (Leitmotive), z.B. öfter vorkommende Wörter, sowie die Wortfelder zu erkennen und damit das Gedicht besser zu verstehen.

Wortliste

Leitmotive
Wortfelder

Jedes Wort bekommt nun noch eine zusätzliche Klassifikation. So sind hier alle konkreten Begriffe für in der Realität Wahrnehmbares unterstrichen. Hinter den Abstrakta (die nicht wahrgenommen werden können) steht **ab**, hinter Bildern, die nicht durch die Wirklichkeit erklärt werden können, **Bi**, nach emotionalen Begriffen oder Ausrufen **em**. Wo der Ort besonders genannt wird, steht **O**, für wichtige Zeitbegriffe **Z**. Wenn eine Sache mit einem Adjektiv oder Verb bezeichnet wird, das sonst nur für Menschen gebraucht wird, wird das Personifikation genannt und mit **Pers**onifikation gekennzeichnet. Ausgesprochene Wertungen wie „schön" oder „hässlich", sind **wert**end, falls besonders negative oder positive Wertungen zu finden sind, steht **neg**ativ bzw. **pos**itiv. Mitunter ist es auch wichtig, **opt**ische und **ak**ustische Wörter eigens hervorzuheben. Bei den meisten Gedichten sind die Betonungen (x́) und die zwischen den Betonungen liegenden Senkungen (xx) neben dem Text eingetragen.

Konkreta
Abstrakta
Bilder

Orts-, Zeitbegriffe

Personifikation

Wertungen:
negativ, positiv

optisch, akustisch

Zur üblichen Aufgabenstellung: Die Gedichte nach „Form und Gehalt" (immer in dieser Reihenfolge!) zu interpretieren ist die häufigste Aufgabenstellung. Man sollte jedoch immer mit dem Inhalt beginnen und die Form entweder bei der Behandlung der einzelnen Sinnabschnitte mit berücksichtigen oder später in die Gesamtanalyse integrieren. Weist z.B. ein expressionistisches Gedicht eine ganz traditionelle Form auf, dann steht diese Form in Disharmonie zum Inhalt, wodurch wiederum das Verhältnis Form/Inhalt den Inhalt widerspiegelt.

Form und Gehalt

Bei Gedichten, die keine Strophen- bzw. Abschnittseinteilung aufweisen, empfiehlt es sich besonders, mit der Sprechsituation zu beginnen, da sich aus ihr Gliederungsmöglichkeiten ergeben können. Die sprachlichen Mittel, wie z.B. Wortwahl, rhetorische Figuren (Antithesen, Steigerungen usw.), epochenspezifische Motive (Topoi) oder Bilder müssen auch dann behandelt werden, wenn die Aufgabenstellung dies nicht ausdrücklich verlangt. Dasselbe gilt für die begründete Einordnung des Textes in die jeweilige literaturhistorische Epoche, seine Stellung zur vorhergehenden Epoche (z.B. Romantik bei Heine) und seinen ästhetischen und weltanschaulichen Hintergrund.

Sprechsituation
sprachliche Mittel

Einordnung in
literarische
Epoche

1   Joseph von Eichendorff, Der alte Garten

I.	Kaiserkron und Päonien rot,	x́x x́xx x́x x́
	Die müssen verzaubert sein,	x x́xx x́x x́
	Denn Vater und Mutter sind lange tot,	x x́xx x́xx x́x x́
	Was blühn sie hier so allein?	x x́xx x́x x́
II.	Der Springbrunn plaudert noch immerfort	x x́x x́xx x́x x́
	Von der alten schönen Zeit,	xx x́x x́x x́
	Eine Frau sitzt eingeschlafen dort,	xx x́x x́x x́x x́
	Ihre Locken bedecken ihr Kleid.	xx x́xx x́xx x́
III.	Sie hat eine Laute in der Hand,	x x́xx x́x x́x x́
	Als ob sie im Schlafe spricht,	x x́xx x́x x́
	Mir ist, als hätt ich sie sonst gekannt –	x x́x x́xx x́x x́
	Still, geh vorbei und weck sie nicht!	x́xx x́x x́x x́
IV.	Und wenn es dunkelt das Tal entlang,	x x́x x́xx x́x x́
	Streift sie die Saiten sacht,	x́xx x́x x́
	Da gibts einen wunderbaren Klang	x x́xx x́x x́x x́
	Durch den Garten die ganze Nacht.	xx x́xx x́x x́

Joseph von Eichendorff, 1788–1857 (1839)

Substantive	Adjektive / Adverb(iale)	Verben
Kaiserkron; Päonien	*rot*	
	verzaubert **wert**	*müssen sein*
Vater; Mutter	*tot; lange* **Z**	*sind*
	so allein **ab** *hier* **O**	*blühn*
Springbrunn	*noch immerfort* **Z**	*plaudert* **ak Pers**
Zeit **Z**	*alten schönen* **wert**	
Frau	*dort* **O**	*eingeschlafen; sitzt*
Locken; Kleid		*bedecken* **opt**
Laute	*in der Hand*	*hat*
	im Schlafe	*spricht* **Bi**
	sonst **Z**	*hätte gekannt* **Kj**
	still; vorbei	*geh, weck nicht!*
	Tal entlang **O** *wenn* **Z**	*dunkelt*
Saiten	*sacht* **wert**	*streift*
Klang **ak**	*wunderbaren* **wert**	*gibt*
	durch den Garten **O** *die ganze Nacht* **Z**	

ab(strakt) **ak**(ustisch) **Bi**(ld) **em**(otional) **Kj**(Konjunktiv) <u>konkret</u> **neg**(ativ) **opt**(isch)
O(rt) **Pers**(onifikation)

Sprechsituation:	wer?	lyrisches Ich (III.3)
	wann?	unbestimmt, am Tage, Ausblick in die Nacht
	wo?	im Garten
	zu wem?	unbestimmt
Tempus:	Präsens	
Einteilung:	vier Strophen	

Interpretation

I.   Mit realen Blumen (*Päonien* sind Pfingstrosen, I.1) in einem wohl realen Garten beginnt das Gedicht. Aber das lyrische Ich, III.3, wundert sich, dass die Blumen immer noch blühen, obwohl die Eltern schon *lange tot* sind, die Blumen also nicht mehr gepflegt werden. Mit dem Adverb *lange* wird das Wortfeld „Vergangenheit" aufgerufen, das in II.2 in der *alten schönen Zeit* und in III.3 mit *sonst* (früher) ebenfalls angesprochen wird.

Wortfeld: Vergangenheit

Vater und Mutter, ohne Artikel, sagt man nur von den eigenen Eltern, d.h. wer da in einem Garten herumgeht, muss von seinen Eltern sprechen, also auch von einem Garten, in dem er, der Ich-Sprecher, früher lebte. Weil die Blumen nach so langer Zeit (*lange,* I.3) immer noch blühen, wird vermutet, die Blumen seien *verzaubert* – mit diesem Wort kommt eine irreale Atmosphäre auf. Diese überzieht

Zauber

das gesamte Gedicht. In das Bedeutungsfeld „Zauber" gehören hier auch der immer noch sprudelnde Springbrunnen, der verständliche Worte sagt, die seltsame Frau und der *wunderbare Klang,* IV.3.

II. Der *Springbrunn(en)* plätschert, auch ohne jemanden, der ihn im Frühjahr anstellen könnte, er ist also auch verzaubert. Er kann *plaudern,* was sonst nur von Menschen gesagt wird, hier haben wir eine Personifikation vor uns. Könnte **Personifikation** man mit diesem Geplauder noch einfach das Geräusch der fallenden Tropfen verbinden, so ist seltsam, dass derjenige, der uns das berichtet, in diesen Lauten Worte versteht: Der Brunnen spricht *von der alten schönen Zeit,* II. 2. Diese Wendung kommt häufig in romantischen Gedichten vor, viele dieser Dichter sehnen sich nach der besseren Vergangenheit. Solche immer wieder vorkom- **Topos** menden Wendungen nennt man „Topoi" (Sg. Topos, feste Redewendung). Neben dem Springbrunnen sitzt eine Frau, sie schläft gerade, also untertags, und hat außergewöhnlich lange Haare. Hier spüren wir deutlich wiederum eine Verzauberung, wie sie schon in der ersten Strophe angesprochen wurde.

III. In dieser Strophe wird ein merkwürdiger Vergleich gebracht: Die Frau hält eine Laute so, *als ob sie im Schlafe spricht* III.2 – *sie* könnte hier sowohl auf die Frau als auch auf die Laute bezogen werden. Dieser Vergleich ist rational nicht nachvollziehbar. Vielleicht fehlt als Bindeglied der Gedanke, dass es manchmal – wenn bei leichtem Wind eine Saite der Laute einen leisen Ton von sich gibt – so klingt, als ob sie leise spräche. Zu beweisen ist diese Annahme jedoch nicht. Dies entspricht der Epoche der Romantik, die in Volksliedern und Dich- **Nicht-Deutbares** tung das Hieroglyphische, das Nicht-Deutbare schätzt.

Aus dem *ich,* III.3, können wir entnehmen, dass in diesem Gedicht ein lyrisches Ich vorhanden ist, und dass eben dieses Ich uns alles in Strophe I. und II. berichtet hat. (Der gleiche Schluss wäre möglich, wenn irgendwo z.B. „mein" oder „mir" gestanden hätte.) Dieses lyrische Ich vermutet nun, diese Frau schon früher (*sonst*) gekannt zu haben. Und vielleicht aus diesem Grunde fordert es jetzt einen Zuhörer? Partner? oder auch sich selbst? (das ist nicht zu klären) auf, sie nicht zu wecken, da es anscheinend jetzt, für sie jedenfalls, nicht die Zeit des Wachseins ist.

Volksliedstrophe

Der Text benutzt die bekannte Volksliedstrophe, vierzeilig, Kreuzreim, vierhebig – dreihebig oder männlichvoll – stumpf (Chevy-Chase-Strophe ⤴29 ff.). In III.4 haben wir jedoch statt des stumpfen Verses mit nur drei verwirklichten Hebungen eindeutig eine vierhebig-volle Zeile, d.h. gerade dort, wo die Sprechweise wechselt und ein Imperativ erscheint, ist die Zeile auch metrisch **Heraushebung** verschieden von der vierten Zeile in den übrigen Strophen. Das ist hier eine **durch Metrik** deutliche metrische Veränderung, die diesen Vers heraushebt.

Einer Volksliedstrophe entspricht es auch, dass die Senkungen frei sind, gelegentlich einsilbig (II.2+3), oft zweisilbig (I.1, 2, 3, 4; II.1+4; III.1, 2, 3, 4; IV.1, 2, 3, 4), jedoch nicht immer an der gleichen Stelle im Vers, wir haben also freie **freie Füllungen** Füllungen. Frei ist auch der Auftakt: I.1, III.4; IV.2 ohne Auftakt; sonst einsil- **doppelter Auftakt** biger, aber in II.2, 3, 4 und IV.4 zweisilbiger, d.h. doppelter Auftakt. Es gibt, wie oft bei Eichendorff, Verkürzungen: *blühn,* I.4, *Springbrunn,* II.1, *gibts,* IV.3, was ebenfalls für volkstümliche Sprechweise spricht.

Die Anlehnung an Volkslieder zeigt wie die *Laute* die große Bedeutung, die die Musik für die romantische Dichtung hat.

romantische Motive: Musik und Nacht

IV. Dass das lyrische Ich mehr weiß von dieser Frau, die uns übrigens durchaus als lebendig, eben nur schlafend, vorgestellt wird, zeigt sich in dieser Strophe. Denn jetzt wird berichtet, dass sie, und zwar anscheinend jede Nacht, nämlich immer *wenn es dunkelt,* erwacht und dann die Saiten *sacht streift.* Dies erzeugt dann *einen wunderbaren Klang*, und zwar *die ganze Nacht* hindurch.

In der Romantik ist die Nacht, in der der Alltagslärm und jede banale Tätigkeit aufhört, immer die eigentlich poetische Zeit, und alles Dichten wird mit Singen, d.h. mit Musik, verbunden. Musik, die ohne Worte direkt zum Gefühl spricht, wird in dieser Epoche als die erste und höchste aller Künste bewertet. Eichendorff bezeichnet sich selbst immer wieder als Sänger und seine Gedichte als Lieder.

> *Die arme gebundene Natur träumt von Erlösung und spricht im Traume in abgebrochenen, wundersamen Lauten rührend, kindisch, erschütternd, es ist das uralte wunderbare Lied, das in allen Dingen schläft.*
>
> (Eichendorff, „Brentano und seine Märchen" in: *Romantik I* [Stuttgart: Reclam 1984], S. 305).

Die Aufgabe aller Dichter ist es, diese geheime Melodie zu wecken, die überall, *in allen Dingen,* verborgen ist. Diese Forderung nun wird anscheinend in dem besprochenen Gedicht nachts von der geheimnisvollen Frau erfüllt, die man danach als die Poesie selbst oder auch als Geist der inneren Musik der Welt, was fast das Gleiche ist, deuten könnte. Jedenfalls erzeugt sie, und zwar nur in der Nacht, wenn das laute Alltagsleben verstummt, *wunderbare* Klänge – das Wort „wunderbar" hat hier zwei Bedeutungen: herrlich und zugleich Wunder wirkend, und auch die Klangfarbe dieses Wortes selbst mit lauter weichen Konsonanten und dem Gefälle vom u zum a ist ausgesprochen wohllautend.

Auf keinen Fall darf man in solch volksliedähnlichen Gedichten von Jamben und Daktylen sprechen – hier gibt es freie Füllungen, und das Versmaß hat nichts zu tun mit antiken Versfüßen.

Trotz der freien Füllungen sollte hier jedoch nicht von einem Volkslied, sondern nur von einer liedhaften Form gesprochen werden.

2   Andreas Gryphius, Threnen des Vaterlandes – Matthias Claudius, Kriegslied – Peter Huchel, Der Rückzug

2.1   Threnen des Vaterlandes /Anno 1636

I. Qu.	WIr sind doch nuhmehr gantz / ja mehr den gantz verheeret!
	Der frechen Völcker Schaar / die rasende Posaun
	Das vom Blutt fette Schwerdt / die donnernde Carthaun* /
	Hat aller Schweiß / und Fleiß / und Vorrath auffgezehret.
II. Qu.	Die Türme stehn in Glutt / die Kirch ist umgekehret.
	Das Rathauß ligt im Grauß / die Starcken sind zerhaun /
	Die Jungfern sind geschänd't / und wo wir hin nur schaun
	Ist: Feuer / Pest / und Tod / der Herz und Geist durchfähret.
I. Terz.	Hir durch die Schantz und Stadt / rinnt allzeit frisches Blutt.
	Dreymal sind schon sechs Jahr / als unser Ströme Flutt /
	Von Leichen fast verstopfft / sich langsam fortgedrungen
II. Terz.	Doch schweig ich noch von dem / was ärger als der Tod /
	Was grimmer denn die Pest / und Glutt und Hungersnoth
	Das auch der Seelen Schatz / so vilen abgezwungen.

* = Kanone

Andreas Gryphius, 1616–64 (1636)

Metrisches Muster: x x́ x x́ x x́ l x x́ x x́ x x́ x
                                      x x́ x x́ x x́ l x x́ x x́ x x́

Substantive	Adjektive /Adverb(iale)	Verben
	nunmehr gantz, ja mehr denn gantz **St**	*verheeret* **Zer**
Schaar; Völker; Posaun **Bi ak**	*frech* **wert***; rasend* **wert**	
Schwerdt; Carthaun	*fett vom Blutt* **Bi***; donnernd* **Bi ak**	
Schweiß **ab** *Fleiß* **ab** *Vorrath* **ab**	*aller* **St**	*auffgezehret* **Bi Zer**
Türme; Kirch		*stehn in Glutt* **Zer***; umgekehret* **Zer**
Rathaus; Starcken		*liegt im Grauß* **Zer***; sind zerhaun* **Zer**
Jungfern		*sind geschändt* **Zer***; hin schaun*
Feuer; Pest; Tod **Zer** *Herz; Geist* **ab**		*durchfähret* **Bi em**
Schantz u. Stadt **O** *Blutt*	*frisch; allzeit* **Z**	*rinnt* **Bi; opt**
Ströme Flutt **Bi**	*dreymal schon sechs jar* **Z**	
	fast verstopft von Leichen **Bi Zer**	*sich langsam fortgedrungen* **Bi**
	ärger als der Tod **St neg**	*schweig*
Pest u. Glutt u. Hungersnoth **Zer**	*grimmer* **St neg**	
Schatz der Seelen **Bi ab**		*so vilen abgezwungen*

ab(strakt) **ak**(ustisch) **Bi**(ld) **em**(otional) konkret **neg**(ativ) **opt**(isch) **O**(rt) **Pers**(onifikation) **St**(eigerung) **wert**(end) **Z**(eit) **Zer**(störung)

Sprechsituation:	wer?	Wir (I. Qu.1; II. Qu.3; I. Terz.2) ich (II. Terz.1)
	wo?	in einer unbestimmbaren Stadt
	wann?	1636
	zu wem?	unbestimmt
Tempus:		Präsens mit genauer Zeitbezeichnung (I. Terz. 2)
Einteilung:		zwei Quartette, zwei Terzette

Interpretation

Das lyrische Ich spricht zunächst, wahrscheinlich als das „Vaterland", in der ersten Person Plural. Die beiden Quartette und das erste Terzett schildern in starker Steigerung die Zerstörungen des Dreißigjährigen Krieges. Da im Barock (↗12) die lateinische Dichtung immer noch weitgehend Vorbild war, müssen wir hier besonders auf die verschiedenen rhetorischen Mittel achten, die im Gedicht verwendet werden.

Hyperbel

Metonymie

I. Qu. Zuerst wird von der übergroßen Zerstörung gesprochen und zwar mit einer Hyperbel (Übertreibung): *mehr denn gantz verheeret* (Hyperbel, weil sich „ganz" nicht steigern läßt). Die Verursacher der Zerstörung werden benannt, und zwar jeweils durch Vertauschungen (Metonymien): sehr viele Feinde, *Schaar der frechen Völker* (Volk statt Einzelne), haben mit Militärmusik (*Posaun*) als Angriffssignal (Instrument statt Musik), mit dem Lärm der Kanonen (*donnernde Carthaun* – eine für viele) und mit einem *Schwerdt fett vom Blutt* (aus der Tötung vieler Menschen fett geworden – ein ungeheures Bild, beruhend auf Jesaja 34,6! – wieder eine einzelne für alle Waffen) alles, was von den Einwohnern im Frieden erworben wurde, zerstört. Die Z. 2 und 3

Asyndeton
Reihung

bilden eine asyndetische Reihe (nicht durch Konjunktionen verbunden); Z. 4 ist eine syndetische Reihe (*und* zwischen den Gliedern) und hebt durch einen Binnenreim hervor, was der Krieg zunichte gemacht hat: *Schweiß* (für körperliche Arbeit), *Fleiß* (für die Dauer) und *Vorrath,* und zwar *aller* – also stark ver-

Verallgemeine-rung

allgemeinert. Die Verallgemeinerung, ein viel gebrauchtes Stilmittel im Barock, tritt hier besonders hervor: Schon das *wir* in der Z. 1 gehört dazu, dann II. Qu. *wo wir nur hinschaun.*, I. Terz. *allzeit*. Auch die Metonymien haben die Funktion der Verallgemeinerung. So steht z.B. *das Schwerdt* nicht für ein einzelnes, konkretes Schwert, sondern für alle Schwerter dieses Krieges.

Metonymie

II. Qu. Die Zerstörungen werden jetzt detaillierter geschildert, und zwar wiederum durch Metonymien: Die Gebäude der Stadtbefestigung, die Kirchen, die Rathäuser sind verbrannt und zerstört. Sie stehen für alle Ordnungen, die militärische, die geistliche und die weltliche Macht. Die *Starcken* (für alle Männer) sind getötet, die *Jungfern* (für alle Mädchen) vergewaltigt, und mit dem Feuer kam auch die Pest und damit der allgemeine Tod. Hier eine deutli-

Klimax

che Klimax (Steigerung), am Ende steht für alle der Tod. Das alles wirkt auf *Herz und Geist*, d.h. auf das Körperliche, das Seelische und das Geistige der Menschen (wieder Metonymie) .

I. Terz. Jetzt wird direkte Gegenwart an einem bestimmten Ort erzeugt durch *hir*, das anscheinend auf eine bestimmte Stadt verweist; dies dient aber nur zur Vergegenwärtigung und zur Aktualisierung, die auch durch die bestimmte Zeitangabe von 18 Jahren erzeugt wird (Druck des Gedichts 1636 = 18 Jahre seit Kriegsbeginn!). Durch die Periphrase (Umschreibung) der Zahl 18 wird die

Periphrase

lange Dauer besonders hervorgehoben. Die Schrecken des Krieges werden in dem grässlichen Bild von dem immer noch täglich (*allzeit*) fließenden Blut und den Strömen, die durch *Leichen fast* (= ganz) *verstopft* sind, zusammengefasst.

II. Terz. Mit einem rhetorischen Kunstgriff behauptet das lyrische Ich, es wolle das Schlimmste eigentlich lieber verschweigen. Dies ist eine Präteritio oder Paralipse, eine Hintergedankenfigur. Denn das lyrische Ich, das jetzt explizit (*schweig ich*) auftritt, spricht ja zum Schluss doch in nochmaliger Steigerung das Allerschlimmste aus. Zuvor (II. Qu.,4) schon gebrauchte Worte (*Tod, Pest, Glutt* und dazu noch *Hungersnoth*) werden nun in fallender Reihung (Antiklimax), weil zuerst *Tod,* wiederholt mit dem Hinweis darauf, dass das Folgende noch viel schlimmer sei. So viele haben nämlich ihren Glauben (*der Seelen Schatz*) verloren, er ist ihnen genommen worden (entweder durch den Anblick des Elends, durch die eigenen Verluste oder auch durch opportunistische Konversionen zur Religion des jeweiligen Siegers (wofür das Wort *abgezwungen* spräche).

Präteritio, Paralipse

Antiklimax

Es ist bezeichnend für Gryphius, dass der Glaubensverlust als die schlimmste Zerstörung angesehen wird, er war tief gläubig und stets von großer Angst erfüllt, sein Seelenheil nicht zu erlangen.

Die Fülle der verschiedenartigsten Bilder ist charakteristisch für Barockdichtung. Im Barock wird selten ein zusammenhängendes Bild geschaffen, vielmehr werden zur größtmöglichen Steigerung vielerlei Bilder aus den verschiedensten Bereichen (z.B. akustische oder optische) aufgereiht. Dazu kommen asyndetische Häufungen, Parallelismen in der Syntax (s. II. Qu.) sowie Hyperbeln.

verschiedenartige Bilder

Form: Das Alexandrinersonett ist ganz konventionell nach französischem Muster gebaut, Reimschema abba abba ccd eed . Dabei sind die a- und e-Reime sämtlich Worte der Zerstörung. Die Verben sind dementsprechend fast alle negative Zustandsverben.

Alexandrinersonett

Die Alexandriner sind hier immer sehr streng in Bezug auf die Zäsur, überall ist an ihrer Stelle nach der 3. Hebung ein Satzzeichen, also auch ein syntaktischer Einschnitt. Die beiden Hälften des Alexandriners stehen nirgends in der Antithese, vielmehr ist häufig, so I. Qu.1, 2 und 3 eine Steigerung in der zweiten Hälfte festzustellen. Im II. Qu. haben wir einen deutlichen Parallelismus: fünfmal die gleiche Folge Subjekt – Prädikat (jeweils ganze Sätze in den Halbversen), erst in Z. 4 ist der Satz zeilenfüllend. Das II. Terz. aber ist ein einziger langer Satz, der durch die Komparative, die sich alle auf das bisher Verschwiegene beziehen, große Spannung bis zur letzten Zeile hin erzeugt. Auch Doppelformeln wie *Herz und Geist, Schantz und Stadt* dienen der Verstärkung des Ausgesagten.

Parallelismus

Doppelformeln

2.2   Kriegslied

I.   's ist Krieg! 's ist Krieg! O Gottes Engel wehre,   x x́ x x́ x x́ x x́ x x́ x
        Und rede Du darein!   x x́ x x́ x x́
    's ist leider Krieg – und ich begehre   x x́ x x́ x x́ x x́ x
        Nicht schuld daran zu sein!   x x́ x x́ x x

II.   Was sollt' ich machen, wenn im Schlaf mit Grämen   x x́ x x́ x x́ x x́ x x́ x
        Und blutig, bleich und blaß,   x x́ x x́ x x́
    Die Geister der Erschlagnen zu mir kämen,   x x́ x x́ x x́ x x́ x x́ x
        Und vor mir weinten, was?   x x́ x x́ x x́

III.   Wenn wackre Männer, die sich Ehre suchten,
        Verstümmelt und halb tot
    Im Staub sich vor mir wälzten und mir fluchten
        In ihrer Todesnot?

IV.   Wenn tausend tausend Väter, Mütter, Bräute,
        So glücklich vor dem Krieg,
    Nun alle elend, alle arme Leute,
        Wehklagten über mich?

V.   Wenn Hunger, böse Seuch' und ihre Nöten
        Freund, Freund und Feind ins Grab
    Versammleten, und mir zu Ehren krähten
        Von einer Leich' herab?

VI.   Was hülf' mir Kron' und Land und Gold und Ehre?
        Die könnten mich nicht freun!
    's ist leider Krieg – und ich begehre
        Nicht schuld daran zu sein!

Matthias Claudius, 1740–1815 (1778/79)

Substantive	Adjektive / Adverb(iale)	Verben
Krieg **ab** **Wh** *O Gottes Engel*		*wehre !*
		rede darein !
Krieg **ab**	*leider* **wert em**	*begehre* **em**
		nicht schuld daran sein **em**
	im Schlaf **Z** *mit Grämen* **em**	*was sollt' ich machen?*
	blutig, bleich u. blaß **Bi Wh**	
Geister der Erschlagnen		*zu mir kämen* **Bi Kj**
		vor mir weinten **Bi Kj em**
Männer, die s. Ehre suchten	*wackre* **pos**	
	verstümmelt u. halb tot **Zer neg St**	
		im Staub s. wälzten u. mir fluchten **Kj**
	in ihrer Todesnot **Zer Bi**	
Väter, Mütter, Bräute **pos**	*tausend* **Wh**	
	glücklich **pos em** *vor dem Krieg* **Z**	
	nun **Z** *alle elend, alle arme Leute* **neg em**	
		wehklagten über mich **Kj em**
Hunger, böse Seuch u. ihre Nöten **ab neg**		
Freund **Wh** *Feind* **em**	*ins Grab* **neg**	
		versammleten, mir zu Ehren krähten **Bi Kj neg**
	von einer Leich herab **Bi neg**	
Kron', Land, Gold, Ehre **ab pos**		*was hülfe mir?* **Kj**
		könnten mich nicht freun **Kj em neg**
Krieg **ab**	*leider* **em wert**	*begehre* **em**
		nicht schuld daran sein **neg em**

ab(strakt) **ak**(ustisch) **Bi**(ld) **em**(otional) **Kj**(Konjunktiv) konkret **neg**(ativ) **O**(rt) **pos**(itiv)
St(eigerung) **wert**(end) **Wh** (Wiederholung) **Z**(eit) **Zer**(störung)

Sprechsituation:	wer?	lyrisches Ich
	wann?	kurz nach Beginn eines Krieges
	wo?	—
	zu wem?	zum Engel Gottes und zur Allgemeinheit
Tempus:	Präsens, meist Konjunktiv	
Einteilung:	sechs Strophen	

Interpretation

Unter „Kriegslied" versteht man üblicherweise ein Soldatenlied, das zum Kampf auffordert. Solche Lieder gab es im 18. Jahrhundert häufig. Hier aber ist gerade das Gegenteil gemeint.

Apostrophe

I. Zu Anfang in der Apostrophe (Anrede) bittet ein lyrisches Ich den *Engel Gottes,* den *Krieg* schnell zu beenden. Wir finden später sehr ähnliche Worte wie bei Gryphius: *Seuch* = Pest, *Hunger* und Tod (*Grab*), d.h. an den realen Folgen eines Krieges hat sich wenig geändert. Aber zusätzlich finden sich ganz neue Begriffe: *schuld* am Krieg sein (Str. I. und VI.) und die Erwähnung eines Gewinns (VI.).

rhetorische Frage

II. Die Bilder für die Kriegsfolgen stehen im Konjunktiv und sind alle abhängig von der rhetorischen Frage in der zweiten Strophe: Was sollte ich denn machen, – dahinter steht: Wenn nämlich ich schuld wäre, was ich aber nicht bin und auch nicht sein will. Das zugehörige *wenn* wird in Str. 3–5 jeweils wiederholt.

syntaktischer Parallelismus

Asyndeton Reihung

II – V. Was dann passieren könnte, wird – immer im Konjunktiv (also syntaktischer Parallelismus) – in gräßlichen Bildern, die emotional erschüttern sollen, gezeigt: Es kämen die Geister der toten Soldaten, II.1, und die Verwundeten, III., und es kämen die unglücklichen Angehörigen, IV., die verarmt sind, – hier wieder eine asyndetische Reihung und die Wiederholung des *alle* zur Betonung, *alle* nämlich würden sich bei dem lyrischen Ich beklagen. Es gibt in den Verben eine Variation von *weinen*, II.4, über *fluchen*, III.3, zu *wehklagen*, IV.4, – alles emotionale Verben. In einem krassen Bild werden Hunger und Seuche, V., als Vögel dargestellt, die dann von einer Leiche herunter dem, der schuld am Krieg ist, einen Ehrengesang *krähten,* da dieser ihnen ja mit den Leichen zu einem Gewinn verholfen hat.

VI. In der letzten Strophe wird auf den realen Gewinn hingewiesen, den derjenige hätte, der den Krieg begann und der eventuell siegen würde. Diesen Gewinn will das lyrische Ich keinesfalls haben, sondern es will *nicht schuld* am Krieg sein – dies steht in der ersten und in der letzten Strophe und bildet also

Rahmen

den Rahmen des Gedichts. Da von *Kron'* die Rede ist, muss es sich bei dem als schuldig Angesehenen um einen Fürsten handeln.

Auch Matthias Claudius war gläubig wie Gryphius, deshalb sucht er Zuflucht bei dem *Engel Gottes.* Er ist sich jedoch völlig klar darüber, dass Kriege nicht ohne Grund entstehen, sondern dass es Mächtige gibt, die sie anzetteln ohne Rücksicht auf das menschliche Leid, das sie bringen. Claudius hat als Sekretär am dänischen Hof in Kopenhagen wahrscheinlich Einblicke in die Politik gehabt, und in typisch aufklärerischer Absicht möchte er darauf aufmerksam machen, dass ein Krieg nur falsche *Ehre* erzeugen kann, denn sie wird mit zuviel Not erkauft. Diese Not macht er überdeutlich – als Dichter der Empfindsamkeit will er vom Hörer die emotionale Zustimmung dazu erreichen, dass Kriege ein Verbrechen an allen Bewohnern der beteiligten Länder sind – daher die Reihe *Freund, Freund und Feind,* V.2. Die Konjunktive in Strophe II. – VI.

zeigen deutlich, dass nicht ihm, sondern dem eigentlich Schuldigen diese ganzen nächtlichen Schrecknisse drohen.

Form: Vierzeilige Strophen, abwechselnd fünfhebige und dreihebige Jamben, ab ab gereimt, durchaus liedhaft – es gab diese metrische Form für Lieder mit einer bestimmten Melodie. Aber in der dritten identisch wiederholten Zeile der I. und der VI. Str. fehlt eine Hebung: Dadurch werden diese beiden Zeilen, die ja wörtlich gleich sind und jeweils den starken Wunsch des lyrischen Ich ausdrücken, selbst keine Schuld am Krieg zu haben, auch formal hervorgehoben – zugleich sprechen diese beiden Verse dafür, dass dieses „Lied" nicht zum Singen gedacht war.

Jamben
Kreuzreim

2.3   Der Rückzug

Ich sah des Krieges Ruhm.	x x́x x́x x́	Kret.
Als wärs des Todes Säbelkorb,	x x́x x́x x́x x́	Kret.
durchklirrt von Schnee, am Straßenrand	x x́x x́x x́x x́	Kret.
lag eines Pferds Gerippe.	x x́x x́x x́x	
Nur eine Krähe scharrte dort im Schnee nach Aas,	x x́x x́x x́x x́x x́x x́	Kret.
wo Wind die Knochen nagte, Rost das Eisen fraß.	x x́x x́x x́x x́x x́x x́	Kret.

Peter Huchel, 1903–1981 (gedruckt 1948)

Interpretation

Das lyrische Ich berichtet, dass es das Abstraktum *Ruhm des Krieges* tatsächlich g e s e h e n habe, und zwar in der Form eines Pferdegerippes = ein Bild der Zerstörung. Das Positivum *Ruhm* ist jetzt nur noch ein Bild der Zerstörung, ein Ergebnis des Todes, weshalb es mit dem Bild vom *Säbelkorb des Todes* (= Schutz für die Hand am Korbsäbel) bezeichnet wird. Der ist nämlich rund und durchbrochen wie jenes Brustkorb-Skelett eines Pferdes, das als unnützes Überbleibsel am Rand der Straße liegt. Bei dieser Lagebeschreibung muss man immer den Begriff des Kriegsruhms mithören, der hier in dieses Bild eingefangen ist. Das einzige Lebewesen, das noch existiert, ist eine *Krähe,* die *Aas* sucht – auf dem Geripp ist aber kein Fleischrest mehr vorhanden. Durch das Gerippe fährt nur noch der Wind – außer dem Scharren der Krähe die einzige Bewegung. Ohne Bewegung, langsam, werden der Eisenrest, der sich eventuell noch am Gerippe befindet (Zaumzeug usw.), sowie vielleicht noch andere weggeworfene eiserne Geräte wie Gewehre usw. vom *Rost* gefressen. – Dieses sehr moderne Gedicht führt Abstraktes (Ruhm) als Konkretes vor.

freie Verse

Form: Sechszeiliges Gedicht, alternierend, in freien Versen mit 3–6 Hebungen, 6 nur in den letzten beiden Zeilen. „Aas" als Reimwort ist vor dem 20. Jahrhundert nicht vorstellbar, unterstreicht jedoch das Makabre des gesamten Wortfelds (*Säbelkorb des Todes, Gerippe, nagte, fraß*). Die metrischen Floskeln in diesem Gedicht haben fast immer die Form des Kretikus x́xx́, *Éisen fráß.*

metrische Floskeln

Vergleich

In allen drei Kriegs-Gedichten bestehen die sprachlichen Mittel aus drastischen, durchweg negativen Worten, um die Schrecken des Krieges zu verdeutlichen. Dabei geht Gryphius über Metonymien wie *donnernde Carthaun, rasende Posaun,* das bluttriefende *Schwert* und reale Angaben hin zu dem schauderhaften Bild der von Leichen verstopften Ströme, das wohl nicht als real aufzufassen ist. Für ihn ist der Krieg unabänderlich wie ein Naturereignis, aber vor allem wegen des Verfalls der inneren Werte unendlich zu beklagen. Ein Bezug zu bestimmten Lesern ist nicht festzustellen, das *Vaterland* klagt gegenüber der Allgemeinheit. Das Gedicht ist lehrhaft wie viele Barockgedichte: Seht zu, dass ihr den Glauben behaltet!

Substantive	Adjektive / Adverb(iale)	Verben
Ruhm des Krieges **ab**		*sah*
Säbelkorb des Todes **Bi**		*wärs* **Kj**
	am Straßenrand **O** *durchklirrt von Schnee*	*lag*
Geripp eines Pferds		
Krähe	*im Schnee*	*scharrte nach* Aas
Wind; Rost **Zer**		*nagte die Knochen* **Pers** *fraß das Eisen* **Pers**

ab(strakt) **Bi**(ld) **Kj**(Konjunktiv) **O**(rt) **Per**(sonifikation) **Zer**(störung)

Sprechsituation:	wer?	lyrisches Ich
	wann?	—
	wo?	—
	zu wem?	—
Tempus:	Präteritum	
Einteilung:	fortlaufemde Versfolge	

Ganz anders bei Matthias Claudius: Auch er zeichnet die grauenhaften Folgen des Krieges möglichst drastisch, aber, seiner Epoche der Empfindsamkeit entsprechend, vor allem, um an das Gefühl zu appellieren. Der Wille, die Leser zu rühren, drückt sich aus in dem Ausruf: *O* Z. 1, in vielen Verdoppelungen und emotionalen Verben.

Zugleich ist er als Aufklärer der festen Überzeugung, dass Kriege angezettelt werden, dass es Schuldige gibt. Mit dem Mittel der rhetorischen Fragen, was er als ein solchermaßen Schuldiger vor den Anklagen der Leidenden machen sollte, kritisiert er, zwar indirekt aber deutlich, denjenigen, wohl einen König, der wirklich schuld ist. (Es muss sich aktuell um den Bayerischen Erbfolgekrieg handeln.) Der Schuldige sucht Gewinn und Ehre. Daran könnte ihn wohl nur ein Engel noch hindern.

Peter Huchel setzt klar voraus, dass der Krieg um des Ruhmes willen begonnen wurde. Von diesem Ruhm ist nach dem Rückzug tatsächlich nichts mehr übriggeblieben als ein Geripp, der Wind und der Rost. Eine solche Verurteilung des Krieges hätte dem Verfasser 1944 (dem Entstehungsjahr des Gedichts), wäre sie bekannt geworden, den Tod bringen können. Die Überschrift: *Der Rückzug* zeigt klar, dass dieser Krieg, der doch um des Ruhmes willen begonnen wurde, bereits verloren ist. Hier ist, wie bei Claudius, eine grundsätzliche Anti-Kriegshaltung zu sehen, die jedoch viel nüchterner ist und deshalb fast noch überzeugender wirkt.

3 Johann Wolfgang Goethe, Im Herbst – Rainer Maria Rilke, Herbst

3.1 Im Herbst

I.	Fetter grüne, du Laub,	x́ x x́ x x x́	Choriambus
	Das Rebengeländer,	x x́ x x x́ x	Adonëus
	Hier mein Fenster herauf.	x́ x x́ x x x́	Choriambus
	Gedrängter quillet,	x x́ x x́ x	
5	Zwillings-Beeren, und reifet	x́ x x́ x x x́ x	Adonëus
	Schneller und glänzend voller.	x́ x x x́ x x́ x	
II.	Euch brütet der Mutter Sonne	x x́ x x x x́ x x́ x	
	Scheideblick, euch umsäuselt	x́ x x́ x x x́ x	Adonëus
	Des holden Himmels	x x́ x x́ x	
10	Fruchtende Fülle.	x́ x x x́ x	Adonëus
	Euch kühlet des Monds	x x́ x x x́	
	Freundlicher Zauberhauch,	x́ x x x́ x x́	
III.	Und euch betauen, ach,	x x́ x x x́ x x	Kretikus
	Aus diesen Augen	x x́ x x́ x	
15	Der ewig belebenden Liebe	x x́ x x x x́ x x x́ x	Adonëus
	Voll schwellende Tränen.	x x́ x x x́ x	Adonëus

Johann Wolfgang Goethe, 1749–1832 (1775)

Substantive	Adjektive / Adverb(iale)	Verben
Laub **Pers**	*fetter* **Bi St**	*grüne!*
Rebengeländer		
Fenster	*hier herauf* **O**	
	gedrängter **St**	*quillet (!)*
Zwillingsbeeren **Pers**		*reifet (!)*
	schneller **St** *glänzend voller* **St**	
Mutter Sonne		*brütet* **Bi**
Scheideblick **Bi**		*umsäuselt* **sens**
Himmels	*holden* **em wert**	
Fülle	*fruchtende* **ab Bi**	
Mond		*kühlet* **Bi; sens**
Zauberhauch **Bi**	*freundlicher* **em**	
Ach! **em Ausruf**		*betauen* **Bi**
Augen		
Liebe **ab em**	*ewig belebenden* **em Bi**	
Tränen **em**	*voll schwellende* **Bi em**	

ab(strakt) **Bi**(ld) **em**(otional) konkret **O**(rt) **Pers**(onifikation) **sens**(orisch) **St**(eigerung) **wert**(end) **Z**(eit)

Sprechsituation:	wer?	lyrisches Ich
	wo?	im Fenster, mit Blickrichtung nach draußen;
	wann?	im Herbst
	zu wem?	Laub und Zwillingsbeeren
Tempus:	Präsens, oft Imperativ	
Einteilung:	durchgehende Versfolge, nur drei Sinnabschnitte: I. Z. 1–6; II. Z. 7–12; III. Z. 13–16	

Interpretation

Die Sprechsituation des Goethe-Gedichts zeigt ein nur durch Possessivpronomen genanntes lyrisches Ich: *mein Fenster,* Z. 3. Da nur ein Ich von *mein* sprechen kann, ist es kein implizites, sondern durchaus ein explizites lyrisches Ich. Ansprechpartner (Personifikation) sind *du Laub,* Z. 1, und die *Zwillingsbeeren,* Z. 5, die (aufgrund des *Rebengeländer(s),* Z. 2) als Weintrauben zu verstehen sind. Als Sprechort wird ein *Hier,* Z. 2, genannt, andeutend, dass das lyrische Ich etwas in der unmittelbaren Umgebung seines Fensters, Z. 3, betrachtet.

explizites lyrisches Ich Personifikation

Der erste und zweite Sinnabschnitt unterscheiden sich vor allem durch die Art der Anrede. Im ersten wendet sich das lyrische Ich imperativisch an das *Laub,* Z. 1, und die *Zwillingsbeeren,* Z. 5, im zweiten richtet es eine Feststellung im Präsens-Indikativ an die Beeren, in der es über alle Naturzustände spricht, die auf sie einwirken.

I. Der erste Sinnabschnitt (Z. 1–6) ist Zustandsbeschreibung und Aufforderung zugleich, denn das lyrische Ich fordert Laub und Beeren auf, ihren derzeitigen Zustand zu intensivieren, indem es lauter Komparative verwendet: *Fetter grüne,* Z. 1, *Gedrängter quillet,* Z. 4, *reifet schneller und glänzend voller,* Z. 5/6. Das Bild zeigt, dass der Herbst noch nicht seinen Endpunkt erreicht hat, sondern sich nahe am Sommer befindet: Das Laub ist noch grün, Z. 1, und soll noch *Fetter,* Z. 1, werden, d.h. weiterhin Kraft sammeln. Insgesamt wird der Aspekt der Fülle aufgerufen mit den Worten *Fetter,* Z. 1, *Gedrängter quillet,* Z. 4, *glänzend voller,* Z. 6, und überhaupt mit *Zwillingsbeeren,* Z. 5, denn eine Verdoppelung kommt bei Weintrauben nur selten vor. Diesem Aspekt kann auch die Idee der Reife zugeordnet werden: *reifet,* Z. 5. Zudem kommt durch die Imperative *grüne,* Z. 1, *quillet,* Z. 4, *reifet,* Z. 5, und durch das Wort *herauf,* Z. 3, viel Bewegung in den Gedichtanfang.

Komparative

Emphatisches Sprechen durchzieht das Gedicht, bewirkt durch die zahlreichen steigernden Adjektive und Adverbien und einige syntaktische Umstellungen.

Emphase

Im ersten Sinnabschnitt ist besonders hinzuweisen auf die Verdoppelung des Adverbs in Z. 6, zusätzlich noch verstärkt durch *glänzend,* und die beiden Inversionen in Z. 1 und 4: In beiden Fällen ist das gesteigerte Adverb dem Verb vorangestellt: *Fetter grüne,* Z. 1, und *Gedrängter quillet,* Z. 4. Diese beiden parallelen Strukturen werden durch die versübergreifende Syntax unterstützt: Z. 1–3 und Z. 4–6 bilden jeweils einen Satz, und die Verse sind durch Enjambements aneinander gebunden, wobei diese Sätze jeweils Anreden zuerst an das Laub und dann an die Beeren sind. Durch die besondere Struktur des ersten Abschnitts werden Spätsommer (*grüne(n),* Z. 1) und Herbst (Beeren) in ein ausgewogenes Verhältnis gebracht, und zudem wird dieser besondere Zeitpunkt als eine Zeit des Übergangs gezeigt. Alle diese Verse haben wechselnde Senkungszahlen (eine oder zwei Senkungen), was die Dynamik des Gedichts unterstützt.

Inversionen

Parallelismus

Enjambements

II. Der zweite Sinnabschnitt zeigt eine Rahmenstruktur. Im Zentrum stehen die Zeilen 9 und 10, die durch ihre Zweihebigkeit auch metrisch hervorgehoben sind. Voran gehen zwei Dreiheber, und der Abschnitt wird ebenfalls durch einen Dreiheber abgeschlossen. Beide Zeilen werden nochmals durch die Alliterationen *holden Himmels,* Z. 9, und *Fruchtende Fülle,* Z. 10, betont. Auch semantisch stehen sie im Zentrum, denn der *Himmel,* Z. 9, ist der Raum, in dem sich sowohl die in Z. 7 und 8 erwähnte *Sonne* als auch der *Mond,* Z. 11 und 12, befindet. Die Sonne ist verbunden mit den Aspekten „Hitze" (*brütet,* Z. 7), die den Reifeprozeß vorantreibt, und „Abschied" (*Scheideblick,* Z. 8), also Sommerende. Der Mond hingegen wird in Beziehung gesetzt mit Kühlung (*kühlet,* Z. 11) und Mystik (*Freundlicher Zauberhauch,* Z. 12), wobei man daran denken könnte, dass dem Mond von altersher nicht definierbare Wachstumskräfte zugesprochen werden.

Alliteration

III. Im dritten und letzten Sinnabschnitt findet, verbunden durch *Und,* Z. 13, ein Umschwung statt: Nun erscheint der bis jetzt nur sprechende Mensch als aktiv Handelnder. Mit dem Verb *betauen,* Z.13, wird das zum Pflanzenwachstum so notwendige Wasser angesprochen, doch dieses Wasser besteht hier aus menschlichen *Tränen,* Z. 16. Die Überleitung von der Natur zum Menschen geschieht durch den Seufzer *Ach!* Z. 13, der die Intensität der Gefühle des menschlichen Ich ausdrückt, zu dem *diese Augen,* Z. 14, gehören.

Mit dem emphatisch gesteigerten Adjektiv *voll schwellend,* Z. 16, greift die letzte Zeile den Aspekt der zuvor angesprochenen Fülle nochmals auf. Mensch und Natur sind sich in diesem Gedicht sehr nahe. Auslöser dieser Tränen ist hier wohl keine eigentliche Trauer, sondern Rührung durch die *ewig belebende Liebe,* Z. 15. Die Emphase des Sprechens steigert sich im dritten Sinnabschnitt, was an den beiden jeweils noch gesteigerten Adjektiven *ewig belebend,* Z. 15, und *voll schwellend,* Z. 16, erkennbar ist.

Das Gedicht ist durchzogen von Reichtum, Fülle und Glück.

Form: Es handelt sich hier um freie Rhythmen, eine Form, die Goethe im Sturm und Drang häufig benutzte. Allerdings sind sie hier, im Gegensatz z.B. zu der freirhythmischen Hymne *Ganymed* (↗66 f.), schon merklich beruhigt, wir finden nur zwei bis vier Hebungen und keine Doppelhebungen mehr. Die emphatische Wortwahl und die Häufung der Ausrufezeichen sind bereits verschwunden.

freie Rhythmen

3.2   Herbst

I. Die Blätter fallen, fallen wie von weit,   x x́ x x́ x x́ x x́ x x́
    als welkten in den Himmeln ferne Gärten;   x x́ x x x́ x x́ x x́ x x
    sie fallen mit verneinender Gebärde.   …

II. Und in den Nächten fällt die schwere Erde
  5 aus allen Sternen in die Einsamkeit.

III. Wir alle fallen. Diese Hand da fällt.
     Und sieh dir andre an: es ist in allen.

IV. Und doch ist Einer, welcher dieses Fallen
    unendlich sanft in seinen Händen hält.

   Rainer Maria Rilke, 1875–1926 (*Buch der Bilder*, 1898–1906)

Substantive	Adjektive / Adverb(iale)	Verben
Blätter	*wie von weit* **Bi**	*fallen, fallen* **Wh**
Gärten	*ferne* **Bi** *in den Himmeln* **Bi O**	*welkten* **Bi Kj**
Gebärde	*verneinender* **Bi wert neg**	*fallen*
Erde	*schwere; in den Nächten* **Z**	*fällt* **Bi**
	in die Einsamkeit **Bi** *aus allen Sternen* **Bi**	
Hand		*fallen, fällt* **Bi**
	andre **ab** *in allen* **ab Bi**	*sieh (!) ist*
Einer **ab** *Fallen* **ab**		*ist*
in seinen Händen **Bi**	*unendlich sanft* **ab wert pos**	*hält* **Bi**

ab(strakt) **Bi**(ld) **Kj**(Konjunktiv) <u>konkret</u> **neg**(ativ) **O**(rt) **pos**(itiv) **wert**(end) **Wh** (Wiederholung) **Z**(eit)

Sprechsituation:	wer?	wir = implizites lyrisches Ich
	wann?	in jedem Herbst
	wo?	unbestimmt
	zu wem?	unspezifisches Du
Tempus:	allgemeines Präsens	
Einteilung:	vier Sinnabschnitte	

Interpretation

**Allgemeines „wir"
impliziert
lyrisches Ich**

Die Sprechsituation dieses Gedichts zeigt kein explizites lyrisches Ich, nur ein allgemeines *wir*, Z. 6. Zwar wird ein Du direkt angesprochen, *sieh dir*, Z. 7, doch ist es möglich, dass sich das implizite lyrische Ich damit an sich selbst wendet, und wir daher ein monologisches Gedicht vor uns haben.

Es wird eine andere Phase des Herbstes gezeigt als im Goethegedicht – nämlich die Endphase, in der die Blätter von den Bäumen fallen, also der Spätherbst. Das Fallen, also eine Bewegung von oben nach unten, die sonst auch für den Tod steht, ist das Leitwort des ganzen Gedichts.

I. Im ersten Sinnabschnitt von Z. 1–3 wird dieses Verb mit konkreteren, näheren (*Blättern*, Z. 1) und mit abstrakteren, weiter entfernten Begriffen verbunden. Eine unerwartete Annahme, es gäbe *in den Himmeln ferne Gärten*, Z. 2., in denen diese Blätter verwelkten, führt uns in eine neue transzendente Dimension. Der Plural von Himmel ist ziemlich ungewöhnlich.

II. Anschließend wechselt der Blick von der noch einigermaßen konkreten *Erde*, Z. 4, zu *allen Sternen*, Z. 5. Auf diese Weise wird die Idee eines ganzen vergehenden Universums ins Gedicht gebracht.

Der Aspekt des Fallens wird durch andere negative Elemente ergänzt, so durch die Resignation, die die personifizierten Blätter mit ihrer *verneinenden Gebärde*, Z. 3, darstellen, durch den Aspekt des Dunklen (*in den Nächten*, Z. 4) und der *Einsamkeit*, Z. 5, in die die Erde hineinfällt. Zudem wird schon im ersten Sinnabschnitt, mit *den Himmeln*, Z. 2, der Aspekt des Jenseitigen angedeutet, der dann im IV. Sinnabschnitt zentral ist. Die *Himmel* sind aufgrund ihrer allgemein angenommenen Nähe zur Transzendenz, die im letzten Sinnabschnitt in das Gedicht eintritt, religiös konnotiert – ganz anders als im Goethegedicht, wo der Himmel nur als Raumbegriff genannt wird, in dem sich Sonne und Mond befinden und aus dem die sanfte Luft herabkommt. Durch den Plural werden die Himmel jedoch aus üblichen religiösen Vorstellungen herausgenommen.

III. Im dritten Abschnitt von Z. 6–7 richtet sich der Blick – wie am Ende des Goethegedichtes – auf den Menschen. Das Verb *fallen*, das die Natur, das Universum und den Menschen miteinander verbindet, ist hier zu verstehen als Sterben. Die Tatsache, dass jeder Einzelne zum Sterben verurteilt ist, wird verdeutlicht durch eine kreisförmige Gedankenführung: Ausgehend vom allgemeinen *Wir alle*, Z. 6, wird der Blick gelenkt auf einen ganz bestimmten ein-

pars pro toto

zelnen Menschen. Hierbei steht die Hand als pars pro toto für den ganzen Menschen, dessen Hand immer die Tendenz hat, sich nach unten zu bewegen. Das Bild der fallenden Hand deutet zurück auf die fallenden Blätter, die Hand kann treffend mit einem Blatt verglichen werden. Anschließend wird auf *andre* (Hände, Menschen) hingewiesen, von denen dann wieder zurückgegangen wird zu *allen* (vgl. *wir alle*, Z. 7).

Die Verben „fallen" und „welken", die eine Veränderung ausdrücken, werden in Z. 7 abgelöst von dem statisch-allgemeinen Zustandsverb *ist* – damit wird das Sterben als eine ständige Bedrohung dargestellt.

IV. Im vierten Abschnitt wird diese Bedrohung jedoch mit dem gleichen Verb „sein" wieder aufgehoben, das hier die Bedeutung des Existierens bekommt – so wird dem ganzen Gedicht eine positive Wendung gegeben. Rilke geht damit über Goethes Gedicht hinaus und ruft neben Natur und Mensch eine dritte Dimension, nämlich die der Transzendenz, auf. Es wird aber dem *Eine(n)*, Z. 8, keine bestimmtere Bezeichnung wie z.B. „ Gott" verliehen. Dieser *Eine* neutralisiert das gesamte zuvor versprachlichte Fallen, das hier mit *dieses Fallen*, Z. 8, zusammengefasst wird, da er es auffangen kann, und zwar so *unendlich sanft*, Z. 9, dass jede Angst verschwindet. Damit endet das zunächst so pessimistische und traurige Gedicht mit einer großen Zuversicht.

Form: Fünfhebige Jamben. Während der erste umarmende Reim Z. 1/5 noch durch die Waise (*Gärten, Z. 2*) gestört wurde, stellt der zweite umarmende Reim *fällt/hält, Z 6/9*, auch phonetisch eine tröstende Verbindung zwischen dem Menschen und einer gütigen Macht her.

Jamben

Die verhaltene Wortwahl, die vor allem in dem Begriff *unendlich sanft*, Z. 9, liegt, wird unterstützt durch das jambische Versmaß, das mit jeweils fünf Füßen durchaus traditionell ist. Poetologisch neu wären lediglich das Auseinanderreißen der umarmenden Reime in jeweils zwei Zweizeiler und der Einschub der Waise im ersten Abschnitt.

Vergleich

Die Gedichte „Im Herbst" von Goethe und „Herbst" von Rilke behandeln das gleiche Thema, den Herbst. Doch während Goethes Gedicht den positiven Aspekt dieser Jahreszeit, die Fülle und den Reichtum der Natur, in den Vordergrund stellt, wird Rilkes Gedicht beherrscht von Todesstimmung in der Natur und im Menschen.

War Goethes Gedicht zu seiner Zeit, der Epoche des Sturm und Drang, etwas Neues mit den emphatischen freien Rhythmen und der ganz persönlichen Beziehung des Sprechers zur Natur, so ist Rilkes Gedicht um die Jahrhundertwende ein letzter Ausklang einer traditionellen Dichtungsweise, die sich um Allgemeingültigkeit und verhalten ausgedrückte Transzendenz bemüht.

4   Johann Wolfgang Goethe, Nur wer die Sehnsucht kennt – Joseph von Eichendorff, Sehnsucht

4.1   Nur wer die Sehnsucht kennt

	Nur wer die Sehnsucht kennt,	x x́ x x́ x x́
	Weiß, was ich leide!	x x́ x x́ x
	Allein und abgetrennt	x x́ x x́ x x́
	Von aller Freude,	x x́ x x́ x
5	Seh ich ans Firmament	x x́ x x́ x x́
	Nach jener Seite.	x x́ x x́ x
	Ach! der mich liebt und kennt,	x x́ x x́ x x́
	Ist in der Weite.	x x́ x x́ x
	Es schwindelt mir, es brennt	x x́ x x́ x x́
10	Mein Eingeweide.	x x́ x x́ x
	Nur wer die Sehnsucht kennt,	x x́ x x́ x x́
	Weiß, was ich leide!	x x́ x x́ x

Johann Wolfgang Goethe, 1749–1832 (1785)

Interpretation

Ein lyrisches Ich wendet sich implizit an alle diejenigen, die die *Sehnsucht kenn(en)*, Z. 1/2. Das grenzt die Gruppe der Angesprochenen deutlich ein, denn es wird gesagt, dass *nur* diese sein Leid wirklich würdigen können.

Emphase

Alltagssprache

Der Anruf an die, die Bescheid über die Sehnsucht wissen, ist mit einem Ausrufezeichen versehen, also emphatisch. Das lyrische Ich fühlt sich *allein*, Z. 3; demnach war es einmal mit jemandem verbunden, der jetzt nicht mehr da ist. Mit diesem Alleinsein verknüpft ist die Abwesenheit *aller Freude*, Z. 4, d.h. jegliche Art von Glück ist jetzt unmöglich geworden. In *abgetrennt*, Z. 3, liegt auch der Sinn von etwas Gewaltsamem, Von-außen-Gekommenem, wogegen das Ich sich nicht wehren konnte. Der Satz geht im nächsten Verspaar weiter, das Ich schaut nun *nach jener Seite*, Z. 6, es weiß also wohin, auch wenn unbestimmt in die Höhe gedeutet wird mit dem Ausdruck *ans Firmament*, Z. 5. Die Formulierung *ans* zeigt, dass das Ich ganz alltäglich spricht, ohne sich besondere Mühe mit einer gewählten Sprache zu geben. Die Bedeutung der bestimmten Richtung wird im nächsten Verspaar erklärt: Dort befindet sich offensichtlich das Objekt der Sehnsucht, ein Mann, *der mich liebt und kennt, / ist in der Weite*, Z. 7/8 (aus *der* kann geschlossen werden, dass das lyrische Ich weiblich ist). Hier liegt der Grund für die unaufhörliche Sehnsucht des Ich: Der Geliebte, der das lyrische Ich so gut kennt, also wohl länger mit ihm verbunden war, ist weit weg. Als Einleitung für diesen Satz haben wir einen deutlichen Seufzer mit Ausrufezeichen, ein *Ach!* Die Folgen werden aufgezeigt, es ist dem lyrischen Ich unmöglich, klar zu denken: *Es schwindelt mir;* sie sind außerdem durchaus körperlicher Art, das Ich wird vollkommen aufgezehrt, hat Schmerzen: *es brennt / Mein Eingeweide*, Z. 9/10. Solche natürlichen Folgen von über-

Substantive	Adjektive / Adverb(iale)	Verben
Sehnsucht **ab em**		*kennt* **ab**
		weiß **ab** *leide* **em**
	allein abgetrennt **em neg**	
aller Freude **ab em**		
	ans Firmament **O**	*seh*
	nach jener Seite **O**	
	Ach! **em**	*liebt* **em** *kennt* **ab pos**
	in der Weite **O**	*ist*
		schwindelt, brennt **Bi**
Eingeweide **Bi**		
Sehnsucht **ab em**		*kennt* **ab**
		weiß **ab** *leide* **em**

ab(strakt) **Bi**(ld) **em**(otional) **neg**(ativ) **O**(rt) **pos**(itiv)

Sprechsitutation	wer?	lyrisches Ich
	wo?	unbestimmt
	wann?	jetzt, immer
	zu wem?	—
Tempus:	Präsens	
Einteilung:	durchgehende Versfolge, Z.1/2 wiederholt in 11/12	

großen Gemütsbewegungen werden zwar drastisch, aber doch realistisch dargestellt. Im letzten Verspaar wird der Anfangssatz wiederholt, was zeigt, dass sich hier alle Gedanken unaufhörlich im Kreis um die Sehnsucht drehen.

Form: Die Form ist diesem Kreislauf der Gedanken entsprechend: Alle Gedanken gehen nur in eine Richtung, und geradeso entsprechen sich alle Reime der sechs Verspaare: Die ungeraden Verse 1–11 gehen alle auf -ennt, die geraden auf -eide / -eite (im Hessischen nicht unterscheidbar).

Wir haben hier zwei verschiedenartig endende Zeilen vor uns, alle mit Auftakt: die ungeraden haben drei Hebungen und männlichem Schluss, die geraden zwei Hebungen mit besonderem weiblichen Schluss, nach der Haupthebung folgt noch eine Nebenhebung *Wéi–tè* (klingende Kadenz ↗16 f.), was diese Worte besonders betont. Dies führt dazu, dass der von Z. 3 – 6 durchgehende Satz nirgends von doppelten Senkungen unterbrochen wird, denn die weiblichen Schlüsse werden schwermütig lang gezogen und bieten so Raum für den Auftakt im nächsten Vers. Bei den männlichen Schlüssen geht die Alternation ohnehin ungehindert weiter (glatte Fugung ↗24). Das Gedicht endet weiblich-ausschwingend, *léi–dè* – so fördert diese Versform noch die sehnsüchtige Klage.

glatte Fugung

4.2   Sehnsucht

I.	Es schienen so golden die Sterne,	x x́ x x x́ x x — ´ x̀
	Am Fenster ich einsam stand	x x́ x x x x́ x x́
	Und hörte in weiter Ferne	x x́ x x x x́ x — ´ x̀
	Ein Posthorn im stillen Land.	x x́ x x x x́ x x́
5	Das Herz mir im Leibe entbrennte,	x x́ x x x x́ x x — ´ x̀
	Da hab ich mir heimlich gedacht:	x x́ x x x x́ x x x́
	Ach wer da mitreisen könnte	x x́ x x́ x x x — ´ x̀
	In der prächtigen Sommernacht.	x x x́ x x x x́ x x́

II.	Zwei junge Gesellen gingen	x x́ x x x x́ x — ´ x̀
10	Vorüber am Bergeshang,	x x́ x x x x́ x x́
	Ich hörte im Wandern sie singen	x x́ x x x x́ x x — ´ x̀
	Die stille Gegend entlang:	x x́ x x x x x́ x
	Von schwindelnden Felsenschlüften,	x x́ x x x x́ x — ´ x̀
	Wo die Wälder rauschen so sacht,	x x x́ x x x x x́
15	Von Quellen, die von den Klüften	x x́ x x́ x x — ´ x̀
	Sich stürzen in die Waldesnacht.	x x́ x x x x x́ x x́

III.	Sie sangen von Marmorbildern,	x x́ x x x x́ x — ´ x̀
	Von Gärten, die überm Gestein	x x́ x x x x́ x x x́
	In dämmernden Lauben verwildern,	x x́ x x x x́ x x — ´ x̀
20	Palästen im Mondenschein,	x x́ x x x x́ x x́
	Wo die Mädchen am Fenster lauschen,	x x x́ x x x x́ x — ´ x̀
	Wann der Lautenklang erwacht,	x x x́ x x x x́
	Und die Brunnen verschlafen rauschen	x x x́ x x x x́ x — ´ x̀
	In der prächtigen Sommernacht. –	x x x́ x x x x́ x x́

Joseph von Eichendorff, 1788–1857 (1834)

Substantive	Adjektive / Adverb(iale)	Verben
Sterne	so golden **wert opt**	*schienen*
	am *Fenster* **O** einsam	*stand*
	aus weiter Ferne **O**	*hörte* **ak**
Posthorn **ak**	im stillen **ak** *Land* **O**	
Herz **em**	im *Leibe*	*entbrennte* **em**
	heimlich **ab**	*gedacht* **ab**
	Ach **em**	*mitreisen könnte* **Kj**
Sommernacht **Z**	prächtigen **wert**	
Gesellen	zwei junge	*gingen*
	am *Bergeshang* **O** vorüber **O**	
	im Wandern	*singen* **ak** hörte **ak**
Gegend **O**	stille **ak** entlang **O**	
Felsenschlüften	schwindelnden	
Wälder	so sacht **wert**	*rauschen* **ak**
Quellen	von den *Klüften* **O**	
	in die *Waldesnacht* **Bi**	*stürzen* **Pers**
Marmorbildern		*sangen* **ak**
	Gärten überm *Gestein* **O**	
	in dämmernden *Lauben* **O**	*verwildern*
Palästen	im *Mondenschein* **opt**	
Mädchen	am *Fenster* **O**	*lauschen* **ak**
der *Lauten* Klang **ak**		*erwacht* **Pers**
Brunnen	verschlafen **Pers**	*rauschen* **ak**
Sommernacht **Z**	prächtigen **wert Wh**	

ab(strakt) **ak**(ustisch) **Bi**(ld) **em**(otional) **Kj**(Konjunktiv) konkret **opt**(isch) **O**(rt)
Pers(onifikation) **wert**(end) **Wh** (Wiederholung) **Z**(eit)

Sprechsituation:	wer?	lyrisches Ich
	wo?	—
	wann?	—
	zu wem?	—
Tempus:	Z. 1–12 Präsens, Z. 13–24 Präteritum	
Einteilung:	drei Strophen	

Interpretation

Auch hier gibt es ein explizites lyrisches Ich, gleich in Z. 2 und öfter. Die Sprechzeit ist bis zur Mitte des Gedichts die Vergangenheit, denn es wird ein früheres „Erlebnis" geschildert, in dem der erinnerte Ort des Sprecher-Ichs *am Fenster* und die Zeit eine Nacht im Sommer war. Außerdem könnte man annehmen, dass das Gebäude, in dem sich das Fenster befindet, hoch liegt, denn das Ich sieht zwei junge Leute *am Bergeshang,* Z. 10, – ob dieser nun gegenüber oder direkt unter ihm liegt, wird nicht gesagt. Wenn jedoch der Inhalt des gehörten Liedes zur Sprache kommt, wird das Präsens benutzt, weil das „Lied" der jungen Leute diesen Inhalt ja heute noch hat.

optisch

akustisch

I. Die erste Strophe berichtet von einem nächtlichen Ausblick in eine herrliche Nacht, in der die *Sterne golden* leuchten – durch *so* wird das Adjektiv noch gesteigert. Das lyrische Ich ist zwar *einsam,* scheint aber unter diesem Alleinsein nicht zu leiden. Vielmehr horcht es aufmerksam nach draußen und vernimmt jetzt akustische Signale, *aus weiter Ferne / ein Posthorn,* Z. 4. In der Epoche Eichendorffs ist das Posthorn ein Zeichen für eine Postkutsche, die das normale Reisegefährt war. Der Postillon blies zu seinem Vergnügen, und in der Stille, die in der Nacht herrschte, war dieser Klang weit zu hören. Das Ich wird dadurch aufgeregt, sein *Herz ... entbrennte,* was entfernt an das Goethegedicht erinnert. (Die heute nicht mehr übliche Präteritalform mit -e- statt -a- war damals wohl noch allgemein möglich.) Diese Leidenschaftlichkeit des Wunsches wird durch den Text nicht motiviert. Das lyrische Ich äußert ihn hier nur in Gedanken und *heimlich,* Z. 6, zu sich selbst, mit einem seufzenden *Ach.* Warum dieser Wunsch nur heimlich geäußert werden kann, wird nicht gesagt, es ist aber wohl völlig unmöglich, ihn zu erfüllen. Die Grenze zwischen Außen und Innen, die das Fenster so oft in romantischen Gedichten bezeichnet, kann offensichtlich nicht überschritten werden. Der Wunsch wird wohl umso dringender, als diese Nacht so besonders schön ist, sie wird *prächtig* genannt.

Änderung der Zeitstruktur

II. In der zweiten Strophe beginnt der Text wieder mit optischen Wahrnehmungen. Zwei Wanderer erscheinen, es müssen nicht unbedingt Handwerksburschen sein, sondern *Gesellen* ist einfach eine Bezeichnung für junge Leute (Wanderer sind ein häufiges Motiv in der Romantik). Sie sind auch zu hören, denn sie singen. Hier, genau in der Mitte des Gedichts, ändert sich die Zeitstruktur, von jetzt ab wird im Präsens berichtet, weil es sich um den Inhalt eines Liedes handelt. Zunächst singen die beiden von einer eher wilden Gegend mit Felsen, deren Steilheit offensichtlich schwindeln macht, was hier jedoch als Attribut zu den Felsen gebraucht wird. Sie werden als *Felsenschlüfte,* Z. 12, bezeichnet (Schlüfte = altertümliches Wort für Schluchten). Die Wildheit wird schon im nächsten Vers aufgehoben, wenn die Wälder *so sacht rauschen.* Das könnte darauf hinweisen, dass man von hoch droben die Wälder nur leise rauschen hört, weil die Schluchten wohl sehr tief sind. Außerdem handelt das Lied von Quellen, die sich von oben, *von den Klüften,* Z. 15, herunterstürzen. Die Wälder, die vorher nur akustisch zu bemerken waren, sind es jetzt optisch: Wälder in der Tiefe erscheinen besonders dunkel, daher jetzt ein neues Bild,

Waldesnacht, Z. 16. Die gewaltsame Bewegung der Quellen nach unten wird besonders hervorgehoben durch das personifizierende *sich stürzen* und auch durch den Klang der Verse, denn nur an dieser Stelle gibt es eine dreisilbige Senkung: *Sich stürzen in die Waldesnacht.*

III. Mit der dritten Strophe bleiben wir zunächst bei optischen Begriffen, jetzt wird keine ungezähmte Natur mehr geschildert, sondern es handelt sich zunächst um Marmorstatuen, also um Kunst, von Menschen geschaffen. Die Marmorstandbilder sprechen für italienische Gärten. Auch die *Gärten*, Z. 18, waren ehemals von Menschen angelegt worden, beginnen aber jetzt schon zu *verwildern*, d.h. die Natur gewinnt langsam wieder die Oberhand. Warum die Gärten *in den dämmernden Lauben*, Z. 19, verwildern, ob sie dort hineinwachsen oder wie das sonst gedacht ist, wird nicht geklärt. Gleich darauf steigen Gebäude auf und zwar besonders schöne, nämlich *Paläste*, Z. 20, die obendrein noch vom *Mondenschein* verklärt werden. Und dort befinden sich wiederum Menschen am Fenster, die *Mädchen*, die dasselbe tun wie das lyrische Ich zu Anfang, sie *lauschen*, Z. 21, auf Musik, auf den Klang der *Lauten*. Zum zweitenmal begegnet uns das Verb *rauschen*, Z. 23, dieses Mal wird es von den Brunnen gesagt, die das auch noch *verschlafen* tun (Personifizierung), was wiederum die Verbindung zur Nacht herstellt. Die *Sommernacht* finden wir im nächsten Vers in der letzten Zeile, die die Schlusszeile der ersten Strophe wieder aufnimmt. Damit schließt sich der Kreis von der ersten Strophe mit dem Beobachter am Fenster zu den nur in der letzten Strophe des Liedes vorkommenden Mädchen, die auch am Fenster stehen, sich also in einer genau entsprechenden Situation befinden. Hier haben wir äußerst kunstvolle Verknüpfungen vor uns. Die besonders verlockenden Schilderungen der romantisch-italienischen Kulisse sollen wohl die Berechtigung der Sehnsucht des lyrischen Ich beweisen. Es handelt sich hier nicht um eine reale, sondern um eine ideale Landschaft, die sehr weit weg liegt.

optisch

akustisch

Personifizierung

Form: achtzeilige Strophen im Volkston, zweimal Kreuzreim, alle Zeilen mit Auftakt (I.8, II.6, III.5–8 mit doppeltem Auftakt) und mit freien, d.h. wechselnden Füllungen, mal zwei-, mal einsilbigen Senkungen (in Z. II.8 sogar dreisilbige Senkung) jeweils mit drei Haupthebungen. Ich würde allerdings in den ungeraden, weiblich endenden Zeilen nach der Haupthebung noch eine Nebenhebung ansetzen (Nibelungenzeile, klingend-stumpf, ✗27). Wie im Goethegedicht wechseln weibliche und männliche Endungen, jedoch immer zuerst weibliche, dann männliche, einfach im Kreuzreim – eine durchaus volkstümliche Strophenform, der wir bei Eichendorff immer wieder begegnen.

Kreuzreim

freie Füllung

Das Gedicht ist offensichtlich als Lied vorgestellt, mit dem Lied der Gesellen haben wir dann, wie häufig in der Romantik, ein Lied im Liede.

Vergleich

Im Goethegedicht geht es um ganz persönliche Gefühle, die aber für den, der ähnliche kennt, durchaus nachvollziehbar sind. Die leidenschaftliche Trauer um den Verlust des Geliebten ist in eindrucksvolle Worte gefasst, von denen keines entbehrt werden könnte (es gibt keine schmückenden Adjektive). Die äußere Form dämpft mit ihrer reinen Alternation diese Expressivität, lässt aber im wehmütigen Ausschwingen dem Leid allen Raum. Die betonten Auftakte lockern die Alternation auf (Z. 1, 2, 5, 7, 11, 12) und bringen zusätzliche Akzente, z.B. in Z. 2 *weiß, wás ich léidè*. Damit erst ist die sonst eher ruhige Form des Jambus der Emphase des Inhalts gemäß.

betonter Auftakt

Das Gedicht, das im *Wilhelm Meister* als „Mignons Lied" steht, ist in seiner Leidenschaft dem Charakter Mignons durchaus entsprechend. Es zeigt lauter ähnliche Reime, was den inneren Zusammenhalt des Gedichts unterstützt.

Bei Eichendorff ist das Gefühl zwar als ein sehr starkes angesprochen (das *Herz entbrennte*), es ist jedoch eher ein künstlich hervorgerufenes, das ohne die Anregungen von außen vielleicht gar nicht entstanden wäre. Die vielen romantischen Motive des *Posthorns*, der sternbeschienenen *Nacht* usw., die, meist noch mit schmückenden Adjektiven verbunden, auch im Lied der Gesellen vorkommen, sind zwar durchaus verlockend, aber samt und sonders nicht solche, die unbedingt zum sofortigen Abreisen drängen. Dies liegt wohl auch nicht in der Möglichkeit des lyrischen Ich. Man hat eher den Eindruck, dass vor allem die Stimmung der prächtigen Sommernacht deutlich gemacht werden soll, die Sehnsucht wird fast genossen. So kann man dieses Gedicht durchaus als romantische Stimmungslyrik bezeichnen, die die äußere Natur in Einklang mit inneren Gefühlen bringt und vor allem die Stimmung des lyrischen Ich dem Leser nahebringen will, während Goethes Gedicht eher als eine Art Erlebnislyrik im Rollengedicht aufzufassen ist.

schmückende Adjektive

Stimmungslyrik

Erlebnislyrik

Die Bildsprache der Gedichte: Bei Goethe ist nur *abgetrennt sein von Freude* übertragen gebraucht, was das völlige Fehlen der Freude deutlich macht (*Firmament* als anderes Wort für Himmel war damals gebräuchlicher als heute, ist also kein Bild). Außerdem ist der Vers *es brennt mein Eingeweide* eine sehr einleuchtende Formulierung körperlicher Schmerzen. Eichendorff redet ebenfalls von einem brennenden Inneren, hier vom Herzen, man weiß jedoch nicht recht, warum. Die Landschaft wird bei Eichendorff deutlich vor Augen gestellt: die *Felsenschlüfte* mit seltsamem Attribut, *schwindelnd* (unklar, wen es hier schwindelt), die personifizierten *Quellen*, die sich herunterstürzen, die Kulturlandschaft mit *Marmorbildern, Gärten* über felsigem Grund (*Gestein*) und *Palästen im Mondenschein*, also eine ideale romantisch-italienische Landschaft. Auch die Brunnen sind personifiziert, sie rauschen *verschlafen*, was wieder eine Beziehung zur Nacht in der nächsten Zeile herstellt.

Einordnung: Goethes Gedicht stammt aus *Wilhelm Meisters Lehrjahre*, von 1795/6 (Vorformen 1777 und 1785). Es gehört in die klassische Epoche des Dichters. Hier finden wir eine persönliche Situation, sehr gefühlvoll geschildert. Gefühle werden in der Klassik durchaus nicht verleugnet, man denke nur an *Iphigenie* oder *Tasso*. Die geschilderten Gefühle sollen allerdings jedem zugänglich oder verständlich, also allgemein-menschlich sein. So kann jeder, der einmal Sehnsucht empfand, dieses Goethegedicht mitfühlen. Die Sehnsucht nach einer bestimmten Person hat körperliche Folgen, wie sie gerade heute bei starken Gefühlen immer wieder auch medizinisch festgestellt werden. Goethe schildert im Präsens sehr genau bestimmte Empfindungen und ermuntert durch die Anrede im ersten und letzten Verspaar den Hörer/Leser zur direkten Anteilnahme.

Dagegen weckt das Eichendorffgedicht, das mit dem Datum 1834 und den vielen romantischen Topoi (*Posthorn, singen, Wälder, Marmorbilder, Brunnen usw.*) eindeutig in die Spätromantik einzuordnen ist, eher Stimmungen – obendrein spricht es über solche, die vergangen sind. Dies schafft eine viel größere Distanz zu den geschilderten Gefühlen. In den romantischen Gedichten herrscht oft, wie im besprochenen Gedicht, ein unbestimmtes Fernweh, das nicht unbedingt von jedermann nachempfunden werden kann. Zusätzlich ist die Hälfte des Gedichts von einem „Lied" eingenommen. Dies zeigt die große Wertschätzung der Lieder in der Romantik, Gedichte werden bei Eichendorff meist Lieder genannt, und eine geheime Musik findet sich überall in der Welt. Die Sehnsucht in der Romantik bleibt oft eher unbestimmt, sie richtet sich nicht auf eine bestimmte Person.

Marginalien: **romantische Topoi** · **Musik in der Romantik**

5   Eduard Mörike, Er ist's –
        Karl Krolow, Neues Wesen

5.1   Er ist's

Frühling läßt sein blaues Band	x́ x x́ x x́ x x́
Wieder flattern durch die Lüfte;	x́ x x́ x x́ x x́ x
Süße, wohlbekannte Düfte	x́ x x́ x x́ x x́ x
Streifen ahnungsvoll das Land.	x́ x x́ x x́ x x́
5 Veilchen träumen schon,	x́ x x́ x x́
Wollen balde kommen.	x́ x x́ x x́ x
— Horch, von fern ein leiser Harfenton!	x́ x x́ x x́ x x́ x x́ (5 Hebungen)
Frühling, ja du bists!	x́ x x́ x x́
Dich hab ich vernommen!	x́ x x́ x x́ x

Eduard Mörike, 1804–1875 (1829)

Substantive	Adjektive / Adverb(iale)	Verben
Frühling blaues Band **Bi opt**		
Lüfte	*wieder* **Z**	*läßt flattern* **Bi**
Düfte **olf**	*süße* **wert** *wohlbekannte* **wert**	
Land	*ahnungsvoll* **em**	*streifen* **sens**
Veilchen	*schon* **Z**	*träumen* **ab Pers**
	balde **Z**	*wollen kommen*
Harfenton	*leiser* **ak** *von fern* **O**	*Horch!*
Frühling	*ja du bists!* **em**	
		hab vernommen!

ab(strakt) **ak**(ustisch) **Bi**(ld) **em**(otional) <u>konkret</u> **olf**(aktorisch, Gerüche betreffend) **opt**(isch) **O**(rt) **Pers**(onifikation) **sens**(orisch) **wert**(end) **Z**(eit)

Sprechsituation:	wer?	lyrisches Ich
	wo?	draußen
	wann?	im Frühling
	zu wem?	zu sich selbst oder zum Zuhörer, und zum Frühling
Tempus:	Präsens	
Einteilung:	fortlaufende Verse	

Interpretation

Ein lyrisches Ich (Z. 9) hat verschiedene Empfindungen, die in der Gegenwart ausgesagt werden. Es redet, Z. 7, einen Zuhörer oder auch sich selbst an und den Frühling in Z. 5 und 7 mit einem Ausruf voller Freude.

Personifizierung optisch

Die Wahrnehmungen sind zunächst optische, das Ich sieht, wie der personifizierte Frühling ein *blaues Band ... flattern läßt*, ein schönes, aber unbestimmtes Bild. Denn was für ein Band dies ist, ob es z.B. den blauen Himmel bezeichnen soll, bleibt unerklärt, ist jedoch naheliegend. Nur die Farbe ist wichtig und die Bewegung, die weit ausgreift, *durch die Lüfte*. Dies ist eine wiederkehrende Tätigkeit, d.h. es war wohl auch schon im vorigen Jahr ähnlich.

olfaktorisch

Mit der Luft kommen *Düfte* (olfaktorisch), Z. 3, sie sind *süß* und zart, denn sie *streifen ... das Land* nur. Aber sie sind auch schon *wohlbekannt*, ebenso wie das blaue Band. Ahnungen, die doch eigentlich das lyrische Ich mit ihnen verbindet, werden als Adverb an ihr Streifen geheftet – so bekommen auch die Düfte etwas Persönliches.

Dass jetzt *Veilchen,* Z. 5, darauf warten zu kommen, wird einfach behauptet, das lyrische Ich weiß es genau. Die Blumen sind auch personifiziert, denn sie *träumen* und haben ganz ausgesprochen den Wunsch, zu erscheinen, und zwar *balde*.

akustisch

Alles bisher Geschilderte spielt sich wohl schon über einen längeren Zeitraum ab, doch jetzt tritt etwas ganz plötzlich auf: Eine Aufforderung lautet, aufzuhorchen – an wen sie sich richtet, bleibt offen. Ein wiederum zarter, weil *leiser Harfenton,* Z. 7 (ein akustisches Motiv), ist aus der Ferne zu hören – vielleicht von einer Äolsharfe, wie sie in einem anderen Mörike-Gedicht vorkommt.

Aus all diesen Empfindungen schließt das lyrische Ich, dass jetzt der Frühling endlich und wirklich da ist, er wird zweimal direkt angesprochen (*du* und *dich*), und aus dem verstärkenden *ja* spricht große Freude.

Alle Verse beginnen mit der Hebung, was in der deutschen Dichtung nicht allzu häufig ist, denn die meisten deutschen Verse beginnen mit einer Senkung – auch hierdurch wird der jubelnde Charakter des Gedichts hervorgehoben.

Zweimal steht das Wort *Frühling* am Beginn eines Verses, in der ersten Hebung. Betont am Beginn stehen außerdem die Worte *Wieder, Süße, Veilchen* und *Horch* – lauter positive und für den Inhalt wichtige Worte. Obwohl klar ist, dass der Frühling jedes Jahr wiederkehrt, ist das lyrische Ich im Augenblick vollkommen glücklich.

Form: Die neun Verse sind rein alternierend trochäisch und überwiegend vierhebig. Nur die Aufforderung herzuhören (in Z. 7) hat eine Hebung mehr. Die Zeilen 5/6, *Veilchen träumen schon / Wollen balde kommen,* haben jeweils nur drei verwirklichte Haupthebungen, ebenso *Frühling, ja du bist's ! / Dich hab ich vernommen.* Das Reimschema ist: abba cdc x d, also zuerst umarmender Reim, dann erweiterter Kreuzreim. Der erfreute, erkennende Ausruf bleibt

ohne Reim (x = Waise) und wird damit besonders hervorgehoben. Allerdings   **Waise**
reimt sich diese Zeile auf die Überschrift. Setzt man Vier- , Drei- und Fünf-
Heber an, hätten wir Madrigalverse vor uns, die oft Waisen zeigen und bei   **Madrigalverse**
Mörike häufig vorkommen.

Epoche: Mörike setzt noch, wie die Romantik, eine persönliche Beziehung
zwischen Mensch und Natur (hier Jahreszeit) voraus. Alle Naturerscheinungen
(wie z.B. Veilchen) können personifiziert werden. Sie wirken auf die Emotio-
nen eines lyrischen Ich ein, ganz persönliche Freude kann entstehen. Diese
wird ästhetisch positiv ausgedrückt in gereimten alternierenden Versen. Der
Ausdruck ganz persönlicher Gefühle spiegelt die Situation vieler Menschen in
der Epoche der Restauration: Sie haben sich auf die eigene kleine Welt zurückgezogen, auf die Idylle, in der man sich an der Natur freute, ohne weitere
gesellschaftliche oder politische Interessen zu haben. Es wurde nachgewiesen,
dass mehrere hier gebrauchte Begriffe, die Veilchen, der Harfenton, Lüfte/
Düfte, schon in der Empfindsamkeit, der Dichtung des 18. Jahrhunderts, vor-
kamen. Das zeigt die Verbindung dieses fein empfindenden Dichters zur Lite-
ratur der Vergangenheit, hier hat er jedoch einen ganz eigenen Ton gefunden .

5.2   Neues Wesen

I.	Blau kommt auf	x́ x x́	Kretikus
	wie Mörikes leiser Harfenton.	x x́ x x x́ x x́ x x́	Kretikus
	Immer wieder	x́ x x́ x	
	wird das so sein.	x́ x x x́	Choriambus
5	Die Leute streichen	x x́ x x́ x	
	ihre Häuser an.	x́ x x́ x x́	Kretikus
	Auf die verschiedenen Wände	x́ x x x́ x x x́ x	Adonëus
	Scheint Sonne.	x́ x́ x	
	Jeder erwartet das.	x́ x x x́ x x́	Kretikus
10	Frühling, ja du bist's!	x́ x x x́ x	Kretikus
	Man kann das nachlesen.	x x́ x x́ x́ x	
	Die grüne Hecke ist ein Zitat	x x́ x x́ x x x x́ x x́	Kretikus
	aus einem unbekannten Dichter.	x x́ x x x́ x x́ x x́ x	
II.	Die Leute streichen auch	x x́ x x́ x x́	Kretikus
15	ihre Familien an, die Autos,	x́ x x x́ x x́ x x x́ x	
	die Boote.	x x́ x	
	Ihr neues Wesen	x x́ x x́ x	
	gefällt allgemein.	x x́ x́ x x́	Kretikus

Karl Krolow *1915 (1965)

Substantive	Adjektive / Adverb(iale)	Verben
	Blau **ab Zit**	*kommt auf* **ab**
wie Mörikes leiser Harfenton **Zit**		
	immer wieder **Zit Z**	
		wird so sein **ab**
Leute		*streichen – an*
Häuser		
	auf die verschiedenen <u>*Wände*</u> **O**	
Sonne		*scheint* **opt**
Jeder **ab**		*erwartet* **ab**
Frühling, ja du bist's! **Zit**		
Man		*kann das nachlesen* **ab**
<u>*Hecke*</u> *Zitat* **ab Zit**	*grüne*	
Dichter	*unbekannter*	
<u>*Leute*</u> **Wh**		*streichen an* **Wh**
Familien **Bi** <u>*Autos*</u>		
<u>*Boote*</u>		
neues Wesen **ab**		
	allgemein **ab**	*gefällt* **ab wert**

ab(strakt) **Bi**(ld) <u>**konkret**</u> **opt**(isch) **O**(rt) **wert**(end) **Wh** Wiederholung **Z**(eit) **Zit**(at)

Sprechsituation:	wer?	Sprecher, kein lyrisches Ich
	wo?	—
	wann?	im Frühling
	zu wem?	—
Tempus:		Präsens und allgemeines Futur.
Einteilung:		Zwei Sinnabschnitte, I. Z. 1–13, II. Z. 14–17

Interpretation

Auch hier wird über die Gegenwart gesprochen, aber außerdem die Zukunft erwähnt, die immer wieder gleich sein wird. Ein lyrisches Ich ist nicht vorhanden, nur ein unpersönlicher Sprecher, das ist ein entscheidender Unterschied zu dem Gedicht aus dem 19. Jahrhundert.

Das Gedicht von Karl Krolow bezieht sich mit vier wörtlichen Zitaten eindeutig auf das zuerst besprochene Mörike-Gedicht. Viele Aussagen dieses modernen Gedichts sind abstrakt und unpersönlich, wie schon die Überschrift (die, ähnlich wie bei Mörike, am Schluss wiederkehrt).

I. Es beginnt mit der Farbe Blau, wie bei Mörike, hier jedoch ist sie zu einem abstrakten *Blau* geworden, ohne jede Bewegung. Dieses *Blau kommt auf* und zwar *wie* der *Harfenton*, der ausdrücklich als Mörike-Zitat bezeichnet ist. Der Vergleich einer Farbe mit einem bestimmten Ton ist rein literarisch und abstrakt. Gleich danach wird gesagt, dass dies *immer wieder* geschehen wird. Hier ist das *wieder* kein frohes Wiedererkennen wie bei Mörike, sondern nur eine sogar langweilige Wiederholung, da sich alles auch in der Zukunft auf die gleiche Weise abspielen wird.

Verallgemeinerung

Als nächstes Subjekt treten ganz allgemein *die Leute,* Z. 5 und 14, auf (dazu noch Z. 9 *Jeder* und Z. 11 *Man,* Z. 17 *allgemein*). Die Leute tun etwas Nützliches, sie benutzen Farben, um ihre Häuser zu verschönern, anscheinend tun sie das in jedem Frühjahr. Die Sonne hat die Aufgabe, die Verschiedenheit zwischen gestrichenen und nicht gestrichenen Wänden deutlich zu machen (oder auch die zwischen unterschiedlich großen Wänden). Dies wird anscheinend immer und von allen *erwartet,* Z. 9, es ist also nichts eigentlich Neues.

Metonymie

Daraus kann man schließen, dass der Frühling da ist – hierzu kann man den Mörike-Vers zitieren, den ja jeder (*man*) nachlesen kann, Z. 11. Da im Frühling offensichtlich alles eher Zitat als Wirklichkeit ist, wird nun behauptet, dass auch die (doch wohl sichtbar vorhandene) *grüne Hecke* ebenfalls nur ein *Zitat* sei, allerdings eines *aus einem unbekannten Dichter,* Z. 13 („aus einem Dichter" ist eine Metonymie: Autor für Werk, vgl. „Goethe lesen"). Während zu Anfang das Blau des Mörike-Zitats zur Anstrichfarbe materialisiert wird, wird hier die Hecke literarisiert und damit entmaterialisiert.

II. In dem neuen Abschnitt kommen *die Leute,* d.h. die Allgemeinheit, zum zweiten Mal vor. Sie dehnen ihre Tätigkeit des Anstreichens jetzt nicht nur auf *Autos* und *Boote* aus, sondern ironischerweise auch auf *ihre Familien,* Z. 14. Die alles überdeckende neue Farbe, wie in der Überschrift als *neues Wesen,* Z. 17, bezeichnet, ist *allgemein* angenehm. Ganz zum Schluss steht damit wieder ein völlig abstrakter Satz – freut sich das lyrische Ich bei Mörike über den konkreten Frühling, so steht hier das abstrakte Wohlgefallen der Allgemeinheit an etwas Neuem. Von Freude ist nicht die Rede. Denn „gefallen" ist zwar ein positives Wort, aber auf einer fast nicht mehr emotionalen Ebene: Was allen gefällt oder auch nicht, ist eigentlich nicht sehr wichtig.

Die persönliche Freude fehlt bei Krolow ebenso wie das Beteiligtsein eines lyrischen Ich; statt dessen finden wir eine deutliche Kritik der Konsumgesellschaft, was zu den sechziger Jahren (Wirtschaftswunder) passt. Krolow hat als Naturlyriker schon vor 1945 begonnen, dann jedoch zunehmend Abschied von positiven Naturbetrachtungen genommen, ebenso wie von einer festen traditionellen Form.

Form: Das Gedicht ist in freien Versen geschrieben, d.h. ohne festen metrischen Rahmen (eine Hebung in Z. 16; zwei Hebungen Z. 1, 3, 4, 5, 8; drei in Z. 6, 7, 9, 11, 14, 18; vier in Z. 2, 12, 13 und 15), ohne Reime, ohne feste Zeilenzahl der Abschnitte. Von Versen ist trotzdem zu reden, da sich häufig metrische Floskeln finden, so achtmal der Kretikus, mit dem das Gedicht beginnt und schließt: *Bláu kommt áuf, állgeméin,* ebenso Z. 2, 6, 9, 10, 12, 14, 18. Dieser feste Versschluss bestimmt das ganze Gedicht.

freie Verse

Vergleich

Man kann aus dem Vergleich der beiden Gedichte die Entwicklung ablesen: Bei Mörike (1829) ist die ganz persönliche Freude eines lyrischen Ich zu spüren, verbunden mit Eindrücken, die alle Sinne erfassen (auch den Geruchssinn). Naturphänomene werden personifiziert. Krolow (20. Jahrhundert) dagegen wendet alles ins Unpersönlich-Literarische und verbindet dies mit einer deutlichen Kritik an der modernen Gesellschaft.

6   Heinrich Heine, Mein Herz, mein Herz ... und: Die Jahre kommen und gehen

6.1   Mein Herz, mein Herz ...

I.   Mein Herz, mein Herz ist traurig,   x x́ x x́ x — ́ x̀
        Doch lustig leuchtet der Mai;   x x́ x x́ x x x́
        Ich stehe, gelehnt an der Linde,   x x́ x x x́ x x — ́ x̀
        Hoch auf der alten Bastei.   x́ x x x x́ x x x́

II. 5 Da drunten fließt der blaue   x x́ x x́ x — ́ x̀
        Stadtgraben in stiller Ruh;   x x́ x x x́ x x́
        Ein Knabe fährt im Kahne,   x x́ x x́ x — ́ x̀
        Und angelt und pfeift dazu.   x x́ x x x́ x x́

III.   Jenseits erheben sich freundlich,   x́ x x x́ x x — ́ x̀
     10 In winziger, bunter Gestalt,   x x́ x x x́ x x x́
        Lusthäuser, und Gärten, und Menschen,   x x́ x x x́ x x — ́ x̀
        Und Ochsen, und Wiesen, und Wald.   x x́ x x x́ x x x́

IV.   Die Mägde bleichen Wäsche,   x x́ x x́ x — ́ x̀
        Sie springen im Gras herum: x x́ x x x́ x x́
     15 Das Mühlrad stäubt Diamanten,   x x́ x x́ x x — ́ x̀
        Ich höre sein fernes Gesumm.   x x́ x x x́ x x x́

V.   Am alten grauen Turme   x x́ x x́ x — ́ x̀
        Ein Schilderhäuschen steht;   x x́ x x x́ x́
        Ein rotgeröckter Bursche   x x́ x x́ x — ́ x̀
     20 Dort auf und nieder geht.   x x́ x x́ x́

VI.   Er spielt mit seiner Flinte,   x x́ x x́ x — ́ x̀
        Die funkelt im Sonnenrot,   x x́ x x x́ x x́
        Er präsentiert und schultert –   x x́ x x́ x — ́ x̀
        Ich wollt, er schösse mich tot.   x x́ x x x́ x x́

Heinrich Heine, 1797–1856 (1826)

Substantive	Adjektive /Adverb(iale)	Verben
kennzeichnet romantische Worte		
Mein *Herz Wh	*traurig em neg	ist
Mai Z	lustig em pos	*leuchtet opt
	gelehnt an der *Linde	stehe
	hoch auf der *alten Bastei O	
	da *drunten O *blaue	fließt
Stadtgraben	in *stiller *Ruh	
*Knabe	im *Kahne O	fährt
		angelt pfeift ak
	*jenseits O freundlich em wert	erheben
	in winziger bunter Gestalt opt	
Lusthäuser *Gärten Menschen		
Ochsen *Wiesen *Wald		
Mägde Wäsche		bleichen
Gras		springen
*Mühlrad *Diamanten Bi		stäubt Bi
fernes Gesumm ak		höre
	*alten *grauen *Turme O	
Schilderhäuschen		steht
Bursche	rotgeröckter	
	auf und nieder	geht
Flinte		spielt
*Sonnenrot		*funkelt
		präsentiert schultert
	*tot	ich wollt, er schösse em Kj

ab(strakt) ak(ustisch) Bi(ld) em(otional) Kj(Konjunktiv) konkret neg(ativ) opt(isch)
O(rt) pos(itiv) wert(end) Wh (Wiederholung) Z(eit)

Sprechsituation:	wer?	explizites lyrisches Ich, Str. I.
	wann?	Mai
	wo?	Bastei
	zu wem?	—
Tempus:		Präsens und in der VI. Strophe Konjunktiv
Einteilung:		sechs vierzeilige Strophen

Interpretation

Chiasmus

I. Der Anfang des Gedichts klingt sehr romantisch – doch die Antithese (im Chiasmus: Z. 1 Subst. – Adj. *Herz – traurig –* Z. 2 Adj. – Subst. *lustig – Mai*) zeigt sofort, dass hier nicht das gewohnte romantische Stimmungsbild gegeben werden soll, in dem Natur und persönliche Stimmung übereinstimmen. Die vielen romantischen Topoi (Wortliste*) zeigen die Anlehnung an die Romantik, doch in jeder Strophe stehen daneben Begriffe, die in der Romantik nicht vorkommen, weil sie viel zu platt realistisch sind. Warum das lyrische Ich, das ja gleich in der ersten Strophe explizit erscheint, so traurig ist, wird nicht begründet.

hartes Enjambement

Stilbruch

II. Durch ein hartes Enjambement (Trennung von Adjektiv und Substantiv) wird in der zweiten Strophe Z. 1/2 die Stimmung zerstört, weil man in romantischer Tradition nach dem Adjektiv *blau* einen Fluss oder Strom im Gedicht erwartet, nicht aber einen *Stadtgraben*, der auch noch betonten Auftakt hat, *Stádt–gráben*. Das ist ein überraschender Stilbruch. Ebenso sitzt zwar ein Knabe im Kahn (romantisch), aber er übt eine ganz realistische Tätigkeit aus, er *angelt* und obendrein *pfeift* er auch noch.

III. Dass die Perspektive des Sprechers alles verkleinert, wird deutlich durch das Wort *winzig* in der dritten Strophe, in der *Lusthäuser* (kleine Pavillons) in den romantischen *Gärten* stehen, und in *Wiesen und Wald* sowohl *Menschen*, als auch unmittelbar darauf folgend *Ochsen* zu sehen sind, die in romantischen Gedichten niemals vorkommen.

IV. Wieder näher gerückt sind die Wiesen in der vierten Strophe, in der deutlich *Mägde* zu erkennen sind, die ganz real *Wäsche* in der Sonne bleichen, wobei immer Zeit zum Herumspringen bleibt. Das romantische *Mühlrad* stäubt zwar auf poetische Weise *Diamanten,* aber zu hören ist wieder realistisch nur ein *fernes Gesumm* (mit ironischem Reim auf *herum*), d.h. man kann das Geklapper der Mühle nicht deutlich hören.

V. Der *alte graue Turm* könnte auch in Eichendorffgedichten vorkommen, aber das *Schilderhäuschen* stammt aus der Gegenwart des frühen 19. Jahrhunderts, ebenso wie der *Bursche*, der mit einem ausgesprochen komischen Neologismus als *rotgeröckt* (wohl rot-uniformiert) bezeichnet wird.

Neologismus

VI. Es wird angezeigt, dass dieser junge Mann sich langweilt, er *spielt mit seiner Flinte,* er übt wohl für das nächste Manöver. Völlig unmotiviert, wenn man nicht an die *traurig(e)* erste Zeile der ersten Strophe denkt, folgt hier ein Todeswunsch, noch dazu ein in Kindersprache formulierter Wunsch, „totgeschossen" zu werden – mit dem Konjunktiv *schösse* wiederum komisch klingend. Dieser wird erst erklärbar, wenn man das Vorbild, das Eichendorffgedicht vom zerbrochenen Ringlein, liest (s.u.). Dort erwächst der Todeswunsch aus der Verzweiflung über die Untreue der Geliebten. Davon ist jedoch bei Heine gar keine Rede.

Form: Die bekannte Volksliedstrophe, vierzeilig, klingend-stumpf, gereimt xaya, mit freien Füllungen, weist durch die Motive der Traurigkeit, des Mühlrads und des Todeswunsches hin auf das Lied vom zerbrochenen Ringlein von Eichendorff (s.u.), das um 1810 entstanden ist und die gleiche Form und ähnliche Motive aufweist. Es ist deutlich, dass sowohl die Form als auch viele Motive an Gedichte der Romantik anklingen sollen. Durch die Verbindung mit banal realistischen Motiven werden jedoch die romantischen Gefühle, die Heine als nicht mehr zeitgemäß empfand, ins Lächerliche gezogen.

Volksliedstrophe
freie Füllungen

Bezugstext: Das zerbrochene Ringlein

I.	In einem kühlen Grunde	x x́ x x́ x — ́ x̀
	Da geht ein Mühlenrad,	x x́ x x x́ x́
	Mein' Liebste ist verschwunden,	x x́ x x x́ x — ́ x̀
	Die dort gewohnet hat.	x x́ x x x́ x́

II. 5   Sie hat mir Treu versprochen,
        Gab mir ein'n Ring dabei,
        Sie hat die Treu gebrochen,
        Mein Ringlein sprang entzwei.

III.   Ich möcht als Spielmann reisen
   10   Weit in die Welt hinaus,
        Und singen meine Weisen,
        Und gehn von Haus zu Haus.

IV.   Ich möcht als Reiter fliegen
        Wohl in die blutge Schlacht,
   15   Um stille Feuer liegen
        Im Feld bei dunkler Nacht.

V.   Hör ich das Mühlrad gehen:
        Ich weiß nicht, was ich will –
        Ich möcht am liebsten sterben,
   20   Da wär's auf einmal still!

       Joseph von Eichendorff, 1788–1857 (1810)

Sprechsituation:	wer?	lyrisches Ich (*mein*, I.3, *mir*, II.1, usw.)
	wo?	unbestimmt
Tempus:		I. Präsens und II. Präteritum (Rückblick auf die Vergangenheit),
		III. und IV. Präsens, V.4 Konjunktiv
Einteilung:		fünf vierzeilige volksliedhafte Strophen, alternierende Vierheber,
		kl.-stumpf mit Auftakt

In diesem Text sind im Gegensatz zu Heines Gedicht das Mühlrad und der Todeswunsch deutlich motiviert.

6.2 Die Jahre kommen und gehen

I.   Die Jahre kommen und gehen,   x x́ x x́ x x — x̀

             Geschlechter steigen ins Grab,   x x́ x x́ x x x́

             Doch nimmer vergeht die Liebe,   x x́ x x x́ x — x̀

             Die ich im Herzen hab.   x x́ x x́ x x́

II. 5   Nur einmal noch möcht ich dich sehen   x x́ x x x́ x x — x̀

             Und sinken vor dir auf's Knie,   x x́ x x x́ x x́

             Und sterbend zu dir sprechen: x x́ x x́ x — x̀

             Madame, ich liebe Sie!   x x́ x x x́ x x́

Heinrich Heine, 1797–1856 (1826)

Substantive	Adjektive /Adverb(iale)	Verben
Jahre **Z**		kommen und *gehen* **Bi**
Geschlechter **ab**		steigen ins <u>Grab</u> **Bi**
Liebe **ab**	*nimmer* **Z**	*vergeht* **Bi**
	im <u>Herzen</u>	hab **Bi**
	nur einmal noch **Z**	möcht ich dich sehen **em Kj**
	vor dir	aufs <u>Knie</u> sinken
	sterbend	sprechen
Madame		ich *liebe* Sie!

ab(strakt) **Bi**(ld) **em**(otional) **Kj**(Konjunktiv) <u>konkret</u> **Z**(eit)

Sprechsituation:	wer?	lyrisches Ich
	wo?	unbestimmt
	wann?	—
	zu wem?	zu einer Frau (II.)
Tempus:	allgemeines Präsens	
Einteilung:	zwei vierzeilige Strophen	

Interpretation

I. In dem zweiten Gedicht aus der gleichen Gedichtsammlung (*Die Heimkehr*), „Die Jahre kommen und gehen", klingt fast die ganze erste Strophe sehr romantisch mit den Begriffen *Herz, Liebe* und den vergehenden *Jahre(n)*. Dass ganze *Geschlechter ins Grab steigen,* stört allerdings den romantischen Ton bereits. Aber das Motiv der *nimmer vergeh(enden) Liebe* bringt wieder den gefühlvollen Klang und erfüllt die Erwartungshaltung, die in der ersten Zeile aufgebaut wurde.

II. Die zweite Strophe beginnt mit einem romantischen Wunsch, nämlich ein Du (wegen II.4 eine Frau) noch ein einziges Mal wiederzusehen. Die Geste des Kniefalls, die man in dieser Zeit gewiss schon als absurd empfand, wird dann ins Abstruse gewendet, wenn das Wort *sterbend* eingefügt wird (wie kann jemand sterbend noch einen Kniefall tun?). In die konventionelle Sprache des frühen 19. Jahrhunderts wird das Geständnis der Liebe versetzt, wenn die Geliebte mit *Sie* und *Madame* angeredet wird.

Form: vierzeilige Strophen, klingend-stumpf, mit freien Füllungen und mit Auftakt, also auch volksliedähnlich.   **freie Füllungen**

Die besondere Fähigkeit und Intention Heines war es, romantische Motive ins Lächerliche zu ziehen, indem er sie rücksichtslos mit platter Realität und Banalität verband und dadurch deutlich machte, dass sie um 1826 bereits nicht mehr zeitgemäß wären und eigentlich solche Gefühle nur vortäuschten.

7   **Theodor Storm, Abseits –
        Sarah Kirsch, Im Sommer**

7.1   Abseits

I.   Es ist so still; die Heide liegt   x x́ x x́ x x́ x x́
        Im warmen Mittagssonnenstrahle,   x x́ x x́ x x x́ x x́ x
        Ein rosenroter Schimmer fliegt   x x́ x x́ x x x́ x x́
        Um ihre alten Gräbermale;   x x́ x x́ x x x́ x x́ x
    5   Die Kräuter blühn; der Heideduft   x x́ x x́ x x x́ x x́
        Steigt in die blaue Sommerluft.   x x́ x x́ x x́ x x́

II.   Laufkäfer hasten durchs Gesträuch
        In ihren goldnen Panzerröckchen.
        Die Bienen hängen Zweig um Zweig
    10 Sich an der Edelheide Glöckchen,
        Die Vögel schwirren aus dem Kraut –
        Die Luft ist voller Lerchenlaut.

III.   Ein halbverfallen niedrig Haus
        Steht einsam hier und sonnbeschienen;
    15 Der Kätner lehnt zur Tür hinaus,
        Behaglich blinzelnd nach den Bienen;
        Sein Junge auf dem Stein davor
        Schnitzt Pfeifen sich aus Kälberrohr.

IV.   Kaum zittert durch die Mittagsruh
    20 Ein Schlag der Dorfuhr, der entfernten;
        Dem Alten fällt die Wimper zu,
        Er träumt von seinen Honigernten.
        – Kein Klang der aufgeregten Zeit
        Drang noch in diese Einsamkeit.

                    Theodor Storm, 1817–1888 (1848)

Substantive	Adjektive /Adverb(iale)	Verben
Heide	*still* **ak**	*liegt*
Mittagssonnenstrahle **Z**	*warmen* **sens pos**	
Schimmer	*rosenroter* **opt**	*fliegt* **Bi**
Gräbermale	*alten* **opt**	
Kräuter, Heideduft **olf**		*blühn*
Sommerluft	*blaue* **Bi**	*steigt* **Bi**
Laufkäfer	*durchs Gesträuch*	*hasten*
Panzerröckchen	*goldnen* **Bi opt**	
Bienen	*Zweig um Zweig*	*hängen*
Glöckchen der Edelheide		
Vögel	*aus dem Kraut*	*schwirren*
Luft	*voller Lerchenlaut* **ak**	
Haus	*halbverfallen, niedrig* **opt neg**	
	einsam, sonnbeschienen **opt**	*steht*
Kätner	*zur Tür hinaus* **O**	*lehnt*
	nach den Bienen behaglich **em** *blinzelnd*	
Junge	*auf dem Stein* **O**	
Pfeifen aus Kälberrohr		*schnitzt*
	Mittagsruh **Z**	*zittert* **ak**
Schlag der entfernten Dorfuhr **ak**		
Alten, Wimper		*fällt zu*
Honigernten		*träumt* **ab**
kein Klang der aufgeregten Zeit **Bi wert**		
	in diese Einsamkeit **ab**	*drang noch* **ab**

ab(strakt) **ak**(ustisch) **Bi**(ld) **em**(otional) konkret **neg**(ativ) **olf**(aktorisch, Gerüche betreffend) **opt**(isch) **O**(rt) **pos**(itiv) **sens**(orisch) **wert**(end) **Z**(eit)

Sprechsituation:	wer?	unpersönlicher Sprecher, kein lyrisches Ich
	wo?	Heide
	wann?	Sommer, Mittag
	zu wem?	—
Tempus:	Präsens	
Einteilung:	vier Strophen	

Interpretation

Der Titel *Abseits* ist hier besonders aufschlussreich, es handelt sich um eine bestimmte örtliche Situation, entfernt vom Dorf, in einsamer Heidelandschaft. Die Situation wird ausgesprochen positiv beschrieben: es gibt außer III.1 *halb verfallen* keine negativen Adjektive.

sensorisch

I. Es ist *still,* I.1, und *warm,* I.2, auch Gefühle auf der Haut werden also angesprochen (sensorisch). Schöne Farben tauchen auf, *rosenro*t, I.3, und *blau,* I.6. Mit der *blauen Sommerluft,* I.6, haben wir eine Vermischung zweier Ebenen vor uns: Die Luft ist nur durchsichtig, aber wenn die Sommerluft hier als blau bezeichnet wird, dann ist wohl der blaue Himmel darüber mitgemeint. Ähnlich wird es sich mit dem *rosenroten Schimmer* verhalten – das Heidekraut blüht rot, so sieht alles rötlich aus. Die *Gräbermale,* I.4, werden Hünengräber sein, die sich an vielen Stellen in der Heide befinden. Wenn hier etwas ausgesagt wird, dann immer im positiven, verschönernden Sinn.

Realismus
Diminutive

Fachbegriffe

II. War die Situation in der ersten Strophe eher von oben her gesehen, so geht der Blick jetzt nach unten; auf dem Boden krabbeln schnell die *Laufkäfer,* die ganz realistisch gezeichnet werden mit goldglänzenden Rücken, die aussehen wie Panzer. Die Diminutive (Verkleinerungen) in Z. 2 und 4 dienen zur Verniedlichung. Viele Bienen sind zu sehen, sie hängen bei der Honigsuche an den Glocken der *Edelheide,* dies ist wie *Laufkäfer* ein ausgesprochener Fachbegriff. Von der untersten Ebene geht mit den hochschwirrenden Vögeln die Bewegung wieder nach oben, wo man *Lerchen* hört; auch hier verstärkende Worte, *voller Lerchenlaut,* II.6, man hört sonst gar nichts anderes (hier erstmalig ein akustisches Signal).

III. Das ärmliche Haus des *Kätners* (= Besitzer keines richtigen Hauses, sondern nur einer armseligen Kate) wird wenigstens von der Sonne beschienen und ist damit auch verklärt. Dem Kätner geht es eben gut, er schaut *behaglich* nach seinen Bienen; sein Junge braucht jetzt um die Mittagszeit auch nicht zu arbeiten, er kann sich *Pfeifen schnitzen* aus Material, das um ihn herum wächst.
Detailtreue *Kälberrohr,* III.6, ist wiederum eine sehr genaue Bezeichnung, es kommt Storm immer wieder auf Detailtreue an.

IV. Die *Dorfuhr* hört man nur ganz von ferne – der Alte kann ruhig einschlafen. Es wird angenommen, dass er angenehme Träume hat von den künftigen *Honigernten,* IV.4, ein Zuverdienst neben seinem kärglichen Tagelohn. Nach dem Gedankenstrich, der diese Idylle unterbricht, steht eine Drohung: Irgendwann später wird doch die *aufgeregte Zeit* auch in diese *Einsamkeit* hineinbrechen, aber bis jetzt herrscht hier *noch* ein behaglicher Frieden.

Jamben

Form: Sechszeilige Strophen aus rein alternierenden jambischen Vierhebern, Z. 1–4 im Kreuzreim gereimt und zwar so, dass sich jeweils zwischen 1/2 und 3/4 eine glatte Fugung ergibt, indem auf den männlichen Schluss in der nächsten Zeile der Auftakt folgt. Diese Zeilen weisen oft ein Enjambement auf, die anderen nie, d.h. die Syntax unterstreicht die metrische Form. Das abschließende Reimpaar jeder Strophe endet männlich, so dass sich hier wieder jeweils eine glatte Fugung ergibt. Diese fast durchgehende Alternation (außer zwischen Z. 2 und 3, 4 und 5, wo ein weiblicher Schluss mit dem Auftakt der nächsten Zeile eine doppelte Senkung ergibt) entspricht der ruhigen, sanften Atmosphäre – das Reimpaar schließt jede Strophe fest ab, so wie diese einsame Gegend vom Unfrieden der Zeit abgeschlossen ist.

glatte Fugung = durchgehende Alternation

7.2   Im Sommer

I.	Dünnbesiedelt das Land.	x̀x x́xx x́	Choriambus
	Trotz riesiger Felder und Maschinen	x x́xx x̀x x̀x x̀x	
	Liegen die Dörfer schläfrig	x́xx x̀x x̀x	Enjambement
	In Buchsbaumgärten; die Katzen	x x́x x́xx x̀x	Adonëus Enj.
5	Trifft selten ein Steinwurf.	x x́xx x̀x	Adonëus
II.	Im August fallen Sterne.	x̀x x́ x̀x x̀x	
	Im September bläst man die Jagd an.	x̀x x̀x x́xx x̀x	Adonëus
	Noch fliegt die Graugans, spaziert der Storch	x x́x x́xx x̀x x́	
	Durch unvergiftete Wiesen. Ach, die Wolken	x x́x x́xx x̀x x̀x x́x	
10	Wie Berge fliegen sie über die Wälder.	x x́x x́xx x́xx x̀x	Adonëus
III.	Wenn man hier keine Zeitung hält	x̀x x́ x̀x x̀x x́	
	Ist die Welt in Ordnung.	x̀x x̀x x̀x	
	In Pflaumenmuskesseln	x x́xx x́x	Adonëus Enj.
	Spiegelt sich schön das eigne Gesicht und	x́xx x̀x x́xx x̀x	Adonëus Enj.
15	Feuerrot leuchten die Felder.	x́xx x́xx x́x	Adonëus

Sarah Kirsch, *1935 (1977)

Substantive	Adjektive /Adverb(iale)	Verben
Land	*Dünnbesiedelt* **wert**	
Felder Maschinen	*riesiger* **wert**	
Dörfer	*schläfrig* **Bi Pers**	*liegen*
Katzen	*in Buchsbaumgärten* **O**	
Steinwurf	*selten* **Z**	*trifft*
Sterne	*August* **Z**	*fallen* **opt**
Jagd	*September* **Z**	*bläst an* **ak**
Graugans Storch	*noch* **Z**	*fliegt spaziert*
Wiesen Wolken	*unvergiftete* **wert**, *Ach* **em**	
Berge **Bi**	*über die Wälder* **O**	*fliegen* **Bi**
Zeitung	*hier* **O**	*hält*
Welt **ab**	*in Ordnung* **ab**	*ist*
	in Pflaumenmuskesseln	
Gesicht	*schön* **wert** *eigne*	*spiegelt*
Felder	*feuerrot* **Bi**	*leuchten* **Bi**

ab(strakt) **ak**(ustisch) **Bi**(ld) **em**(otional) konkret **opt**(isch) **O**(rt) **Pers**(onifikation)
wert(end) **Z**(eit

Sprechsituation:	wer?	Sprecher, kein lyrisches Ich	
	wann?	—	
	wo?	wegen Z. 11 *hier* auf dem Land	
	zu wem?	—	
Tempus:	Präsens		
Einteilung:	drei Scheinstrophen, also Abschnitte		

Interpretation

I. Das Gedicht, ohne lyrisches Ich, beginnt mit einer geographisch nüchternen Feststellung im Telegrammstil. Der Satz ist elliptisch, denn das Verb „ist" fehlt. Wir hören, dass die *Felder riesig* sind und daher nur mit *Maschinen* bearbeitet werden können. *Die Dörfer liegen schläfrig* (Personifikation), Z. 3, inmitten von *Buchsbaumgärten*. Dies ist eine Verkürzung, denn die kleinen Gärten liegen natürlich um die einzelnen Häuser herum. Buchsbaumgärten sind ausgespochen altmodisch und die Hecken grenzen ab; dies passt gut zu dem verschlafenen Eindruck, den die Dörfer machen. Jetzt kommt Handlung oder vielmehr Nicht-Handlung ins Spiel: Was in Dörfern sonst immer Brauch ist, die *Katzen*, die u.U. auf Küken lauern, mit Steinen zu verjagen, passiert hier nur *selten*; vielleicht, weil die Bewohner tagsüber woanders arbeiten (man denke an die LPG in der ehemaligen DDR). Wir haben eine zwar moderne (*Maschinen*), nüchtern geschilderte, aber friedliche Umwelt vor uns, und dies gilt wohl für eine ganze Anzahl von Dörfern in diesem Landstrich, der so wenige Einwohner hat (I.1).

unpersönlicher
Sprecher
Ellipse
Personifikation
Verkürzung

II. Auch der nächste Abschnitt macht allgemeine Aussagen: Jedes Jahr *im August* sieht man den Sternschnuppenfall der Leonidenschwärme, eine in diesem Monat überall zu beobachtende Naturerscheinung. Ebenso wird jedes Jahr im *September die Jagd* angeblasen, d.h. mit einem Waldhorn wird das Signal dafür gegeben, dass man ab jetzt wieder jagen darf, weil es keine von der Mutter abhängigen Jungtiere mehr gibt. Das bedeutet, dass die Jahreszeiten hier immer gleich verlaufen, es gelten nicht nur in der Natur, sondern auch für die Menschen (*Jagd*) bestimmte Regeln, die immer befolgt werden. Das sind feste ordnende Übereinkünfte.

Fachbegriffe

Mitten im zweiten Abschnitt setzt der Blick auf eine schlechtere Zukunft ein, *noch* zwar gibt es Graugänse und Störche und *unvergiftete Wiesen* — aber „wie lange noch?" fragt implizit (indirekt) das kleine Wort „noch". Bleiben werden die *Wolken*, bei ihrer Betrachtung hören wir den Seufzer: *Ach* – zum ersten Mal eine emotionale Beteiligung des sonst völlig hinter dem Text verborgenen Sprechers. Dass die Wolken in dieser wohl sehr flachen Landschaft wie Berge erscheinen, kommt bei Sarah Kirsch auch an anderer Stelle vor – dies ist ein Bild, das in der sehr nüchternen Darstellung ebenso überrascht wie der emotionale Ausruf. Vielleicht drücken die Wolkenberge auch schon implizit eine Drohung aus.

III. *Hier* deutet an, dass der Sprecher sich selbst in dieser Gegend befindet oder sich doch dorthin denkt. Hier also ist die *Welt in Ordnung,* das soll wohl heißen, dass alles nach den erwähnten Regeln verläuft, worüber man ganz sicher sein kann. Dies aber nur dann, wenn *man keine Zeitung hält,* d.h. sich nicht um den Unfrieden und andere aktuelle, z.B. ökologische Schwierigkeiten in der Welt kümmert. Dann kann man ruhig das *eigene Gesicht* in den blanken, schön geputzten kupfernen *Pflaumenmuskesseln spiegel(n),* III.13 und 14, d.h., man braucht sich nur um sich selbst und seine eigene kleine Welt zu kümmern. Aber die *Felder leuchten* schon *feuerrot* – deuten sie eine kommende, erahnte Gefahr an, denn Feuer ist für Bauern das schlimmste von allen Übeln? Dieser drohende Vers ist durch ein sehr hartes Enjambement von der nächsten Zeile getrennt, denn das *und* der vorletzten Zeile gehört natürlich eng zusammen mit den *feuerrot(en)*

Alliteration

Felder(n) (Alliteration zur Verstärkung). Das *und* könnte auch einen Gegensatz ausdrücken. Durch dieses Enjambement wird die Drohung verstärkt, gerade, weil sie so unbestimmt ist, kann sie wirklich Angst machen und bedeutet nicht etwa einfach „Abendrot".

Da „und" im Zeilenschluss steht, muss dabei die Stimme gehoben werden, um darauf hinzuweisen, dass der Satz noch nicht zu Ende ist. Beim Vorlesen macht Sarah Kirsch an solchen Stellen deutliche Pausen. Es gibt Enjambements noch an anderen Stellen, sie sind in der metrischen Aufzeichnung neben dem Gedichttext gekennzeichnet. Von hartem Enjambement, das in modernen Gedichten häufig

hartes Enjambe-
ment

vorkommt, spricht man, wenn es am Versende eigentlich unmöglich ist, eine Pause zu machen, weil der Satzzusammenhang nicht unterbrochen werden darf. Dies ist hier der Fall in I.4/5, *die Katzen / trifft selten ein Steinwurf. Katzen* ist Objekt, das zugehörige Prädikat steht erst in der nächsten Zeile. Solche Formationen sprechen bei einem Gedicht ohne Reime und ohne feste Hebungszahlen (kein fester metrischer Rahmen) ebenso wie Ellipsen (Verb fehlt), Inversionen (z.B. vorangestelltes *noch* II.8) dafür, dass wir es mit Versen und nicht einfach mit in Zeilen geschriebener Prosa zu tun haben.

Inversionen

Form: drei Scheinstrophen (kein fester metrischer Rahmen) mit wechselnden Hebungszahlen (2 –5 Hebungen). Wir haben auch ungeregelte Senkungszahlen; die Senkung kann fehlen, *híer kéine Zéitung hált* (Z. 11), oder auch zweisilbig sein: *ríesige,* Z. 2 und öfter. Deshalb kann hier, obwohl die Abschnitte immer fünf Zeilen aufweisen, nur von Scheinstrophen gesprochen werden.

Scheinstrophen

Es handelt sich um freie Verse, metrische Floskeln sind zu finden, z.B. Adonëus Z. 4, 5, 7, 10, 13, 14, 25. Typisch für moderne Dichtung sind harte Enjambements wie besonders Z. 4, auch Z. 8 und 14.

freie Verse

Epochen: Storm vertritt den poetischen Realismus. Hier gilt das Interesse, die äußere Wirklichkeit möglichst genau darzustellen; dazu gehören die Fachbegriffe wie *Laufkäfer, Edelheide, Kälberrohr.* Zugleich wird die Welt im Gedicht jedoch möglichst verklärt geschildert, das Positive wird hervorgehoben. Man spricht hier von „Poetischem Realismus", weil er sich die Verklärung der Wirklichkeit zum Ziel gesetzt hat.

Kirsch ist eine Dichterin der Gegenwart, die nichts mehr verklärt, dagegen eher diejenigen anklagt, die sich in einer solchen Pseudo-Idylle vergraben und die Probleme der Zeit nicht sehen wollen.

Idyllentradition: Nach Schiller ist eine Idylle eine „Darstellung unschuldiger und glücklicher Menschheit", es gab sie bereits in der Antike in Form von Szenen aus dem Landleben, besonders in der Hirtendichtung bei Vergil. Im 18. Jahrhundert war die Idylle sehr beliebt, wir finden sie z.B. bei Johann Heinrich Voss, *Luise*; bei Goethe in Teilen aus *Hermann und Dorothea*; im 19. Jahrhundert vor allem bei Mörike, *Der alte Turmhahn* und *Idyllen vom Bodensee*. Die Zufriedenheit des bescheidenen ländlichen oder kleinbürgerlichen Lebens ist darin vorherrschend.

Bei Storm entspricht dem die Genügsamkeit des alten Kätners und die Ruhe, die über der gesamten Landschaft liegt. Diese ist bis jetzt *noch* nicht gestört worden. Es ist aber zu erwarten, dass sie nicht unbegrenzt dauern wird. Storm war sich durchaus klar über die unaufhaltsame Entwicklung im 19. Jahrhundert. Da das Gedicht 1848 geschrieben wurde, war in Deutschland auch viel Aufregendes zu spüren – nur eben an jenem abseits liegenden Ort noch nicht.

Bei Sarah Kirsch ist die Störung der Idylle durch die *Maschinen* von Anfang an zu spüren. Hier wird auch schon der Begriff der Vergiftung der Natur aufgenommen. Die Idylle lässt sich an dem angegebenen Ort, in jenen *Dörfer(n),* nur dann aufrecht erhalten, wenn man die Augen vor allen aktuellen Ereignissen schließt, indem man einfach *keine Zeitung* liest. Aber in den *feuerrot* leuchtenden Feldern um die Dörfer herum lauert schon eine Gefahr, die jedoch nicht näher definiert wird.

8   Arno Holz, Ein andres –
Alfred Wolfenstein, Krankes Wohnen

8.1   Ein andres

I.   Fünf wurmzernagte Stiegen geht's hinauf   x x́ x x́ x x́ x x́ x x́
        Ins letzte Stockwerk einer Mietskaserne;   x x́ x x́ x x́ x x́ x x́ x
        Hier hält der Nordwind sich am liebsten auf
        Und durch das Dachwerk schaun des Himmels Sterne.
     5 Was sie erspähn, oh, es ist grad genug,
        Um mit dem Elend brüderlich zu weinen:
        Ein Stückchen Schwarzbrot und ein Wasserkrug,
        Ein Werktisch und ein Schemel mit drei Beinen.

II.   Das Fenster ist vernagelt durch ein Brett
    10 Und doch durchpfeift der Wind es hin und wieder,
        Und dort auf jenem strohgestopften Bett
        Liegt fieberkrank ein junges Weib darnieder.
        Drei kleine Kinder stehn um sie herum,
        Die stieren Blicks an ihren Zügen hangen,
    15 Vor vielem Weinen ward ihr Mündlein stumm
        Und keine Thräne mehr netzt ihre Wangen.

III.   Ein Stümpfchen Talglicht giebt nur trüben Schein,
        Doch horch, es klopft, was mag das nur bedeuten?
        Es klopft und durch die Thür tritt nun herein
    20 Ein junger Herr, geführt von Nachbarsleuten.
        Der Armenhilfsarzt ist's aus dem Revier,
        Den sie geholt aus Mitleid mit der Kranken,
        Indeß ihr Mann bei Branntwein oder Bier
        Sich selbst betäubt und seine Wuthgedanken.

IV. 25 Der junge Doktor aber nimmt das Licht
        Und tritt mit ihm ans Bett des armen Weibes,
        Doch gelb wie Wachs und spitz ist ihr Gesicht
        Und kalt und starr die Glieder ihres Leibes.
        Da schluchzt sein Herz, indeß das Licht verkohlt,
    30 Von nie gekannter Wehmut überschlichen:
        Weint, Kinder, weint! ich bin zu spät geholt,
        Denn eure Mutter ist bereits – verblichen.

                                    Arno Holz, 1863–1929 (1885)

ab(strakt) **ak**(ustisch) **Bi**(ld) **em**(otional) <u>konkret</u> **opt**(isch) **O**(rt) **Pers**(onifikation)
wert(end) **Wh** (Wiederholung) **Z**(eit)

Substantive	Adjektive /Adverb(iale)	Verben
fünf Stiegen	_wurmzernagt, hinauf_ O	_gehts_
Mietskaserne	_ins letzte Stockwerk_ O	
Nordwind	_am liebsten_ **em** _hier_ O	_s. aufhalten_ **Bi Pers**
Himmels Sterne	_durch das Dachwerk_ O	_schaun_ **Bi Pers**
	grad genug **wert** _Oh_ **em**	_erspähn_ **Bi Pers**
	mit dem Elend **em** _brüderlich_ **em**	_zu weinen_ **em**
Stückchen Schwarzbrot, Wasserkrug		
Werktisch Schemel mit drei Beinen		
Fenster	_vernagelt durch ein Brett_	_ist_
Wind	_hin und wieder_ **Z**	_durchpfeift_
	auf jenem strohgestopften Bett dort O	
junges Weib	_fieberkrank_	_darnieder liegt_
drei kleine Kinder	_um sie herum_ O	_stehn_
	stieren Blicks **wert**	_an ihren Zügen hangen_
Mündlein	_vor vielem Weinen_ **em**	_stumm ward_
keine Träne mehr **em** _Wangen_		_netzt_
Stümpfchen Talglicht	_nur trüben Schein_ **wert opt**	_giebt_
		horch! klopft **ak** _mag bedeuten?_
	durch die Thür herein O _nun_ **Z**	_klopft_ **ak Wh** _tritt_
junger Herr Nachbarsleuten		_geführt_
Armenhilfsarzt	_aus dem Revier_ O	_ist's_
	aus Mitleid **em** _mit der Kranken_	_geholt_
Mann	_bei Branntwein oder Bier indeß_ **Z**	
Wuthgedanken **em**		_sich selbst betäubt_ **em**
junge Doktor, Licht		_nimmt_
	ans Bett des armen Weibes	_tritt_
Gesicht	_gelb wie Wachs, spitz_	_ist_
Glieder ihres Leibes	_kalt und starr_	
Herz **Bi em** _Licht_	_indeß_ **Z**	_schluchzt_ **Bi em** _verkohlt_
Wehmut **em**	_niegekannter_	_überschlichen_ **Bi**
Kinder	_zu spät_ **Z**	_weint, weint!_ **Wh em** _bin geholt_
Mutter	_bereits_ **Z**	_ist verblichen_

Sprechsituation:	wer?	Sprecher, kein lyrisches Ich
	wo?	Mietskaserne, fünf Treppen hoch
	wann?	abends
	zu wem?	kein speziellerAnsprechpartner
Tempus:	Zustandspräsens und aktuelles Präsens	
Einteilung:	vier Strophen	

Interpretation

unpersönlicher Sprecher

I. Das Gedicht ähnelt einem Bericht, der sich um örtliche Genauigkeit bemüht, es gibt außergewöhnlich viele Ortsbestimmungen. Ein unpersönlicher Sprecher schildert zunächst den Zustand eines Zimmers im 5. Stock einer Mietskaserne, also eindeutig ärmliches Großstadtmilieu. 1885, zur Entstehungszeit dieses Gedichts, gab es *Mietskasernen* nur in den Großstädten, wo sie für die vielen Arbeiter der neuentstehenden Industrie als billige Unterkünfte schnell und schlampig gebaut wurden. Dies ist auch hier festzustellen, denn das Dach ist

Personifikation

nicht dicht, da *die Sterne* hindurchsehen können und der personifizierte Wind diesen Ort so gern hat. Betont wird die herrschende Kälte durch den Zusatz *Nordwind*. Zu sehen (für die personifizierten Sterne ... *zu erspähn*, I.5) sind lauter kon-

viele Konkreta

krete Dinge, zunächst ein *Werktisch*, also Arbeitstisch, eventuell für Heimarbeit. Der *Schemel* hat nur drei Beine, es könnte eine Art Schusterschemel sein, der immer dreibeinig war. Ein kümmerlicher Essensrest, ein *Stückchen Schwarzbrot*, liegt auf dem Tisch, zum Trinken dient wohl der *Wasserkrug*. Um die dort herrschende Misere zu betonen, wird ein emotionaler Ausruf eingefügt: *oh, es ist grad genug,* um Mitleid sogar bei den Sternen hervorzurufen, und zwar mit einem Ausdruck, der das Mitgefühl des Sprechers verdeutlicht: *Um mit dem Elend brüderlich zu weinen,* I.8. Es wird also nicht nur Mitleid, sondern Brüderlichkeit, d.h. Solidarität, gefordert.

II. Die realistische Beschreibung wird fortgesetzt, das *Fenster* ist mit Brettern *vernagelt*, durch die der *Wind* (hier eine Wiederaufnahme aus der ersten Strophe) *pfeift*. Nun wird der Blick des Lesers auf ein *strohgestopftes Bett*, II.3, also die schlechteste Matratzensorte, gelenkt, auf dem ein *junges Weib fieberkrank* liegt. Offensichtlich ist es die Mutter von drei noch sehr *kleine(n) Kinder(n)*, II.5, – sie stehen um das Bett herum und begreifen gar nichts, *sie hangen stieren Blicks an ihren Zügen.* In diesem Satz zeigt sich, dass hier nicht wie im poetischen Realismus eine Verklärung der Personen beabsichtigt ist, sondern es herrscht die

objektive Genauigkeit

Bemühung um objektive Genauigkeit in der Schilderung der Situation. Die Kinder haben sich schon ausgeweint, sie können gar keine Tränen mehr hervorbringen. Mitleidheischend wird ihr verstummter Mund verkleinert zum *Mündlein*. In der zweiten Strophe wird die Mutter allem Anschein nach noch als lebend geschildert, das bedeutet, dass der Tod, von dem die letzte Strophe spricht, erst während des Handlungsverlaufs des Gedichts eingetreten ist.

III. Die Beschreibung geht weiter, alles liegt im *trüben Schein* eines winzigen *Talglichts*, der billigsten Lichtquelle überhaupt. Jetzt beginnt eine Handlung mit

Lautmalerei

dem lautmalerischen Satz *Doch horch, es klopft* (vier einsilbige Worte hintereinander) und der damit verbundenen Frage (wohl an den Leser) *was mag das nur bedeuten? Es klopft* wird wiederholt, dadurch wird im Text ein deutlich akustischer Eindruck hergestellt. Als Gegenpol zu dem *jungen Weib* (II.4) tritt ein *junger Herr* herein. Er wird von den *Nachbarsleuten geführt*. In den nächsten Zeilen wird genau erklärt, warum er kommt: Die Nachbarn haben aus *Mitleid mit der Kranken* den *Armenhilfsarzt ... aus dem Revier* geholt. (Sein Revier ist der Bezirk der großen Stadt, wo er arbeitet.) Hier wird explizit das Wort Mitleid gebraucht, das das ganze Gedicht bestimmt. Plausibel wird das Fehlen des Vaters der Kinder erklärt: Er sitzt in irgendeiner Kneipe und *betäubt sich selbst und seine Wuthgedanken,* III.8. Als Ausnahme in dieser Zeit des ausgehenden 19. Jahrhunderts finden wir hier keine ausdrückliche Verdammung der Trunksucht, sondern eher Verständnis für die zornigen Gefühle eines solchen vom Schicksal geschlagenen Mannes, der seine Trauer nur noch *betäub(en)* kann.

IV. Der Doktor wird als noch *jung* bezeichnet, er lebte als Armenhilfsarzt wohl nicht viel besser als seine Patienten. Er kann daher nur mit Hilfe des Talglichts die Frau untersuchen, die jetzt ausdrücklich als *arme(s) Weib* bezeichnet wird. Er stellt fest, dass ihr Gesicht bereits die wächserne Totenfarbe zeigt, in der die Züge schärfer werden (*spitz*), ihre Glieder sind ebenfalls schon *kalt und starr.* Obwohl er solche Situationen doch kennen müsste, ist er noch nicht abgebrüht, sondern es wird ausgesagt, dass sein *Herz* innerlich *schluchzt,* voll von *niegekannter Wehmut.* Höchst dramatisch geht jetzt das Licht vollends aus, das heißt, das Unglück füllt jetzt in seiner ganzen Größe und Dunkelheit den Raum. Der Arzt fordert – nicht realisierend, dass die Kinder gar keine Tränen mehr haben – die Kinder zum Weinen auf (verdoppelte Aufforderung, um mehr Nachdruck zu geben) und gebraucht für den Tod die übliche konventionelle Redensart der Gebildeten: *Eure Mutter ist bereits – verblichen,* ein Ausdruck, den die Kinder wahrscheinlich gar nicht verstehen.

Jamben
Naturalismus

Das Gedicht (ganz traditionell in fünffüßigen Jamben) enthält, seiner Entstehung im Naturalismus entsprechend, viele konkrete Angaben zur Schilderung der Armut und des Unglücks und zeigt dazwischen implizit Aufforderungen, Mitleid mit dem Großstadtelend zu haben. Das soziale Engagement ist unüberhörbar und äußert sich in vielen emotionalen Worten wie *Elend,* I.6, *Mitleid,* III.7, *Wehmut,* IV.6 – dazu kommen die Verben *brüderlich weinen,* I.6, ebenso *von vielem Weinen,* II.8, *keine Träne mehr,* II.8, *schluchzen,* IV.5, zweimal *weint!,* IV.7. Die Adjektive sind sämtlich erklärend bzw. charakterisierend, nirgends nur schmückend. Die Sprache ist oft gekennzeichnet durch Verkürzungen, wie z.B. *geht's,* I.1, *schaun,* I.4, *grad,* I.5 usw., die der Alltagssprache entsprechen.

Alltagssprache

Arno Holz, ein Vertreter des Naturalismus. Arno Holz hatte sich in dieser ersten Zeit seines Wirkens dem Naturalismus verschrieben, d.h. er wollte die Wirklichkeit sehr detailgetreu schildern und vor allem auch auf ihre sozialen Komponenten hinweisen. Zu diesem Gedicht gibt es ein Pendant, das *Ein Bild* überschrieben ist (deshalb hier der Titel: *Ein andres* – ergänze: Bild). Dort wird von dem ungeheuren Aufwand berichtet, der in einer vornehmen Straße z.B. mit Strohstreuen zur Dämpfung des Lärms betrieben wird, weil eine *gnädige Frau Migräne* hat. Beide Gedichte zusammen ergeben erst die scharfe Anklage des Naturalismus gegen die Unempfindlichkeit der meisten Zeitgenossen der sozialen Frage gegenüber. Die Großstadt wird hier lediglich als Ort von sozialen Gegensätzen gesehen, Mitleid mit den Armen haben demnach nur die unmittelbar Benachbarten, die wahrscheinlich nicht viel reicher sind. Die Großstadt ist der Ort, wo so etwas deutlich wird, sie hat in den Augen des Dichters hier keinen eigenen Wert.

Detailtreue

8.2   Krankes Wohnen

I.		Dieses Gehn im trüben Tunnel der Straße ...	x́x x́x x́x x́xx x́x
		Bleiche Fenster spielen an mir vorbei.	x́x x́x x́xx x́x x́
		Oben des kleinen Himmels Einerlei	x́xx x́x x́x x́x x́
		Wirft in die Scheiben ein schiefes Lachen .	x́xx x́xx x́x x́x
II.	5	Trocken kreischt die hündisch liegende Straße,	x́x x́x x́x x́xx x́x
		Die mein Fuß in Unruh und Haß gebraucht.	x́x x́x x́xx x́x x́
		Niedre Luft, von Stadtgerüchen durchraucht,	x́x x́x x́x x́xx x́
		Speit auf meine Stirn aus pfeifenden Rachen.	x́x x́x x́x x́xx x́x
III.		Gähnend endet die Straße.	x́x x́xx x́x
	10	Und die zuckenden Lippen atmen ins Freie hinaus,	x́x x́xx x́x x́xx x́xx x́
		Wo sich warm der Tiefe Grün und	
		goldene Hoheit umfängt...!	x́x x́x x́x x́x x́xx x́xx x́
		Doch ich werde mich wenden ... dumpf gedrängt ...	x́x x́xx x́x x́x x́
		In der Gewalt der Häuser bin ich zu Haus.	x́xx x́x x́x x́xx x́

Alfred Wolfenstein, 1883–1945 (1913)

Substantive	Adjektive /Adverb(iale)	Verben
Gehn, <u>Tunnel</u>	*trüber* **wert neg Bi** O *der <u>Straße</u>* O	
<u>*Fenster*</u>	*bleiche* **wert neg Bi** *an mir vorbei* O	*spielen* **Bi**
Einerlei **ab neg**	*des kleinen Himmels* **Bi** *oben* O	
Lachen **pos**	*schiefes* **neg ab Bi** *in die <u>Scheiben</u>* O	*wirft* **Bi**
<u>*Straße*</u> **Wh**	*hündisch liegende* **wert neg Bi** *trocken*	*kreischt* **ak neg**
<u>*Fuß*</u>	*in Unruh und Haß* **ab em neg**	*gebraucht* **ab**
Luft	*niedre* **Bi neg** *von Stadtgerüchen* **olf**	*durchraucht* **neg**
	aus pfeifenden Rachen **Bi neg** *auf meine <u>Stirn</u>*	*speit* **neg**
<u>*Straße*</u> **Wh**	*gähnend* **neg Pers**	*endet* O
Lippen	*zuckend* **neg** *ins Freie hinaus* **ab pos** O	*atmen*
Tiefe Grün **pos Bi opt**		
	goldene Hoheit **ab pos** *warm* **pos sens**	*umfängt* **ab**
	dumpf gedrängt **neg**	*werde mich wenden*
<u>*Häuser*</u>	*in der Gewalt* **ab neg**	*zu Hause sein* **pos**

ab(strakt) **ak**(ustisch) **Bi**(ld) **em**(otional) <u>konkret</u> **neg**(ativ) **olf**(aktorisch, Gerüche betreffend) **opt**(isch) **O**(rt) **Pers**(onifikation) **pos**(itiv) **sens**(orisch) **wert**(end) **Wh** Wiederholung

Sprechsituation:	wer?	lyrisches Ich, Z. 2, 5, 7, 13
	wo?	in der Stadt, auf der Straße, bis fast ins Freie
	wann?	nicht bestimmt, wohl noch am Tage
	zu wem?	kein Ansprechpartner
Tempus:	Präsens, Futur, Z.13	
Einteilung:	drei Abschnitte, ungewöhnlich gereimt	

Interpretation

Dieses eindeutig dem Expressionismus zugehörende Gedicht weist ein lyrisches Ich auf, das in jedem Abschnitt vorkommt.

negativ

I. Es spricht vom *Gehn* in der Straße, die negativ als ein *trüber Tunnel* bezeichnet wird. Damit erscheint vor uns das Bild einer Straße zwischen sehr hohen Häusern, die fast kein Licht herunterfallen lassen. Die *Fenster* bewegen sich (*spielen*) hier an dem Fußgänger *vorbei*, – eine Verkehrung der Tatsachen, denn der Mensch läuft ja durch die Straßen. Weit *oben* erscheint ein sehr *kleine(s)* Stückchen *Himmel*, Z. 3, das durch das Bezugswort *Einerlei* noch zusätzlich pejorativ markiert wird. Der Himmel ist aktiv, er bringt (I.4 *wirft*) Helligkeit, die ja etwas Fröhliches und eigentlich Positives ist, in die *bleichen Fenster*. Dieses Licht in den Fenstern aber wird bezeichnet als *schiefe(s) Lachen*, also eine Grimasse, wieder ein pejorativer Ausdruck. In dieser Umgebung ist auch das Positive nur negativ charakterisierbar.

akustisch

Chiffre

II. Die erste Zeile des zweiten Abschnitts nimmt den Begriff der Straße personifiziert wieder auf, sie wird jetzt mit Akustik gefüllt, sie *kreischt*, wirkt also erneut negativ. Sie wird als eine *hündisch liegende* bewertet, eine sicher pejorative Chiffre (= nicht auflösbare Metapher). Hier werden Dissonanzen aufgerufen, die die Häßlichkeit und Unwirtlichkeit der Großstadt darstellen. Zugleich wird wieder in ungewöhnlicher Weise von Realem gesprochen, denn der *Fuß gebraucht* diese Straße, allerdings, wie es dem Tempo der Großstadt entspricht, *in Unruh*. Die Haltung des Ich-Sprechers zu dieser Straße ist ausgesprochen feindlich: Das Wort *Haß*, das mit *Unruh* zu einer Gruppe zusammengefasst ist, bringt dies zum Ausdruck. Das lyrische Ich spürt offensichtlich in der Straße eine ähnliche Feindseligkeit sich selbst gegenüber, denn *Niedre Luft, von Stadtgerüchen durchraucht*, Z. 3, wird wie ein Drachen mit *pfeifenden Rachen* (Plural), also wohl mit mehreren Köpfen, geschildert, und diese Luft *speit* (wieder das Drachenbild) dem lyrischen Ich auf die *Stirn*. Alles Wahr-

olfaktorisch

nehmbare, Akustisches und Olfaktorisches (Stadtgerüche), wird negativ aufgenommen.

III. Trotzdem gibt es bei all diesen Chiffren einen realen Fortgang: Die Straße *endet*, allerdings *gähnend*, womit das Bild von den Rachen wieder aufgenommen wird.

Mit Z.10 kommt eine neue Ortsbezeichnung ins Bild, das *Freie*, in das die *zuckenden Lippen*, doch wohl die des lyrischen Ich, *hinaus atmen*. Jetzt erscheint ein Anflug von Sehnsucht nach einer anderen Welt, die mit dem *Grün der Tiefe* und einer *goldene(n) Hoheit* bezeichnet wird. Diese Werte einer poetischen Schönheit sind jedoch in sich abgeschlossen, sie *umfang(en)* sich selbst *warm*, wieder eine nicht auflösbare Fügung. Z. 11 ist die einzige durchweg positive Zeile des ganzen Gedichts, zugleich die längste (sieben Hebungen).

Die Hoffnung auf Erlösung wird sofort zunichte gemacht. Denn das lyrische Ich weiß: *ich werde mich wenden*. Es ist sich im Klaren darüber, dass das Fortgehen aus der Stadt nicht in seinem Belieben steht, es fühlt sich *dumpf gedrängt* (Betonung durch d-Alliteration) zur Rückkehr. In der letzten Zeile wird der Grund hierfür genannt: In der gewaltsamen Umgebung der Großstadt (*in der Gewalt der Häuser*) ist seine eigentliche Heimat, der es weder entfliehen kann noch will.

Form: Die Form ist kompliziert: Reimschema aw bmbm cw / aw dmdm cw / aw em fmfm em. Reime über Abschnitte hinaus wie hier beim a-Reim *Straße* (I., II. und III.) und c (I. und II.) *Lachen/Rachen* kommen außerordentlich selten vor.

Alle Zeilen beginnen mit der Hebung, es gibt aber sowohl ein- als auch zweisilbige Senkungen bei meist fünf Hebungen außer Z. 4, die vier, und Z. 9, die nur drei hat (dort endet ja auch die Straße). Die positiven Zeilen sind länger, Z. 10 hat sechs, Z.11 sogar sieben Hebungen.

Die Form passt mit dem Ungewöhnlichen der Reime und Hebungen durchaus zum Inhalt, indem sie den Grundbegriff der Straße, der signifikant für eine Stadt ist, immer wieder aufnimmt. Das positive *Lachen* (mit dem Mund) reimt sich auf *Rachen*, was schon wieder Negatives anspricht.

Zugehörigkeit zum Expressionismus

In diesem Gedicht werden fast allem Wahrnehmbaren negative, ja bösartige Intentionen zugeschrieben, es wird fast nur Hässliches (Ästhetik des Hässlichen) geschildert. Außer Straßen und Häusern mit Fenstern taucht nichts Reales und außer dem lyrischen Ich nichts Lebendiges auf. Trotzdem wird deutlich, dass das Ich dort in der hässlichen Stadt verwurzelt ist.

Die Expressionisten brauchten den wilden Rhythmus der Großstädte, in denen sich etwas Neues anbahnte. Es war ihnen auch bewusst, dass sie außerhalb der großen Städte keinerlei Resonanz für ihre neuartigen Dichtungen finden konnten. So wird die Großstadt trotz ihrer Unwirtlichkeit als einzig mögliche Heimat gesehen. Jede soziale Komponente fehlt hier, es wird alles nur auf spezielle und individuelle Empfindungen und deren Ausdruck beschränkt. Die Überschrift *Krankes Wohnen* ist nicht auf eine konkrete Wohnsituation bezogen, sondern zeigt das Bewusstsein der für alle Menschen ungesunden Situation und zugleich eine resignative Untergangsstimmung.

Der Expressionismus empfand Gedichte wie das zuvor behandelte, formal ganz traditionelle, von Arno Holz als unpoetisch und kunstlos – die Ausdruckskraft sollte sich in neuen und ungewöhnlichen Bildern manifestieren, die nur noch wenig oder gar nicht von Realität bestimmt waren und dafür die subjektiven Empfindungen deutlich machen.

9 Günter Eich, Die Häherfeder und: In anderen Sprachen

9.1 Die Häherfeder

I.	Ich bin, wo der Eichelhäher	x x́ x x x́ x x́ x
	zwischen den Zweigen streicht,	x́ x x x x́ x x́
	einem Geheimnis näher,	x́ x x x x́ x x́ x
	das nicht ins Bewußtsein reicht.	x x́ x x x x́ x x́
II. 5	Es preßt mir Herz und Lunge,	x x́ x x́ x x x́ x
	nimmt jäh mir den Atem fort,	x x́ x x x x́ x x́
	es liegt mir auf der Zunge,	x x́ x x x́ x x́ x
	doch gibt es dafür kein Wort.	x x́ x x x x́ x x́
III.	Ich weiß nicht, welches der Dinge	x x́ x x́ x x x x́ x
10	oder ob es der Wind enthält.	x x x x́ x x x́ x x́
	Das Rauschen der Vogelschwinge,	x x́ x x x x́ x x́ x
	begreift es den Sinn der Welt?	x x́ x x x́ x x́
IV.	Der Häher warf seine blaue	x x́ x x́ x x x́ x
	Feder in den Sand.	x́ x x x́ x x́
15	Sie liegt wie eine schlaue	x x́ x x x́ x x́ x
	Antwort in meiner Hand.	x́ x x x́ x x́

Günter Eich, 1907–1972 (1946)

Substantive	Adjektive /Adverb(iale)	Verben
Eichelhäher		
	zwischen den Zweigen O	*streicht*
Geheimnis **ab**	*näher* **St**	*bin*
	nicht ins Bewußtsein **ab**	*reicht* **ab**
Herz Lunge		*preßt*
Atem	*jäh*	*nimmt fort*
	auf der Zunge **Bi**	*liegt* **Bi**
kein Wort **Spr**		*gibt*
Dinge **ab**	*weiß nicht* **ab**	
Wind		*enthält* **ab**
Rauschen der Vogelschwinge **ak**		
Sinn der Welt **ab**		*begreift* **ab Pers**
Häher	*blaue* **opt**	*warf*
Feder	*in den Sand*	
	schlaue **wert**	*liegt*
Antwort **Spr**	*in meiner Hand*	

ab(strakt) **ak**(ustisch) **Bi**(ld) konkret **opt**(isch) **O**(rt) **Pers**(onifikation) **Spr**(ache) **St**(eigerung) **wert**(end)

Sprechsituation:	wer?	lyrisches Ich, I.1 u.ö.
	wo?	Wald (I.2)
	wann?	wohl tags
	zu wem?	kein bestimmter Ansprechpartner
Tempus:	Präsens, Präteritum, IV.1	
Einteilung:	vier vierzeilige Strophen	

Interpretation

Ein lyrisches Ich ist gleich in der ersten Strophe zu finden. Es hat keinen speziellen Ansprechpartner und stellt in der dritten Strophe eine Frage an sich selbst oder an die Allgemeinheit. Der gesamte Text steht im Präsens, ist deshalb jedenfalls für das lyrische Ich immer gültig. Folglich ist außer der unbestimmten Andeutung eines Orts, wo es Eichelhäher gibt, kein genauerer Sprechort angegeben.

I. Das lyrische Ich stellt fest, dass es dort, wo *Eichelhäher,* I.1, fliegen, einem bestimmten *Geheimnis näher* ist, I.3, als anderswo. Dieses nicht deutlicher definierte Geheimnis ist nur zu ahnen, denn es reicht *nicht* bis in sein *Bewußtsein,* I.4.

II. Diese Tatsache ist jedoch außerordentlich quälend, denn sie bedrückt das lyrische Ich ganz körperlich, *Herz und Lunge,* II.1, werden zusammengepresst, ja es wird ihm dadurch sogar plötzlich das *Atmen* verwehrt.

Schlimm ist auch, dass das lyrische Ich die Empfindung hat, der gesuchte Begriff läge ihm bereits *auf der Zunge,* II.3 (eine gebräuchliche Wendung der Alltagssprache), es ist sich jedoch gleichzeitig bewusst, dass es hierfür überhaupt *kein Wort* gibt, II.4, dass es also unmöglich ist, einen angemessenen Ausdruck dafür zu finden.

III. Die Suche nach dem Geheimnis ist aussichtslos, denn es ist unbekannt, in welcher Richtung das Geheimnis zu suchen ist, ob es in einem *Ding,* III.1, oder vielleicht im *Wind,* III.2, enthalten ist. Es wird gefragt (wen, wird nicht gesagt), ob das *Rauschen der Vogelschwinge,* III.3, also ein sehr leises Geräusch, vielleicht den *Sinn der Welt,* III.4, begreifen könne. Damit wird das Geheimnis näher bezeichnet, offensichtlich wird hier der Sinn der Welt gesucht. In dieser Frage liegt die Voraussetzung, dass Naturphänomene überhaupt etwas begrei-

Personifikation

fen können, also wie Menschen Gedanken fassen können (Personifikation). Zugleich wird mit der *Vogelschwinge* wieder eine Verbindung zwischen dem Vogel aus der ersten Strophe und dem lyrischen Ich deutlich.

IV. Diese Beziehung wird in der nächsten Strophe durch Handlung hergestellt: Der *Häher,* IV.1, hat irgendwann seine *blaue / Feder in den Sand* geworfen, und das lyrische Ich hat sie jetzt in die *Hand* genommen. Das Farb-Adjektiv steht im Reim mit *schlaue* (wertendes abstraktes Adjektiv) und ist ebenso durch ein

hartes Enjambement

ganz hartes Enjambement (Auseinanderreißen von Adjektiv und zugehörigem Substantiv) betont. Hier wird durch den Vergleich der Feder mit *eine(r) schlaue(n) / Antwort,* IV.3/4, wieder die seltsame Verbindung zwischen Realem und Abstraktem geknüpft, die das ganze Gedicht durchzieht. Da aber eine Feder nur ein Ding ist und kein abstrakter Begriff, der hier doch gesucht wird, bleiben wir ohne eine Antwort im vordergründig logischen Sinn. Man könnte jedoch in dem aktiven Die-Feder-in-den-Sand-Werfen auf eine geheime Übereinstimmung zwischen Vogel und Mensch schließen.

Form: vierzeilige Strophen mit freien Füllungen im Kreuzreim, auch als vier-   **freie Füllungen**
hebig klingend-stumpf, also als volksliedähnlich charakterisierbar.

Das Gedicht gehört zu der Gruppe der naturmagischen Gedichte, von denen es
in den dreißiger Jahren viele gibt (Autoren z.B. Britting, Krolow, Lehmann,
Lörke). Im Gegensatz zur Romantik, die noch an die Möglichkeit einer echten
Verbindung zwischen Dichter und Natur glaubte (z.B. Brentano in *Sprich aus
der Ferne: alles ist ewig im Innern verwandt* ↗166), wird in solchen Gedichten
dringend nach einer Verknüpfung gesucht, es wird jedoch eingesehen, dass es
eine solche Verbindung logisch feststellbar nicht gibt. Dabei wird der Zauber
der Natur nicht geleugnet und an eine wie immer geartete unbewusste Verknüpfung mit ihr durchaus geglaubt, daher der Begriff „Naturmagie" für diese   **Naturmagie**
Literaturepoche der Jahre zwischen 1925 und 45 .

9.2   In anderen Sprachen

I.	Wenn der Elsternflug mich befragte,	x́x x́x x́xx x́x	Adonëus
	das Wippen der Bachstelze,	x x́xx x́ x́x	
	in allen Jahrhunderten vor meiner Geburt	x x́x x́x́xx x́ x́xx x́	Choriambus
	wenn das Stumme mich fragte,	x́x x́xx x́x	Adonëus
5	gab mein Ohr ihm die Antwort.	x́x x́xx x́x	Adonëus
II.	Heute erinnert mich	x́xx x́xx	Kretikus
	der Blick aus dem Fenster.	x x́xx x́x	Adonëus
	Ich denke in die Dämmerung,	x x́x x́x x́xx	Kretikus
	wo die Antwort auffliegt,	xx x́x x́ x́	
10	Federn bewegt,	x́xxx́	Choriambus
	im Ohr sich die Frage rührt.	x x́xx x́xx	Kretikus
III.	Während mein Hauch sich noch müht,	x́xx x́xxx́	Choriambus
	das Ungeschiedne zu nennen,	x x́x x́xx x́x	Adonëus
	hat mich das Wiesengrün übersetzt	x́xx x́x x́xxx́	Choriambus
	und die Dämmerung denkt mich.	xx x́xx x́x	Adonëus

Günter Eich, 1907–1972 (1955)

Substantive	Adjektive /Adverb(iale)	Verben
Elsternflug **ab**		*befragte* **Spr Pers**
Wippen der <u>*Bachstelze*</u> **ab**		
	in allen Jahrhunderten vor Geburt **Z**	
Stumme **Spr**		*fragte* **Spr Pers**
<u>*Ohr*</u>		*gab Antwort* **Spr Pers**
	Heute **Z**	*erinnert* **ab**
Blick **opt**	*aus dem* <u>*Fenster*</u> **O**	
	in die <u>*Dämmerung*</u> **opt**	*denke* **ab**
Antwort **Spr**		*auffliegt* **Bi**
<u>*Federn*</u>		*bewegt* **Bi**
Frage **Spr**	*im* <u>*Ohr*</u>	*rührt* **ab Spr**
Hauch **Spr**	*Während* **Z**	*müht*
Ungeschiedne **ab**		*nennen* **Spr**
<u>*Wiesengrün*</u> **opt**		*hat übersetzt* **Spr Pers**
<u>*Dämmerung*</u> **opt**		*denkt* **ab Pers**

ab(strakt) **Bi**(ld) <u>konkret</u> **opt**(isch) **O**(rt) **Pers**(onifikation) **Spr**(ache) **Z**(eit)

Sprechsituation:	wer?	ein Ich-Sprecher (*mich*, I.1, *ich*, II,3)
	wo?	unbestimmt
	wann?	II. und III. heute
Tempus:		I. Präteritum, II. und III. Präsens
Einteilung:		drei Abschnitte

Interpretation

Wortfelder

Aus der Zusammenstellung der Substantive, Verben und Adverbien ergeben sich deutlich mehrere Wortfelder:
- der Bereich der Vögel: *Elsternflug, Wippen der Bachstelze,* I., *Federn bewegt, Antwort auffliegt,* II.;
- der Zeit: *Jahrhunderte vor der Geburt,* I., *heute,* II., *während* III.;
- der eigentlichen Sprache: *Stumme, befragen, fragen,* I., *Antwort,* I., II., *Frage,* II.; *nennen, übersetzen,* III. und *denken,* II., III.

andere Wirklichkeit

I. Aus dem Wort *Ungeschiedne* und aus der seltsamen Bezeichnung der *Jahrhunderte vor der Geburt* ist zu entnehmen, dass es nach Ansicht des lyrischen Ich früher, vor dem eigentlichen Bewusstsein, einmal eine Zeit gegeben hat, in der Mensch und Natur nicht getrennt gewesen sind. Damals galt eine andere Wirklichkeit: *das Stumme,* worin der Elsternflug und die Bachstelze in ihrer Bewegung zusammengefasst sind, konnte *fragen* (obwohl es ja keine Stimme hat), und das *Ohr* konnte diese Frage hören und darauf auch eine Antwort geben, es konnte sich also äußern. In jener Zeit müssen die normalen Gesetze für Äußerung (durch Sprache) und Wahrnehmung (durch Hören) noch nicht gegolten haben.

II. Der zweite Abschnitt setzt ein mit *Heute,* bezeichnet also die Gegenwart des Ich-Sprechers, es wird auch im Präsens weitergesprochen. Jetzt setzt Optisches ein: der *Blick aus dem Fenster,* II.2, dazu *Dämmerung, in die* hineingedacht wird, grammatikalisch nicht üblich. Hierdurch, also durch Optisches, wird *erinnert* (ins Innere gerufen), und zwar wohl das Vorbewusste aus dem ersten Abschnitt. Nun regiert aber die allgemeine Sprachlogik: es *rührt sich ... die Frage im Ohr,* d.h., sie müsste demnach durch Hörbares, also Sprache, hervorgebracht worden sein und deshalb mit dem Ohr gehört werden können. Die *Antwort* auf die Frage ist jedoch zu s e h e n : sie *fliegt auf, bewegt Federn,* ist also wieder mit Vogelhaftem verbunden, wie die Fragen im ersten Abschnitt.

III. Nun wird von der Mühe des Ich-Sprechers geredet – hier darf man wohl sagen: eines Dichters –: Dieser versucht jetzt, in der Gegenwart, das *Ungeschiedne zu nennen,* III.2. Das könnte bedeuten, dass er sich bemüht, die verloren gegangene Einheit zwischen Mensch und Natur durch Worte wiederherzustellen, was ihm viel Mühe macht und offensichtlich nicht schnell genug geht. Denn während der Ich-Sprecher sich noch abarbeitet, ist die Arbeit des *Wiesengrüns* (= wieder etwas Optisches) schon erfolgreich gewesen; es hat ihn *übersetzt,* wohl in die Sprache der Natur. Die *Dämmerung* – heißt es – *denkt mich,* hat also Verbindung aufgenommen. War im zweiten Abschnitt das Wort *denken* mit einer sonst ungewöhnlichen Richtungsanzeige versehen (*in die Dämmerung* denken), so ist jetzt das gleiche Wort, das ja ein sehr abstraktes Verb ist, mit einer Person als Objekt verbunden – es ist zwar üblich, einen Gedanken zu

Veränderung des normalen Wortgebrauchs

denken, nicht aber einen Menschen. Eine ähnliche Veränderung des normalen Wortgebrauchs ist in der modernen Lyrik immer wieder zu finden, wohl um die Unbegreiflichkeit vieler Dinge auszudrücken.

In diesem Gedicht mit dem Titel: *In anderen Sprachen* ist ohnehin alles in eine neue (oder vielleicht die ursprüngliche?) Wirklichkeit verwandelt; hier gibt es fragende Flüge und fliegende Antworten – wohl Zeichen für die Unmöglichkeit, die eigentliche Wirklichkeit mit der Sprache zu erfassen. Es handelt sich um die immer wiederkehrende Sprachskepsis der Moderne. Auf diskrete und hintergründige Weise zeigt Eich die Schwierigkeit modernen Dichtens auf, mühselig und das gewünschte Ziel einer endgültigen Aussage nie erreichend, weil diese letztlich unmöglich ist.

Sprachskepsis

Form: Die Verse sind deutlich in kurze Zeilen gesetzt. Enjambement steht nur dort, Z. 6/7, wo der Blick aus dem Fenster geht, also eine Grenze überschreitet; sonst haben wir immer reinen Zeilenstil zusammen mit den zwar ungewöhnlichen, aber eindeutigen Sätzen. Wegen ihrer immer wiederkehrenden metrischen Floskeln (Adonëus Z. 1, 4, 5, 7, 13, 15 und Überschrift, also fast in der Hälfte aller Verse; Choriambus Z. 3, 10, 12, 14) sind die Zeilen als freie Verse zu bezeichnen, d.h. echte Verse, jedoch ohne festen metrischen Rahmen, mit zwei bis fünf Hebungen. Z. 4 und 5 sind metrisch identisch, Z. 12 und 14 sehr ähnlich. Es gibt keinen Reim, dafür aber wiederkehrende Worte und betonende Alliterationen (*auffliegt – Federn – Frage; denke – Dämmerung*).

freie Verse

Die Entwicklung innerhalb der modernen deutschen Dichtung am Beispiel von Günter Eich

Vergleicht man dieses Gedicht von Günter Eich mit dem früher entstandenen, *Die Häherfeder,* so lässt sich eine Entwicklung ablesen, und zwar sowohl im Inhalt als auch in der Form. In der Häherfeder ist mit der *blaue(n) Feder* doch noch eine Verbindung zwischen Mensch und Natur geschaffen worden. Reime und vierzeilige Strophen sind noch ganz traditionell, wenn auch mit den harten Enjambements der letzten Strophe schon moderne Stilmittel auftreten.

In dem Gedicht *In anderen Sprachen* ist die Verbindung nicht mehr durch etwas Reales zu schaffen – hier wird nur noch Abstraktes zur Lösung aufgerufen, und es ist real nicht vorstellbar, auf welche Weise – oder vielleicht besser: in welche Sprache – das reale *Wiesengrün* die Gedanken eines Menschen *übersetz(en)* könnte. Gab es in dem ersten Gedicht zwar auch viele Fragen, aber als eine Art Antwort das Geschenk der Feder, so fallen hier die Oppositionen (die übrigens die gleichen sind), Fragen und Antwort geben, in ihrer absoluten Unvereinbarkeit innerhalb des Gedichts sofort ins Auge. Damit ist das später entstandene Gedicht in Bezug auf die Frage der Verbindung von Mensch und Natur noch skeptischer und hoffnungsloser – die so sehr gewünschte Einheit beider zu erreichen ist dem Menschen nicht gegeben. Der Natur selbst wäre dies vielleicht möglich, nur ist dies durch menschliche Sprache nicht zu benennen.

9   Anhang: Ausgewählte Gedichte

Um die interpretierten Texte in ein breiteres Spektrum einordnen zu können, sind hier weitere Gedichte abgedruckt. Sie behandeln die gleichen Themen wie die oben gegebenen Interpretationen, stammen jedoch von anderen Dichtern oder aus anderen literarischen Epochen. Diese Themen sind „Liebe" (↗102), „Frühling" (↗112), „Sommer" (↗128), „Herbst" (↗94), „Garten" (↗80). Ein Thema lautet allgemein „Mensch und Natur" (↗140). Dazu kommen die Themen „Großstadt" (↗132) und „Krieg" (↗84). Zuletzt folgen einige Gedichte, vor allem moderner Autoren, über den „Sinn der Welt", der auch bei Günter Eich (↗140) angesprochen wird. Anhand dieser motivgleichen Texte lassen sich die verschiedenen literarischen Epochen mit ihren spezifischen Merkmalen genauer charakterisieren.

Thema: Liebe

Es gingen zwei Gespielen gut
wohl durch die Heiden grüne,
die eine führt ein frischen Mut,
die andre weinte sehre.

5 „Gespiele, lieb Gespiele mein,
was trauerst du so sehre?
Sag, trauerst du um Vaters Gut
oder um deine Ehre?"

„Ich traure nicht um Vaters Gut.
10 Ich traure nicht um meine Ehre.
Wir zwei, wir haben ein Knaben lieb,
hilf Gott, wie soll das werden?"

Antwerpener Liederbuch (1544)

Der Spinnerin Nachtlied

Es sang vor langen Jahren
Wohl auch die Nachtigall,
Das war wohl süßer Schall,
Da wir zusammen waren.

5 Ich sing' und kann nicht weinen,
Und spinne so allein
Den Faden klar und rein
So lang der Mond wird scheinen.

Als wir zusammen waren
10 Da sang die Nachtigall,
Nun mahnet mich ihr Schall.
Dass du von mir gefahren.

So oft der Mond mag scheinen,
Denk' ich wohl dein allein,
15 Mein Herz ist klar und rein,
Gott wolle uns vereinen.

Seit du von mir gefahren,
Singt stets die Nachtigall
Ich denk' bei ihrem Schall
20 Wie wir zusammen waren.

Gott wolle uns vereinen
Hier spinn' ich so allein,
Der Mond scheint klar und rein,
Ich sing' und möchte weinen.

Clemens Brentano, 1778–1842 (1802)

Das verlassene Mägdlein

Früh, wann die Hähne krähn,
Eh die Sternlein verschwinden,
Muss ich am Herde stehn,
Muss Feuer zünden.

5 Schön ist der Flammen Schein,
Es springen die Funken;
Ich schaue so drein,
In Leid versunken.

Plötzlich, da kommt es mir,
10 Treuloser Knabe,
Dass ich die Nacht von dir
Geträumet habe.

Träne auf Träne dann
Stürzet hernieder;
15 So kommt der Tag heran –
O ging er wieder!

Eduard Mörike, 1804–75 (1827)

Ein Jüngling liebt ein Mädchen

Ein Jüngling liebt ein Mädchen,
Die hat einen andern erwählt;
Der andre liebt eine andre,
Und hat sich mit dieser vermählt.

5 Das Mädchen heiratet aus Ärger
Den ersten besten Mann,
Der ihr in den Weg gelaufen;
Der Jüngling ist übel dran.

Es ist eine alte Geschichte,
10 Doch bleibt sie immer neu;
Und wem sie just passieret,
Dem bricht das Herz entzwei.

Heinrich Heine, 1797–1856 (1823)

Zwei Segel

Zwei Segel erhellend
Die tiefblaue Bucht!
Zwei Segel sich schwellend
Zu ruhiger Flucht!

5 Wie eins in den Winden
Sich wölbt und bewegt,
Wird auch das Empfinden
Des andern erregt.

Begehrt eins zu hasten,
10 Das andre geht schnell,
Verlangt eins zu rasten,
Ruht auch sein Gesell.

Conrad Ferdinand Meyer, 1825–98

Die Liebe war nicht geringe

Die Liebe war nicht geringe.
Sie wurden ordentlich blass;
Sie sagten sich tausend Dinge
Und wussten noch immer was.

5 Sie mussten sich lange quälen.
Doch schließlich kam's dazu,
Dass sie sich konnten vermählen.
Jetzt haben die Seelen Ruh.

Bei eines Strumpfes Bereitung
10 Sitzt sie im Morgenhabit*;
Er liest in der Kölnischen Zeitung
Und teilt ihr das Nötige mit.

* = Morgenkleidung

Wilhelm Busch, 1832–1908 (1874)

Morituri

Du hast ein dunkles Lied mit meinem Blut geschrieben,
Seitdem ist meine Seele jubellahm.
Du hast mich aus dem Rosenparadies vertrieben,
Ich musst sie lassen, Alle, die mich lieben.
5   Gleich einem Vagabund jagt mich der Gram.

Und in den Nächten, wenn die Rosen singen,
Dann brütet still der Tod – ich weiß nicht was –
Ich möchte Dir mein wehes Herze bringen,
Den bangen Zweifel und mein müh'sam Ringen
10 Und alles Kranke und den Hass!

Else Lasker-Schüler, 1867–1945 (1894)

Verlassen

Wo ich auch umgeh
Tut mir das Herz weh,
Sie hat mich verlassen.

Wenn ich herumsteh,
5   Bald hier, bald da geh:
Ich kann es nicht fassen.

Mein Lieb, du mein Weh,
Du mein Kind, du mein Reh,
Hast mich wirklich verlassen?

Albert Ehrenstein, 1886–1950 (1917)

Paris, 1. Mai 1977

sich an den händen fassen
die augen zumachen
und losrennen

daran
5   daß euch dieser wunsch überfällt
erkennt ihr
die ankunft der liebe

dann
dürft ihr nicht zögern

10 faßt euch an den händen
macht die augen zu
rennt los

Alfred Andersch, 1914–80 (1977)

Vorzug deß Frühlings

Im Lentzen da gläntzen die blümigen Auen/
die Auen/ die bauen die perlenen Tauen/
die Nympfen in Sümpfen ihr Antlitz beschauen/
    es schmiltzet der Schnee/
5   man segelt zur See /
    bricht güldenen Klee.
Die Erlen den Schmerlen* den Schatten versüssen/   * eine Fischart
sie streichen/ sie leichen in blaulichten Flüssen/
die Angel auß Mangel und Reissen* beküssen/   * Reusen
10   die Lerche die singt
    das Haberrohr klingt/
    die Schäferin springt.
Die Hirten in Hürden begehen den Majen/
man zieret und führet den singenden Reien/
15   die Reien die schreien üm neues Gedeien/
    die Herde die schellt/
    der Rüde der bellt/
    das Eiter* das schwellt.   * Euter
                Johann Klaj, 1616–1656 (1644)

Mailied

Wie herrlich leuchtet   Du segnest herrlich
Mir die Natur!   Das frische Feld,
Wie glänzt die Sonne!   Im Blütendampfe
Wie lacht die Flur!   20 Die volle Welt!

5 Es dringen Blüten   O Mädchen, Mädchen,
Aus jedem Zweig   Wie lieb' ich dich!
Und tausend Stimmen   Wie blinkt dein Auge,
Aus dem Gesträuch   Wie liebst du mich!

Und Freud und Wonne   25 So liebt die Lerche
10 Aus jeder Brust.   Gesang und Luft,
O Erd', o Sonne,   Und Morgenblumen
O Glück, o Lust!   Den Himmelsduft,

O Lieb, o Liebe!   Wie ich dich liebe
So golden schön   30 Mit warmem Blut,
15 Wie Morgenwolken   Die du mir Jugend
Auf jenen Höhn!   Und Freud' und Mut

    Zu neuen Liedern
    Und Tänzen gibst.
35   Sei ewig gücklich,
    Wie du mich liebst!
       Johann Wolfgang Goethe, 1749–1832 (1771)

Frühlingsglaube

Die linden Lüfte sind erwacht,
Sie säuseln und weben Tag und Nacht,
Sie schaffen an allen Enden.
O frischer Duft, o neuer Klang!
5 Nun, armes Herze, sei nicht bang!
Nun muß sich alles, alles wenden.

Die Welt wird schöner mit jedem Tag,
Man weiß nicht, was noch werden mag,
Das Blühen will nicht enden.
10 Es blüht das fernste, tiefste Tal:
Nun, armes Herz, vergiß der Qual!
Nun muß sich alles, alles wenden.

Ludwig Uhland, 1797–1862 (1813)

Vorfrühling

Es läuft der Frühlingswind
Durch kahle Alleen,
Seltsame Dinge sind
In seinem Wehn.

5 Er hat sich gewiegt,
Wo Weinen war,
Und hat sich geschmiegt
In zerrüttetes Haar.

Er schüttelte nieder
10 Akazienblüten
Und kühlte die Glieder,
Die atmend glühten.

Lippen im Lachen
Hat er berührt,
15 Die weichen und wachen
Fluren durchspürt.

Er glitt durch die Flöte
Als schluchzender Schrei,
An dämmernder Röte
20 Flog er vorbei.

Er flog mit Schweigen
Durch flüsternde Zimmer
Und löschte im Neigen
Der Ampel Schimmer.

25 Es läuft der Frühlingswind
Durch kahle Alleen,
Seltsame Dinge sind
In seinem Wehn.

Durch die glatten
30 Kahlen Alleen
Treibt sein Wehen
Blasse Schatten

Und den Duft,
Den er gebracht,
35 Von wo er gekommen
Seit gestern nacht.

Hugo von Hofmannsthal, 1874–1929 (1892)

Ein Frühlingswind

Mit diesem Wind kommt Schicksal; laß, o laß
es kommen, all das Drängende und Blinde,
von dem wir glühen werden: alles das.

(Sei still und rühr dich nicht, daß es uns finde.)
5 O unser Schicksal kommt mit diesem Winde.

Von irgendwo bringt dieser neue Wind,
schwankend vom Tragen namenloser Dinge,
über das Meer her was wir sind.

... Wären wirs doch. So wären wir zuhaus.
10 (Die Himmel stiegen in uns auf und nieder.)
Aber mit diesem Wind geht immer wieder
das Schicksal riesig über uns hinaus.

Rainer Maria Rilke, 1875–1926 (1907)

Vorfrühling

In dieser Märznacht trat ich spät aus meinem Haus.
Die Straßen waren aufgewühlt von Lenzgeruch und grünem Saatregen.
Winde schlugen an. Durch die verstörte Häusersenkung gieng ich weit hinaus
Bis zu dem unbedeckten Wall und spürte: meinem Herzen schwoll ein neuer Takt

entgegen.

5 In jedem Lufthauch war ein junges Werden ausgespannt.
Ich lauschte, wie die starken Wirbel mir im Blute rollten.
Schon dehnte sich bereitet Acker. In den Horizonten eingebrannt
War schon die Bläue hoher Morgenstunden, die ins Weite führen sollten.

Die Schleusen knirschten. Abenteuer brach aus allen Fernen.
10 Überm Kanal, den junge Ausfahrtwinde wellten, wuchsen helle Bahnen,
In deren Licht ich trieb. Schicksal stand wartend in umwehten Sternen.
In meinem Herzen lag ein Stürmen wie von aufgerollten Fahnen.

Ernst Stadler, 1883–1914 (1910)

Vorfrühling

Härte schwand. Auf einmal legt sich Schonung
an der Wiesen aufgedecktes Grau.
Kleine Wasser ändern die Betonung.
Zärtlichkeiten, ungenau,
5 greifen nach der Erde aus dem Raum.
Wege gehen weit ins Land und zeigens.
Unvermutet siehst du seines Steigens
Ausdruck in dem leeren Baum.

Rainer Maria Rilke, 1875–1926 (1926)

Mai III

Mit Maiglöckchen
läutet das junge Jahr
seinen Duft

Der Flieder erwacht
5 aus Liebe zur Sonne
Bäume erfinden wieder ihr Laub
und führen Gespäche

Wolken umarmen die Erde
mit silbernem Wasser
10 da wächst alles besser

Schön ists im Heu zu träumen
dem Glück der Vögel zu lauschen

Es ist Zeit sich zu freuen
an atmenden Farben
15 zu trauen dem blühenden Wunder

Ja es ist Zeit
sich zu öffnen
allen ein Freund zu sein
das Leben zu rühmen.

Rose Ausländer, 1907–88 (1982)

**Thema:
Sommer**

Hälfte des Lebens

Mit gelben Birnen hänget
Und voll mit wilden Rosen
Das Land in den See,
Ihr holden Schwäne,
5 Und trunken von Küssen
Tunkt ihr das Haupt
Ins heilignüchterne Wasser.

Weh mir, wo nehm ich, wenn
Es Winter ist, die Blumen, und wo
10 Den Sonnenschein,
Und Schatten der Erde?
Die Mauern stehn
Sprachlos und kalt, im Winde
Klirren die Fahnen.

Friedrich Hölderlin, 1770–1843 (1805)

Sommerbild

Ich sah des Sommers letzte Rose stehn,
    Sie war, als ob sie bluten könne, rot;
Da sprach ich schauernd im Vorübergehn:
    „So weit im Leben ist zu nah am Tod!"

5 Es regte sich kein Hauch am heißen Tag,
    Nur leise strich ein weißer Schmetterling;
Doch, ob auch kaum die Luft sein Flügelschlag
    Bewegte, sie empfand es und verging.
                Friedrich Hebbel, 1813–1863 (1848)

Mittag

Am Waldessaume träumt die Föhre,
Am Himmel weiße Wölkchen nur;
Es ist so still, daß ich sie höre,
Die tiefe Stille der Natur.

5 Rings Sonnenschein auf Wies' und Wegen,
Die Wipfel stumm, kein Lüftchen wach,
Und doch, es klingt, als ström ein Regen
Leis tönend auf das Blätterdach.
                Theodor Fontane, 1819–1898 (1875)

Die Mittagssonne brütet auf der Heide,
Im Süden droht ein schwarzer Ring.
Verdurstet hängt das magere Getreide,
Behaglich treibt ein Schmetterling.

5 Ermattet ruhn der Hirt und seine Schafe,
Die Ente träumt im Binsenkraut.
Die Ringelnatter sonnt in trägem Schlafe
Unregbar ihre Tigerhaut.

Im Zickzack zuckt ein Blitz, und Wasseerfluten
10 Entstürzen gierig dunklem Zelt.
Es jauchzt der Sturm und peitscht mit seinen Ruten
Erlösend meine Heidewelt.
                Detlev von Liliencron, 1844–1909 (1880)

Die Sonne

Täglich kommt die gelbe Sonne über den Hügel.
Schön ist der Wald, das dunkle Tier,
Der Mensch, Jäger oder Hirt.

Rötlich steigt im grünen Wasser der Fisch.
5   Unter dem runden Himmel
Fährt der Fischer leise im blauen Kahn.

Langsam reift die Traube, das Korn.
Wenn sich stille der Tag neigt,
Ist ein Gutes und Böses bereitet.

10   Wenn es Nacht wird,
Hebt der Wanderer leise die schweren Lider;
Sonne aus finsterer Schlucht bricht.

                          Georg Trakl, 1887–1914 (1912)

**Thema:
Herbst**

Septembermorgen

Im Nebel ruhet noch die Welt,
Noch träumen Wald und Wiesen,
Bald siehst du, wenn der Schleier fällt,
Den blauen Himmel unverstellt,
5   Herbstkräftig die gedämpfte Welt
In warmem Golde fließen.

                          Eduard Mörike, 1804–1875 (1827)

Vereinsamt

Die Krähen schrei'n
Und ziehen schwirren Flugs zur Stadt:
Bald wird es schnei'n –
Wohl dem, der jetzt noch – Heimat hat!

5   Nun stehst du starr,
Schaust rückwärts, ach! wie lange schon!
Was bist du, Narr,
Vor winters in die Welt entflohn?

Die Welt – ein Tor
10   Zu tausend Wüsten stumm und kalt!
Wer das verlor,
Was du verlorst, macht nirgends halt.

Nun stehst du bleich,
Zur Winter-Wanderschaft verflucht,
15   Dem Rauche gleich,
Der stets nach kältern Himmeln sucht.

Flieg, Vogel, schnarr
Dein Lied im Wüsten-Vogel-Ton! –
Versteck, du Narr,
20   Dein blutend Herz in Eis und Hohn!

Die Krähen schrei'n
Und ziehen schwirren Flugs zur Stadt:
– Bald wird es schnei'n,
Weh dem, der keine Heimat hat!

                          Friedrich Nietzsche, 1844–1900 (1884)

Herbsttag

Herr: es ist Zeit. Der Sommer war sehr groß.
Leg deinen Schatten auf die Sonnenuhren,
und auf den Fluren laß die Winde los.

Befiehl den letzten Früchten voll zu sein;
5 gieb ihnen noch zwei südlichere Tage,
dränge sie zur Vollendung hin und jage
die letzte Süße in den schweren Wein.

Wer jetzt kein Haus hat, baut sich keines mehr.
Wer jetzt allein ist, wird es lange bleiben,
10 wird wachen, lesen, lange Briefe schreiben
und wird in den Alleen hin und her
unruhig wandern, wenn die Blätter treiben.

                   Rainer Maria Rilke, 1875–1926 (1906)

Trostloser Herbst. Verlorne weite Öde …

Trostloser Herbst. Verlorne weite Öde
Der kahlen braunen Felder, die der Wald
Schwarz grenzt, wo an den niedern Himmeln kalt
Die tiefen Wolken jagen Winde schnöde.
5 Es dunkelt schon, das rote Heidekraut
Verschwimmt im Grau des Bodens, den ein Volk
Von Krähn verläßt, das zu dem schwarzen Kolk
Und krummen Weiden fliegt mit scharfem Laut.
Noch zeigt den Huf des Stiers das Ackerland,
10 Der durch die Schollen zog den harten Pflug,
Wo flattert vor der grauen Wolken Zug
Einsamer Birken grünes Trauerband.

                   Georg Heym, 1887–1912 (1910)

Herbstliche Heimkehr (3. Fassung)

Erinnerung, begrabene Hoffnung
Bewahrt dies braune Gebälk
Darüber Georginen hangen,
Immer stillere Heimkehr,
5 Der verfallne Garten dunklen Abglanz
Kindlicher Jahre,
Daß von blauen Lidern Tränen stürzen
Unaufhaltsam;
Hinüberschimmern der Schwermut
10 Kristallne Minuten
Zur Nacht.

                   Georg Trakl, 1887–1914 (1912)

Ebereschen

Ebereschen – noch nicht ganz rot
von jenem Farbton, wo sie sich entwickeln
zu Nachglut, Vogelbeere, Herbst und Tod.

Ebereschen – noch etwas fahl,
5   doch siehe schon zu einem Strauß gebunden,
ankündigend halbtief die Abschiedsstunden:
vielleicht nie mehr, vielleicht dies letzte Mal.

Ebereschen – dies Jahr und Jahre immerzu
in fahlen Tönen erst und dann in roten
10 gefärbt, gefüllt, gereift, zu Gott geboten –
wo aber fülltest, färbtest, reiftest du –?

                          Gottfried Benn, 1886–1956 (1954)

**Thema:
Garten**

Mein garten bedarf nicht luft und nicht wärme ·
Der garten den ich mir selber erbaut
Und seiner vögel leblose schwärme
Haben noch nie einen frühling geschaut.

5   Von kohle die stämme · von kohle die äste
Und düstere felder am düsteren rain ·
Der früchte nimmer gebrochene läste
Glänzen wie lava im pinien-hain.

Ein grauer schein aus verborgener höhle
10 Verrät nicht wann morgen wann abend naht
Und staubige dünste der mandel-öle
Schweben auf beeten und anger und saat.

Wie zeug ich Dich aber im heiligtume
– So fragt ich wenn ich es sinnend durchmass
15 In kühnen gespinsten der sorge vergass –
Dunkle grosse schwarze blume?

                          Stefan George, 1868–1933 (1892)

In einem alten Garten

Resedaduft verschwebt im braunen Grün,
Geflimmer schauert auf den schönen Weiher,
Die Weiden stehn gehüllt in weiße Schleier
Darinnen Falter ihre Kreise ziehn.

5 Verlassen sonnt sich die Terrasse dort,
Goldfische glitzern tief im Wasserspiegel,
Bisweilen schwimmen Wolken übern Hügel,
Und langsam gehn die Fremden wieder fort.

Die Lauben scheinen hell, da junge Frau'n
10 Am frühen Morgen hier vorbeigegangen,
Ihr Lachen blieb an kleinen Blättern hangen,
In goldenen Dünsten tanzt ein trunkener Faun.

Georg Trakl, 1887–1914 (1914)

Es ist ein Garten, den ich manchmal sehe
östlich der Oder, wo die Ebenen weit,
ein Graben, eine Brücke und ich stehe
an Fliederbüschen, blau und rauschbereit.

5 Es ist ein Knabe, dem ich manchmal trauere,
der sich am See in Schilf und Wogen ließ,
noch strömte nicht der Fluß, vor dem ich schauere,
der erst wie Glück und dann Vergessen hieß.

Es ist ein Spruch, dem oftmals ich gesonnen,
10 der alles sagt, da er dir nichts verheißt –
ich habe ihn auch in dies Buch versponnen,
er stand auf einem Grab: "tu sais" – du weißt.

Gottfried Benn, 1886–1956 (1949)

Der Blumengarten

Am See, tief zwischen Tann und Silberpappel
Beschirmt von Mauer und Gesträuch ein Garten
So weise angelegt mit monatlichen Blumen
Daß er vom März bis zum Oktober blüht.

5 Hier, in der Früh, nicht allzu häufig, sitz ich
Und wünsche mir, auch ich mög allezeit
In den verschiedenen Wettern, guten, schlechten
Dies oder jenes Angenehme zeigen.

Bertold Brecht, 1898–1956 (1953)

Die Gärten

Die Gärten untergepflügt
Die Wälder zermahlen
Auf dem Nacktfels die Hütte gebaut
Umzäunt mit geschütteten Steinen
5 Eine Cactusfeige gesetzt
Einen Brunnen gegraben
Mich selbst
Ans Drehkreuz gespannt
Da geh ich rundrum
10 Schöpfe mein brackiges Lebenswasser
Schreie den Eselsschrei
Hinauf zu den Sternen.
           Marie Luise Kaschnitz, 1901–74 (1972)

Versprechen

Unkraut
ich will dein Gärtner sein
in diesen Zeiten
da alle
5 die Rosen hätscheln
        Hans-Jürgen Heise, *1930

Wiesen aus Blech

Sie ebnen die Gärten ein
und fangen den Wind (diese Dinge
werden nicht länger gebraucht)

Statt dessen installieren sie
5 eine bessere Landschaft:
mit Wiesen aus Blech
        Hans-Jürgen Heise, *1930

**Thema:
Großstadt**

Berliner Abend

Spukhaftes Wandeln ohne Existenz!
Der Asphalt dunkelt und das Gas schmeißt sein
Licht auf ihn. Aus Asphalt und Licht wird Elfenbein.
Die Straßen horchen so. Riechen nach Lenz.

5 Autos, eine Herde von Blitzen, schrein
Und suchen einander in den Straßen.
Lichter die Fahnen, helle Menschenmassen:
Die Stadtbahnzüge ziehen ein.

Und sehr weit blitzt Berlin. Schon hat der Ost,
10 Der weiße Wind, in den Zähnen den Frost,
Sein funkelnd Mal über die Stadt gedreht,
Darauf die Nacht, ein stummer Vogel, steht.
          Paul Boldt, 1885–1921 (1913)

An die Verstummten

O, der Wahnsinn der großen Stadt, da am Abend
An schwarzer Mauer verkrüppelte Bäume starren,
Aus silberner Maske der Geist des Bösen schaut;
Licht mit magnetischer Geißel die steinerne Nacht verdrängt.
5   O, das versunkene Läuten der Abendglocken.

Hure, die in eisigen Schauern ein totes Kindlein gebärt.
Rasend peitscht Gottes Zorn die Stirne des Besessenen,
Purpurne Seuche, Hunger, der grüne Augen zerbricht.
O, das gräßliche Lachen des Golds.

10   Aber stille blutet in dunkler Höhle stummere Menschheit,
Fügt aus harten Metallen das erlösende Haupt.

Georg Trakl, 1887–1914 (1913)

Gesänge an Berlin (3.)

In Wiesen und in frommen Winden mögen
Friedliche heitre Menschen selig gleiten.
Wir aber, morsch und längst vergiftet, lögen
Uns selbst was vor beim In-die-Himmel-Schreiten.

5   In fremden Städten treib ich ohne Ruder,
Hohl sind die fremden Tage und wie Kreide.
Du, mein Berlin, du Opiumrausch, du Luder,
Nur wer die Sehnsucht kennt, weiß, was ich leide.

Alfred Lichtenstein, 1889–1914 (1913)

Über die Städte

Unter ihnen sind Gossen
In ihnen ist nichts, und über ihnen ist Rauch.
Wir waren drinnen. Wir haben nichts genossen.
Wir vergingen rasch. Und langsam vergehen sie auch.

Bertold Brecht, 1898–1956 (1926)

Harlem

Von allen Wolken lösen sich die Dauben,
der Regen wird durch jeden Schacht gesiebt,
der Regen springt von allen Feuerleitern
und klimpert auf dem Kasten voll Musik.

5   Die schwarze Stadt rollt ihre weißen Augen
und geht um jede Ecke aus der Welt.
Die Regenrhythmen unterwandern – schweigen.
Der Regenblues wird abgestellt.

Ingeborg Bachmann, 1926–73 (1956)

**Thema:
Mensch und
Natur**

Die Welt ist allezeit schön

Im Frühling prangt die schöne Welt
In einem fast smaragdnen Schein,

Im Sommer glänzt das reife Feld
Und scheint dem Golde gleich zu sein.

5 Im Herbste sieht man, als Opalen
Der Bäume bunte Blätter strahlen.

Im Winter schmückt ein Schein, wie Diamant
Und reines Silber, Flut und Land.

Ja kurz, wenn wir die Welt aufmerksam sehn,
10 Ist sie zu allen Zeiten schön.

Barthold Heinrich Brockes, 1680–1747 (1721)

An den Mond

Dein stilles Silberlicht
Erquickt mir mein Gesicht.
O Mond. Gedankenfreund, ich sehe dich von weiten
Und winke dich zu mir,
5 Und bin nicht weit von dir,
Und denk an schönre Zeiten.

Wer einst, du lieber Mond,
In diesem Hüttchen wohnt
Und sieht dein Silberlicht, dem magst du keine Falten
10 Auf seiner Stirne sehn,
Magst still vorübergehn
Und ihn für glücklich halten.

Daß ichs nicht bin, sag ich
Nur dir und tröste mich, –
15 O Mond, Gedankenfreund, – daß stille Nächte kommen!
Dir nur vertrau ichs, dir:
Schon manche Nacht hat mir
Des Tages Gram genommen!

Johann Wilhelm Ludwig Gleim, 1719–1803 (1794)

Sprich aus der Ferne

> Sprich aus der Ferne
> Heimliche Welt,
> Die sich so gerne
> Zu mir gesellt.

5 Wenn das Abendrot niedergesunken,
Keine freudige Farbe mehr spricht,
Und die Kränze stilleuchtender Funken
die Nacht um die schattige Stirne flicht:

> Wehet der Sterne
> 10 Heiliger Sinn
> Leis durch die Ferne
> Bis zu mir hin.

Wenn des Mondes still lindernde Tränen
Lösen der Nächte verborgenes Weh;
15 Dann wehet Friede. In goldenen Kähnen
Schiffen die Geister im himmlischen See.

> Glänzender Lieder
> Klingender Lauf
> Ringelt sich nieder,
> 20 Wallet hinauf.

Wenn der Mitternacht heiliges Grauen
Bang durch die dunklen Wälder hinschleicht,
Und die Büsche gar wundersam schauen,
Alles sich finster tiefsinnig bezeugt:

> 25 Wandelt im Dunkeln
> Freundliches Spiel,
> Still Lichter funkeln
> Schimmerndes Ziel.

Alles ist freundlich wohlwollend verbunden,
30 Bietet sich tröstend und traurend die Hand,
Sind durch die Nächte die Lichter gewunden,
Alles ist ewig im Innern verwandt.

> Sprich aus der Ferne
> Heimliche Welt,
> 35 Die sich so gerne
> Zu mir gesellt.

Clemens Brentanto, 1778–1842 (1802)

Winterpsalm

Da ich ging bei träger Kälte des Himmels
Und ging hinab die Straße zum Fluß,
Sah ich die Mulde im Schnee,
Wo nachts der Wind
5   Mit flacher Schulter gelegen.
Seine gebrechliche Stimme,
In den erstarrten Ästen oben,
Stieß sich am Trugbild weißer Luft:
"Alles Verscharrte blickt mich an.
10 Soll ich es heben aus dem Staub
Und zeigen dem Richter? Ich schweige.
Ich will nicht Zeuge sein."

Sein Flüstern erlosch,
Von keiner Flamme genährt.

15 Wohin du stürzt, o Seele,
Nicht weiß es die Nacht. Denn da ist nichts
Als vieler Wesen stumme Angst.
Der Zeuge tritt hervor. Es ist das Licht.

Ich stand auf der Brücke,
20 Allein vor der trägen Kälte des Himmels.
Atmet noch schwach,
Durch die Kehle des Schilfrohrs,
Der vereiste Fluß?

                        Peter Huchel, 1903–1981 (1962)

Krähenschrift

Die Krähen schreiben ihre Hieroglyphen
In den Abendhimmel, in den bleichen:
Wunderliche, schnörkelhafte Zeichen,
Tun geheimnisvoll mit ihren schiefen
5   Schwarzen Flügen.

Was sie schreiben, ob es uns betrifft?
Wer es deuten könnte, wär ein weiser Mann.
Ach, der Anblick nur muß uns genügen!

Hilflos sind wir vcr der schwarzen Schrift
10 An der bleichen Himmelswand,
Wie ein Kind, das noch nicht lesen kann,
Und das Blatt verkehrt hält in der Hand.

                        Georg Britting, 1891–1964 (1949)

Eines schlesischen Bauers vermessene Reden zur Zeit des 30jährig-wehrenden Krieges

Die grossen Herren sich bekösten itzt mit Austern/
die Land- und Bürgers-leut auf Krebs und Schnecken laustern*;
Wir Pauren wollen schon Meykefer lernen essen/
wenn nur der Teufel auch die Krieger wollte fressen/
5   damit die Leut und Land dießfalles der beschwerden
und ungeziefers möcht' auf einmal ledig werden!

Wencel Scherffer von Scherffenstein, 1603–1674 (1635)

* sind lüstern

Grodek

Am Abend tönen die herbstlichen Wälder
Von tödlichen Waffen, die goldnen Ebenen
Und blauen Seen, darüber die Sonne
Düster hinrollt; umfängt die Nacht
5   Sterbende Krieger, die wilde Klage
Ihrer zerbrochenen Münder.
Doch stille sammelt im Weidengrund
Rotes Gewölk, darin ein zürnender Gott wohnt,
Das vergoßne Blut sich, mondne Kühle;
10   Alle Straßen münden in schwarze Verwesung.
Unter goldnem Gezweig der Nacht und Sternen
Es schwankt der Schwester Schatten durch den schweigenden Hain,
Zu grüßen die Geister der Helden, die blutenden Häupter;
Und leise tönen im Rohr die dunklen Flöten des Herbstes.
15   O stolzere Trauer! Ihr ehernen Altäre
Die heiße Flamme des Geistes nährt heute ein gewaltiger Schmerz.
Dir ungeborenen Enkel.

Georg Trakl, 1887–1914 (1914)

Patrouille

Die Steine feinden
Fenster grinst Verrat
Äste würgen
Berge Sträucher blättern raschlig
5   Gellen
Tod.

August Stramm, 1874–1915 (1915)

Der Krieg

Aufgestanden ist er, welcher lange schlief,
Aufgestanden unten aus Gewölben tief.
In der Dämmrung steht er, groß und unbekannt,
Und den Mond zerdrückt er in der schwarzen Hand.

5   In den Abendlärm der Städte fällt es weit,
Frost und Schatten einer fremden Dunkelheit,
Und der Märkte runder Wirbel stockt zu Eis.
Es wird still. Sie sehn sich um. Und keiner weiß.

In den Gassen faßt es ihre Schulter leicht.
10   Eine Frage. Keine Antwort. Ein Gesicht erbleicht.
In der Ferne zittert ein Geläute dünn,
Und die Bärte zittern um ihr spitzes Kinn.

Auf den Bergen hebt er schon zu tanzen an,
Und er schreit: Ihr Krieger alle, auf und an!
15   Und es schallet, wenn das schwarze Haupt er schwenkt,
Dran von tausend Schädeln laute Kette hängt.

Einem Turm gleich tritt er aus die letzte Glut,
Wo der Tag flieht, sind die Ströme schon voll Blut.
Zahllos sind die Leichen schon im Schilf gestreckt,
20   Von des Todes starken Vögeln weiß bedeckt.

In die Nacht er jagt das Feuer querfeldein,
Einen roten Hund mit wilder Mäuler Schrein.
Aus dem Dunkel springt der Nächte schwarze Welt,
Von Vulkanen furchtbar ist ihr Rand erhellt.

25   Und mit tausend roten Zipfelmützen weit
Sind die finstren Ebnen flackend überstreut,
Und was unten auf den Straßen wimmelnd flieht,
Fegt er in die Feuerwälder, wo die Flamme brausend zieht.

Und die Flammen fressen brennend Wald um Wald,
30   Gelbe Fledermäuse zackig in das Laub gekrallt,
Seine Stange haut er wie ein Köhlerknecht
In die Bäume, daß das Feuer brause recht.

Eine große Stadt versank in gelbem Rauch,
Warf sich lautlos in des Abgrunds Bauch.
35   Aber riesig über glühnden Trümmern steht,
Der in wilde Himmel dreimal seine Fackel dreht,

Über sturmzerfetzter Wolken Widerschein,
In des toten Dunkels kalte Wüstenein,
Daß er mit dem Brande weit die Nacht verdorr,
40   Pech und Feuer träufet unten auf Gomorrh.

Georg Heym, 1887–1912 (1912)

Dezember 1942

Wie Wintergewitter ein rollender Hall.
Zerschossen die Lehmwand von Bethlehems Stall.

Es liegt Maria erschlagen vorm Tor.
Ihr blutig Haar an die Steine fror.

5   Drei Landser ziehen vermummt vorbei.
Nicht brennt ihr Ohr von des Kindes Schrei.

Im Beutel den letzten Sonnblumenkern.
Sie suchen den Weg und sehn keinen Stern.

Aurum, thus, myrrham offerunt …*1
10 Um kahles Gehöft streicht Krähe und Hund.

… quia natus est nobis Dominus …*2
Auf fahlem Geripppe glänzt Öl und Ruß.

Vor Stalingrad verweht die Chaussee.
Sie führt in die Totenkammer aus Schnee.

Peter Huchel, 1903–1981 (gedruckt 1948)

*1 = Gold, Weihrauch und Myrrhe bringen sie dar …
*2 = weil geboren ist der Herr …
(beides aus der Weihnachtsliturgie)

Oradour

Sie bäumten sich: daß sie gezwungen sengten
und in den aufgebrachten Feuerbrand
die Läufe schießend unaufhörlich lenkten,
bis sich im Schutt nichts Lebendes befand.

5   Sie sperrten sich mit heiligem Verwahren:
daß sie nur taten, was die Weisung hieß –
weh' dem, der in erschüttertem Gebaren
die Waffen wanken oder sinken ließ.

Sie mühten sich mit immer neuem Schildern:
10 daß die ein Urteil treffe und sie keins –
nicht kann es ihnen sich vor jenen mildern
und Weiser und Gewiesene sind eins.

Georg Kaiser, 1878–1945 (1945)

**Thema:
Sinn des
Lebens**

An Sich

Sey dennoch unverzagt. Gieb dennoch unverlohren.
Weich keinem Glücke nicht. Steh' höher als der Neid.
Vergnüge dich an dir / und acht es für kein Leid /
Hat sich gleich wider dich Glück' / Ort und Zeit verschworen.
5   Was dich betrübt und labt / halt alles für erkohren.
Nim dein Verhangnüß an. Laß' alles unbereut.
Thu / was gethan muß seyn / und eh man dirs gebeut.
Was du noch hoffen kannst / das wird noch stets geboren.
    Was klagt / was lobt man doch? Sein Unglück und sein Glücke
10   Ist ihm ein ieder selbst. Schau alle Sachen an.
Diß alles ist in dir/ laß deinen eiteln Wahn /
    Und eh du förder gehst / so geh' in dich zu rücke.
Wer sein selbst Meister ist / und sich beherrschen kan /
dem ist die weite Welt und alles unterthan.

                    Paul Fleming, 1609–1640 (1641)

Es ist alles eitel*

* = vergänglich

DV sihst / wohin du sihst nur Eitelkeit auff Erden
    Was diser heute baut / reist jener morgen ein:
      wo itzund Städte stehn / wird eine Wisen sein /
Auff der ein Schäfers-Kind wird spilen mit den herden:
5   Was itzund prächtig blüht / sol bald zutretten werden.
    Was itzt so pocht und trotzt ist Morgen Asch und Bein /
      Nichts ist / das ewig sey / kein Ertz / kein Marmorstein.
Itzt lacht das Glück uns an / bald donnern die Beschwerden.
    Der hohen Thaten Ruhm muß wie ein Traum vergehn.
10   Soll denn das Spil der Zeit / der leichte Mensch bestehn?
Ach! was ist alles diß / was wir vor köstlich achten /
    Als schlechte Nichtikeit / als Schatten / Staub und wind;
    Als eine Wisen-Blum / die man nicht wider find't.
Noch wil was Ewig ist kein einig Mensch betrachten!

                    Andreas Gryphius, 1616–1664 (1643)

Hyperions Schicksalslied

Ihr wandelt droben im Licht
   Auf weichem Boden, selige Genien!
    Glänzende Götterlüfte
     Rühren euch leicht,
5   Wie die Finger der Künstlerin
       Heilige Saiten.

Schicksallos, wie der schlafende
   Säugling, atmen die Himmlischen;
    Keusch bewahrt
10   In bescheidener Knospe
     Blühet ewig
      Ihnen der Geist,
       Und die seligen Augen
        Blicken in stiller
15   Ewiger Klarheit.

Doch uns ist gegeben,
   Auf keiner Stätte zu ruhn,
   Es schwinden, es fallen
    Die leidenden Menschen
20   Blindlings von einer
     Stunde zur andern,
      Wie Wasser von Klippe
      Zu Klippe geworfen,
       Jahr lang ins Ungewisse hinab.

        Friedrich Hölderlin, 1770–1843 (1799)

Ich hab in kalten Wintertagen

Ich hab in kalten Wintertagen
In dunkler, hoffnungsarmer Zeit
Ganz aus dem Sinne dich geschlagen,
O Trugbild der Unsterblichkeit.

5 Nun, da der Sommer glüht und glänzet,
Nun seh ich, dass ich wohlgetan!
Aufs neu hab ich das Haupt bekränzet,
Im Grabe aber ruht der Wahn.

Ich fahre auf dem klaren Strome,
10 Er rinnt mir kühlend durch die Hand,
Ich schau hinauf zum blauen Dome
Und such – kein bessres Vaterland.

Nun erst versteh ich, die da blühet,
O Lilie, deinen stillen Gruß:
15 Ich weiß, wie sehr das Herz auch glühet,
Dass ich wie du vergehen muss.

Seid mir gegrüßt ihr holden Rosen
In eures Daseins flüchtgem Glück!
Ich wende mich vom Schrankenlosen
20 Zu eurer Anmut froh zurück!

Zu glühn, zu blühn und ganz zu leben,
Das lehret euer Duft und Schein,
Und willig dann sich hinzugeben
Dem ewigen Nimmerwiedersein!

Gottfried Keller, 1819–1890 (1854)

Mit leichtem Gepäck

Gewöhn dich nicht.
Du darfst dich nicht gewöhnen.
Eine Rose ist eine Rose.
Aber ein Heim
5 ist kein Heim.

Sag dem Schoßhund Gegenstand ab
der dich anwedelt
aus den Schaufenstern.
Er irrt. Du
10 riechst nicht nach Bleiben.

Ein Löffel ist besser als zwei.
Häng ihn dir um den Hals,
du darfst einen haben,
denn mit der Hand
15 schöpft sich das Heiße zu schwer.

Es liefe der Zucker dir durch die Finger,
wie der Trost,
wie der Wunsch,
an dem Tag
20 da er dein wird.

Du darfst einen Löffel haben,
eine Rose,
vielleicht ein Herz
und, vielleicht,
25 ein Grab.

Hilde Domin, *1929 (1959)

Nur zwei Dinge

Durch so viel Formen geschritten,
durch Ich und Wir und Du,
doch alles blieb erlitten
durch die ewige Frage: wozu?

5 Das ist eine Kinderfrage.
Dir wurde erst spät bewußt,
es gibt nur eines: ertrage
– ob Sinn, ob Sucht, ob Sage –
dein fernbestimmtes: Du mußt.

10 Ob Rosen, ob Schnee, ob Meere,
was alles erblühte, verblich,
es gibt nur zwei Dinge: die Leere
und das gezeichnete Ich.

                    Gottfried Benn, 1886–1956 (1953)

EIN BLATT, baumlos,   vgl. Brecht, An die .
für Bertolt Brecht: Nachgeborenen

Was sind das für Zeiten,
wo ein Gespräch
beinah ein Verbrechen ist,
weil es soviel Gesagtes
5 mit einschließt?

                    Paul Celan, 1920–1970 (1971)

Noch bist du da

Wirf deine Angst
in die Luft

Bald
ist deine Zeit um
5 bald
wächst der Himmel
unter dem Gras
fallen deine Träume
ins Nirgends
10 Noch
duftet die Nelke
noch darfst du lieben
Worte verschenken
noch bist du da

15 Sei was du bist
Gib, was du hast

                    Rose Ausländer, 1907–88 (1977)

Beim Nachdenken über Vorbilder

Die uns
vorleben wollen

wie leicht
das Sterben ist

5   Wenn sie uns
vorsterben wollten

wie leicht
wäre das Leben.

Erich Fried, 1921–88 (≈ 1970)

Werte

Die guten Dinge des Lebens
Sind alle kostenlos:
Die Luft, das Wasser, die Liebe.
Wie machen wir das bloß,
5   Das Leben für teuer zu halten,
Wenn die Hauptsachen kostenlos sind?
Das kommt vom zu frühen Erkalten.

Wir genossen nur damals als Kind
Die Luft nach ihrem Werte
10   Und Wasser als Lebensgewinn,
Und Liebe, die unbegehrte,
Nahmen wir herzleicht hin.
Nur selten noch atmen wir richtig
Und atmen Zeit mit ein,
15   Wir leben eilig und wichtig
Und trinken statt Wasser Wein.
Und aus der Liebe machen
Wir eine Pflicht und Last.

Und das Leben kommt dem zu teuer,
20   Der es zu billig auffaßt.

Eva Strittmacher, * 1930

Silberdistel

Sich zurückhalten
an der erde

Keinen schatten werfen
auf andere

5   Im schatten der anderen
leuchten

Reiner Kunze, *1933 (1979)

So soll es sein

Zwecklos und sinnvoll
soll es sein
zwecklos und sinnvoll
soll es auftauchen aus dem Schlamm
5   daraus die Ziegel der großen Paläste
entstehen um wieder zu Schlamm zu zerfallen
eines sehr schönen Tages

zwecklos und sinnvoll
soll es sein
10   was für ein unziemliches Werk
wäre das
zur Unterdrückung nicht brauchbar
von Unterdrückung nicht widerlegbar
zwecklos also
15   sinnvoll also

wie das Gedicht

                    Günter Kunert, *1929 (≈ 1980)

Lernjahre sind keine Herrenjahre

mein Vaterland hat mich gelehrt:
achtjährig
eine Panzerfaust zu handhaben
zehnjährig
5   alle Gewehrpatronen bei Namen zu nennen
fünfzehnjährig
im Stechschritt durch knietiefen Schnee
zu marschieren
siebzehnjährig
10   in eiskalter Mitternacht Ehrenwache
zu Stalins Tod zu stehen
zwanzigjährig
mit der Maschinenpistole gut zu treffen
dreiundzwanzigjährig
15   meine Mitmenschen zu denunzieren
sechsundzwanzigjährig
das Lied vom guten und schlechten
Deutschen zu singen

wer hat mich gelehrt
20   Nein zu sagen
und ein schlechter Deutscher zu sein?

                  Helga M. Novak, * 1935 (1962)

Der Mensch

Empfangen und genähret
    Vom Weibe wunderbar
Kömmt er und sieht und höret
    Und nimmt des Trugs nicht wahr;
5   Gelüstet und begehret,
    Und bringt sein Tränlein dar;
Verachtet und verehret,
    Hat Freude und Gefahr;
Glaubt, zweifelt, wähnt und lehret,
10   Hält nichts und alles wahr;
Erbauet und zerstöret;
    Und quält sich immerdar;
Schläft, wachet, wächst und zehret,
    Trägt braun und graues Haar etc.
15   Und alles dieses währet,
    Wenn's hoch kommt, achzig Jahr.
Denn legt er sich zu seinen Vätern nieder,
    Und er kömmt nimmer wieder.
Matthias Claudius, 1740–1815 (1770)

Das Wort Mensch

Das Wort Mensch, als Vokabel
eingeordnet, wohin sie gehört,
im Duden:
zwischen Mensa und Menschengedenken.

5   Die Stadt
alt und neu,
schön belebt, mit Bäumen
auch
und Fahrzeugen, hier

10   hör ich das Wort, die Vokabel
hör ich hier häufig, ich kann
aufzählen von wem, ich kann
anfangen damit.

Wo Liebe nicht ist,
15   sprich das Wort nicht aus.
Johannes Bobrowski, 1917–1965 (1962)

Stichwortverzeichnis

Verfasser und Gedichte (Titel oder erste Zeile)